자살한 사람들의 모임

자살한 사람들의 모임

황지은 소설집 1

별들의도시

차례

자살한 사람들의 모임　009

자살호텔　055

요정할미　119

예쁨주의　141

안개꽃　203

자살한 사람들의 모임

두려움을 살라먹자. 두려움을 살라먹자.
나는 두려움을 살라먹는 돌고래.

1
장미와 국화

눈을 떠 보니 병원이었다. 뉴스에서는 교사가 성폭행으로 자살했다는 보도가 나오고 있었다. 눈을 감고 고인의 명복을 빌었다.

의사가 물었다.

「국화 양, 기분이 어때요?」
「어제 학교 선생님이 성폭행당해서 자살했대요.」
「네, 기사에서 봤어요. 그래서 기분이 안 좋아요?」
「네.」
「안타까운 일이죠. 국화 양은 산에서 발견됐어요. 산에는 왜 갔어요?」
「등산하러 갔어요.」

엄마가 물었다.

「갑자기 등산은 왜 갔어? 너 산 가는 거 싫어했잖아.」
「내가 언제.. 나 왜 쓰러진 거래?」
「너 영양 부족에 빈혈도 있고.. 해골이 따로 없네.」
「좀 안 먹긴 했지.」
「밥을 왜 안 먹어. 무슨 일 있었어?」
「아니, 별일 없었어.」
「회사는 왜 그만둔 거야. 그만뒀으면 말을 해야 할 거 아니야.」
「다니기 싫어서. 물어보지 말고 그냥 좀 놔둬.」
「내가 도대체 너한테 뭘 그렇게 잘못했니.」
「잘못한 거 없어.」
「왜 매번 상처받은 애처럼 구는 거야. 너희 아빠처럼 다정한 사람이 어딨니? 나도 너 하고 싶은 거 할 수 있도록 자유롭게 너 키웠어. 그런데 뭐가 그렇게 매번 시무룩하고 골이 나 있고 우울한 거야.」
「그래 맞아. 엄마 말대로 남부럽지 않은 환경이야. 그런데 차라리 노숙자 딸로 태어나는 게 더 행복했을 것 같아.」
「세상에 너 같은 애 처음 봐. 내 딸이지만 정말 이해가 안 가 이해가!」
「그래서 엄마한테 말 안 하는 거야. 엄마가 어떻게 나올지 아니까.」
「그래 말하지 마. 나도 이제 알고 싶지도 않아.」

아빠가 말했다.

「국화야, 정말 걱정 많이 했다. 아프지 않아서 다행이네.」
「아빠, 걱정하게 해서 미안.」
「우리 다음 주에 엄마랑 여행 갈까? 오랜만에?」
「아니, 별로 가고 싶지 않아. 그냥 내버려둬.」
「국화야, 힘들면 말해. 얼마든지 도와줄 수 있으니까. 회사는 그만 뒀어?」
「응, 지난달에. 퇴직금도 있고 모아 놓은 돈도 있어. 걱정하지 마.」
「등산 가고 싶으면 나랑 같이 가자, 알겠지? 여자 혼자 위험해서 안 돼.」
「알겠어.」

 퇴원하는 날, 친구 장미가 병원에 왔다. 나의 비밀을 캐내라는 엄마의 밀명을 받은 게 틀림없다. 집으로 가는 길에 장미는 김밥에서 내가 싫어하는 오이만 쏙 빼듯, 내가 싫어하는 질문은 쏙쏙 빼고 대화를 이어 갔다. 하지만 집에 도착하여 주문한 짜장면이 배달 오면 곧 내가 싫어하는 오이 질문을 다다다 던질 게 분명하다. 역시 장미는 내가 짜장면을 한 입 먹자 오이 공격을 하기 시작했다.

「국화야, 너 등산 싫어하지 않았어? 갑자기 등산은 왜 갔어?」
「내가 언제 싫어했어. 회사 그만두고 심심해서 간 거야.」
「너 좀 수상하다?」
「그만해라. 얼른 짜장면이나 먹어.」
「나 신나서 대학 다닐 때, 삼수하던 고등학교 단짝 친구가 이제 지쳤다고 공부하기 싫다고 자살했던 거 기억나지? 한 번도 그 친구를 잊어버린 적이 없어 내가.」
「그래서?」
「너는 잃고 싶지가 않아.」
「걱정하지 마, 얼른 먹고 가.」
「얘 이거 마른 거 봐. 너 지금 얼굴만 둥둥 떠다니는 거 알아?」
「예뻐지고 좋지 뭐.」

 장미는 내가 미처 감추지 못한 검은 그림자를 놓치지 않으려는 듯 실눈을 뜨고 내 얼굴을 뚫어져라 쳐다보았다. 그녀는 한숨을 푹 쉬더니 검은 짜장 소스를 얼굴에 인디언처럼 묻혀 가며 말했다.

「국화야, 난 요즘 회사 다니면서 점점 나를 잃어 가는 것 같아. 뭔가 내 인생이 아니라, 사장 인생을 살아 주고 있는 것 같다니까. 사장이 만든 회사고 사장이 월급 주니까 하라는 대로 하는 건데, 내가 하루에 가장 많은 시간을 회사에서 보내는데 그리고 내일 죽을 수도 있는데 '내가 여기서 뭐 하고 있나' 이런 생각이 들어. 그건 마치 내가 이미 이 세상에서 사라진 것 같은? 이미 죽은 거나 마찬가지인 것 같은 그런 기분인 거지. 분명 살아 있는데 내 영혼은 나도 모르는 사이에 사형 선고를 받은 거야. 숨 쉬는 게 무슨 의미가 있어. 이미 송장이 된 채로 살고 있는데. 나에게 자유를 달라. 자유가 없다면 난 죽은 거나 다름없어. 그러니까 지금 네가 보고 있는 나는 송장이라는 거지. 넌 지금 귀신과 짜장면을 먹고 있는 거야.」

자신을 귀신이라고 말하는 장미의 말에, 나는 헛웃음이 나왔다.

「내가 살다 살다 송장이랑 귀신이랑 말도 해 보네. 네가 간절히 원해서 입사한 대기업이잖아. 다니기 싫으면 쉬든가.」

「너 지금 나 대출금이 얼만지는 알아? 내 나이 서른넷에 내 집 마련했는데 화장실만 내 거고 나머지는 은행 거란다. 일 그만둔다고 해결되냐고 아니잖아. 난 노예야. 빚의 노예라고 할 수 있지. 현대판 신개념 노예 제도. 중학교 때 엄마가 반에서 일등 하면 '노트북 사 주겠다' '용돈 많이 주겠다'는 말에 나 정말 공부 열심히 했단 말이야, 그거 받으려고. 그런데 지금 딱 그때 같아. 일 열심히 해라, 그럼 내가 월급 주겠다 이거지.」

「노예 귀신이네, 빚에 짓눌려 질식사한.」

「넌 내 마음 죽었다 깨어나도 모를 거야. 너는 유복하게 컸잖아. 난 네가 정말 부럽더라. 너도 알잖아, 내 좌우명. '돈 많이 벌어서 다 나 주자.'였잖아. 24시간 나 자신일 수는 없으니까 자는 시간 빼고, 회사에서 있는 시간 빼고 나머지 시간, 그 시간만큼이라도 나 자신으로 살면 나를 잃지 않을 수 있을까?」

「그러면 회사에서 죽었다가, 퇴근하면 부활하는 거야? 매일 탄생과 부활을 반복하는 거룩한 삶을 네가 버틸 수 있다면.」

「말하니까 진짜 그만두고 싶다. 입시 준비해서 대학교 입학하고 취업 준비하는 시간들을 생각해 보니까 내 머릿속에는 늘 돈밖에 없었던 것 같아. 사회적 지위와 사람들의 시선을 만족시키면서 동시에 여유롭고 궁핍하지 않은 생활 말이야. 분명 내가 원하는 삶을 살고 있는데 이걸 유지하고 버텨야 한다는 게 날 더 부담스럽게 해.」
「돈 버는 거 힘들지. 장미 너는 그래도 잘 풀려서 잘 살고 있는데도 고민이 많네.」
「국화야, 너도 지금 사연 있는 얼굴이야. 우리 바빠서 많이 못 만났잖아. 무슨 일 있었어?」
「우리 엄마가 너한테 물어보라고 시켰지?」
「아니야, 진짜 내가 궁금해서 물어보는 거야.」
「뭔가 냄새가 난다?」
「마음대로 생각해라 치.」

초인종 소리가 들렸고 주문한 커피가 배달 왔다. 장미는 며칠 굶은 애처럼 커피를 벌컥벌컥 마셨다.

「국화야, 말만 해. 내가 도와줄게.」
「없다니까. 네 걱정이나 해. 빨리 너 자신을 찾아.」
「어차피 일은 해야 돼. 내가 하기 싫다고 안 하면? 돈 없으면 못 살잖아.」
「네가 좋아하는 일 하면서 돈도 벌면 좋잖아. 뭐 하고 싶은 거 없어?」
「없어. 난 하고 싶은 게 없다. 아니, 할 줄 아는 게 없는 거지.」
「우리는 지금 여기서 '나를 찾고 싶다' '회사를 그만두고 싶다' 이러고 있는데 지구 반대편 어떤 사람들은 일자리가 없어서 가난하게 살고, 갈색 물 마시고 굶주림과 추위와 싸우면서 살고 있어.」

「지구 반대편 사람들이 나랑 뭐가 다른지 모르겠어. 하기 싫은 거 하는 건 똑같잖아. 자기 자신을 잃어버리고 사는 건 똑같아. 너 생각해 봐, 돈 많은 사람한테 너 일할래? 놀러 다닐래? 하고 물어보면 누가 일한다고 하겠어 논다고 하지. 그거 다 자기기만이야.」

「그렇게 생각하면 우리나라 부자들 중에 일하는 사람도 많다 너. 네가 다니는 대기업 회장도 일하잖아.」

「나 같으면 놀러 다니겠다. 하여튼 내 말은, 일 안 하고 싶은 내 권리도 찾고 싶다는 거야. 일하다가 쉬고 싶을 수도 있잖아. 그럼 좀 쉬었으면 좋겠어. 이렇게 기계적으로 매일 똑같은 하루 반복하는 거 더는 못 참겠어. 돈은 도대체 누가 발명한 거니. 돈 없는 세상에서 살고 싶다.」

「돈 없으면 또 불편할 거야. 네가 우유를 마시고 싶어. 그냥 달라고 할 수는 없잖아. 넌 내가 부러웠다고 하는데, 난 장미 네가 부러웠어. 난 온실 속에 자란 화초 같은데 넌 아니야. 넌 무인도에 혼자 있어도 잘 살 것 같아. 널 볼 때마다 뭔가, 씩씩하고 잘 흔들리지 않는 나무 같다는 생각을 많이 했어.」

「잘 흔들리지 않기는. 내가 그런 나무면 지금 이러겠어? 국화야, 나 정말 돈이 목적이 아닌 인생을 살고 싶어. 돈 때문에 돈 벌려고 사는 인생이 아니라 나답게 내 인생 살면서 돈은 조금 필요했으면 좋겠어. 지금은 내 인생에서- 계산해 보자. 잠자는 7시간 빼면 하루에 나에게 주어진 시간이 17시간이네. 하루 17시간 중에 회사에 사용하는 시간 빼면 나에게 주어진 시간은 4시간이야. 내가 하루에 나를 위해 쓸 수 있는 시간이 23.5%야. 못해도 70% 이상은 되어야 하지 않아? 진짜 말도 안 돼. 어후 나 억울해서 못 살겠어. 기본이 주 40시간이라서 어느 회사 가도 똑같을 거야. 그러니 이직 생각도 못 하겠고 월급도 포기 못 하겠고.」

장미의 휴대폰 벨소리가 울렸지만 그녀는 받지 않았다.

「정말 답이 없어, 내 인생.」
「어떡하냐.. 남자친구랑 결혼하기로 했어?」
「결혼은 안 할 거라고 했잖아.」
「저번에 고민했잖아. 남자친구는 계속 결혼하자고 한다며.」
「헤어질 것 같아. 연애를 하면 뭐 해? 만나고 헤어지는 것도 이제 못 해 먹겠어.」
「네가 결혼 안 한다고 하니까 헤어지자고 해?」
「내가 생각해 본다고 했는데 빨리 결정해야지 내가. 그런데 지금은 결혼은 안 되겠다 헤어져야겠다 하고 있어. 그냥 연애 안 하고 남자 안 만나는 게 답일 듯. 무슨 만나는 남자마다 결혼하자고 안달이야.」
「그러면서 연애는 맨날 쉬지 않고 하는 너도 참 신기해.」
「연애는 뭐, 아니 결혼이라는 게 옛날에 우리 태어나기도 전에 있던 신분 제도나 노예 제도처럼 하나의 제도잖아. 과거의 제도를 내가 왜 답습해야 해? 결혼은 필수가 아니라 선택이야. 뭐 살다가 '아 나 정말 이 사람이랑 살고 싶다' 하면 동거하면 되는 거고. 국화 너도 연애 좀 해 봐. 승열이 오빠가 아직도 나한테 네 소식 물어본다. 어때 만나 보는 거?」

「싫어.」

「맨날 책만 읽고 재미없게. 맞다, 너 회사는 왜 그만둔 거야?」

「아빠 백으로 낙하산 취업한 내가 싫어서.」

「거기 너희 아빠 지인 회사야?」

「대표랑 아빠랑 친구야. 내가 어떻게 취업을 했겠어. 대표가 어찌나 편애를 하던지 민망해서 다닐 수가 없더라. 나랑 경력 비슷한 직원보다 내가 월급도 훨씬 많이 받아. 나도 계속 취업이 안 되니까. 아빠가 자기 회사에 오라는데 그건 싫고 독립은 하고 싶은데 돈을 벌어야 할 거 아니야. 계속 아빠 카드로 살 수는 없잖아. 답답해하다가 아빠 도움받아서 취업만 되면 독립할 수 있을 거라고 생각했거든. 그런데 지금은 후회 중이야.」

「그래도 회사 꽤 다니지 않았어? 그 정도 다녔으면 잘 다녔어, 돈도 모으고.」

「사 년 정도 다녔지. 그리고 이 집도 너도 알잖아. 아빠가 빌려준 거.」

「부럽다 친구야. 그런데 국화 넌 싫은 거지?」

「싫다는 말보다는 뭐라고 말해야 할지.」

「무슨 말인지 알 것 같아. 그런데 국화야 그냥 즐겨! 얼마나 좋아. 너 내 어깨 위에 나를 짓누르는 내 생애 첫 아파트는 안 보이는 거니? 내 처진 어깨를 봐. 곧 부서질 것 같지 않아?」

「난 사회생활 못 하겠어. 회사에서 주눅 들어. 자신감도 없고. 뭘 하나 나 스스로 해낸 게 없잖아. 회사 대표가 나 자기 친구 딸이라고 잘해 주는 것도 불편하고.」

「나였으면 '아이고 감사합니다' 하고 다녔을 거다.」
「온전히 나를 좋아해 주면 좋을 거야 나도. 난 가끔 이런 생각이 들어. 부모님 안 계시면 내가 사람 구실은 하면서 살 수 있을까? 벌써 무서운 거 있지. 내 나약함을 내가 잘 아니까.」

장미는 핸드폰을 누르면서 말했다.

「야, 나 배고파서 안 되겠다. 피자 시킬게. 네가 나약하기는 뭐가 나약해. 안 나약해, 잘 살 거야! 걱정 마.」
「누구는 부모님 잘 만나고, 누구는 부모님 잘못 만나서 힘들고 인생 불공평한 것 같아.」
「대학교 때 교수님이 '인맥도 능력이다'라고 하시는데 부모가 가장 중요한 인맥인 것 같아. 이런 걸 바로 운명이라고 하는 거지. 나 중학교 때 우리 집 망해서, 서울 변두리로 이사 간 것도 다 운명이야.」
「나 중학교 때, 엄마가 담임한테 돈 준 걸 알게 됐어. 소문이 다 나더라. 아, 그래서 담임이 나를 예뻐했구나. 내가 정말 착각하고 있었던 거야. 내가 초등학교부터 생각해 봤어. 초등학교 1학년 때, 2학년 때... 엄마가 다 망쳐놨다는 생각이 드는 거야, 내 인생을.」
「엄마랑 얘기해 봤어?」
「너 우리 엄마 알잖아. 뭐 어떠냐는 거지. 선생님들 고생하시는데. 너 이사 가서 전학 가야 한다고 가기 싫다고 막 울었을 때도 난 속으로 우리 집이 망해야 되는데 했었어. 너도 내가 이러는 게 이해 안 가지?」
「나도 뭐라고 말해야 할지 모르겠다. 국화 너는 늘 마음 아파하는 애였어 모든 일에. 나 전학 간다고 우니까 너도 같이 울었잖아. 그때 생각하니까 갑자기 눈물 나려고 하네. 너 그때 막 나한테 고아 되고 싶다고 했었잖아. 그래서 그랬구나? 그 일 때문에.」

「너 내가 왜 미국으로 유학 갔는지 모르지? 엄마랑 아빠, 벗어나고 싶어서 간 거야.」

「세상에 감쪽같이 속았네. 너 그때 정말 행복해 보였는데.」

「그랬어? 기뻤지. 드디어 벗어나는구나 했는데.」

「국화야, 너 사업해 보는 거 어때?」

「내가 그 생각을 왜 안 해 봤겠어.. 나 같은 사회성으로 사업은 어림도 없지.」

「그러니까 내가 있잖아. 우리가 같이 하는 거지.」

「무슨 사업을 해? 너 일 그만하고 싶다며. 사업이 쉬운 것도 아니고.」

「또 알아? 너랑 나랑 좋아하는 일을 찾을 수도 있잖아. 너희 아버지 사업 오래 하셨으니까, 많이 도와주실 수 있을 거야. 직장보다는 이게 너한테 좋을 것 같아. 넌 스스로 서고 싶은 거잖아, 부모님 도움 없이.」

「자신 없어 나. 넌 하면 잘할 것 같아.」

「우리 엄마가 식당은 오래 했지. 노하우가 있을 거야. 전수받으면 돼. 잘 생각해 봐. 너만 한다고 하면 난 지금 당장 너랑 머리 맞대고 시작할 수 있어. 회사에서 월급 타서 투자할 용의도 있다고. 나 지금 진지해.」

「장미야, 사업은 아무나 하냐. 난 오히려 네가 한다고 하면 같이 하고 싶긴 해. 네가 사장 하고 내가 팀장 할게.」
「내가? 일하기 싫어서 그만두고 싶은 건데 사업? 머리가 아프네. 나도 생각해 볼게. 그런데 국화야, 너 사업해 보는 거 정말 괜찮은 것 같아. 그리고 너 요리도 꽤 하잖아. 식당도 괜찮을 것 같고. 너무 큰돈보다는 당장 먹고살 정도만 해도 성공이라고 생각하고 해 봐. 부모님한테 도움받을 수 있으면 받고. 나중에 다 갚으면 되잖아.」
「너 지금 내가 정말 사업할 수 있다고 생각하는 거야?」
「응.」

다시 장미의 휴대폰이 울렸지만 그녀는 휴대폰 전원을 껐다.

「남자친구한테 전화 온 거 아니야? 전원은 왜 꺼? 그냥 받아.」
「싫어.」
「나 때문이야? 괜찮아, 너 그냥 집에 가. 나 괜찮으니까.」
「그게 아니라, 결혼 안 할 거면 헤어지자고 해서. 우리 지금 정말 좋거든. 헤어지기는 싫고, 그렇다고 결혼도 싫고. 설득해도 소용없어. 자기는 무조건 결혼해야 한다는 거야. 사랑의 완성이 결혼이래. 나 결혼 자신 없어. 지금 코너에 몰린 기분이야.」
「또 이러지도 저러지도 못하고 있는 거네.」
「내 탓이요 내 탓이요 저의 큰 탓이 옵니다. 나와 결혼 말고 연애만 해 줄 남자가 이 세상에 존재하지 않는다는 게 슬프다.」
「그래도 전화는 받아야지.」
「결혼 독촉 전화야.」

「누가 보면 빚 독촉 전화인 줄 알겠다. 그냥 결혼해.」
「나 애 낳기 싫어. 내 남친은 애도 있어야 한대. 내가 진짜 헤어지자는 말이 목구멍까지 차오르는데 좋으니까 이러고 있는 거야. 나는 자유를 부르짖는데, 세상도 애인도 날 가만 내버려두지 않네. 왜 나는 네가 아니고 나인가. 나 이러다가 내가 모르는 사이에 팔려 갈 것 같아. 그거 알아? 어떤 선택을 해도 난 불행해질 거라는 거. 남친이랑 헤어지면 세상이 무너질 것 같고, 결혼하면 내가 무너질 것 같아. 내 인생은 불행이 예약되어 있어. 난 곧 불행해질 거야.」
「그리고 곧 행복해질 거야. 다 지나갈 거야.」
「'원래 사는 게 이렇지 뭐'라고 말하면서 그냥 물 흘러가듯이 살고 싶은데 그게 잘 안 돼.」

초인종 소리가 들리고 피자와 맥주가 왔다. 장미와 나는 맥주 캔을 부딪치며 건배했다.

「장미와 국화의 인생을 위하여- 짠! 아- 시원하다.」

맥주를 마시자, 졸음이 몰려왔다. 눈꺼풀이 무거워져 감았다 뜨는 시간이 길게 느껴졌다. 맥주를 마신 장미는 말이 더 많아졌다.

「국화야, 우리는 왜 이렇게 힘든 걸까? 이것도 저것도 선택하지 못하고, 왜 이렇게 남루해 보이니. 우리 그래도 열심히 살았잖아? 그치? 난 이렇게 살 바에는 그냥 죽어 버릴 거야 콱. 그럼 또 누가 그래요. 너만 힘든 거 아니야. 맞아, 다 좀비같이 살고 있어요. 근데? 남들이 다 그렇게 산다고 나도 그렇게 살아야 되나? 왜? 저 일하려고 태어나지 않았거든요. 저 세상 구경하려고 태어난 거거든요. 매일 똑같은 지하철 타고 똑같은 건물에 출근해서 똑같은 사람들 만나고 또 그러면 하루가 가고, 매일 똑같은 하루가 컨트롤 씨, 컨트롤 붙여 넣기 같은 인생들이야. 물론 나도 붙여 넣기 같은 인생을 살고 있는데 그냥 말해 보고 싶었어. 이게 최선인가? 이게 내가 나한테 할 수 있는 최선인가? 돈은 많이 버는데 난 괜찮은 인생을 살고 있는 건가 하고. 국화야 난 백수인 네가 부럽다. 넌 분명 일하는 내가 부럽겠지. 내가 궁금한 게 있는데, 너 지금도 내가 부러워?」

「아니, 안쓰럽기 그지없네. 나도 묻겠어. 내가 진짜 부러워?」

「아니, 안쓰럽기 그지없네. 친구야 넌 너희 부모님이 아니어도 충분해. 그런 걸로 너의 존재를 부정하지 마. 너의 괴로움과 몸서리가 말해 주고 있잖아. '나 국화야 이거 왜 이래' 하면서. 나도 부모님이 성실하게 일하셔서 없는 살림에 뒷바라지해 주셨어. 과외도 하고 학원도 다니고. 나도 부모님 잘 만난 거야, 너만 잘 만난 거 아니라고. 그러니까 불평등이니 뭐니 그런 거? 생각하지도 마. 세상이 언제 평등했어? 태어난 것부터가 불평등이야. 그 간극을 어떻게 메워? 네가 그렇게 괴로워한다고 세상이 한순간에 '짠'하고 평등해져? 아니잖아. 못하잖아. 사탕 두 개가 있는데 이십 명한테 똑같이 나눠 줄 수 있어? 아주 똑같이 평등하게 나눠 줄 수 있어? 없잖아. 평등은 애초에 허구야. 그리고 그 평등의 기준이 뭔데? 돈? 돈 말고 행복이 기준일 수는 없는 거야? 행복의 평등 말이야. 자산의 평등 말고. 우리 모두 평등하게 행복해지자, 그럼 어떻게 하면 될까? 이렇게 시작하면 안 되냐고. 왜 부로 평등을 논하는 거야? 돈이 뭔데? 돈을 똑같이 나누면 세상이 행복해진다고 생각해? 아니 절대. 난 부를 평등하게 나눈다고 해서 절대 평등하게 행복해질 수 없다고 생각해. 그 돈을 어떻게 쓰느냐, 어떤 선택을 하느냐, 어떻게 바라보느냐에 따라 행복은 불평등하게 주어져. 그럼 결국 자산의 평등이 행복의 평등으로까지 이어지지 않는다는 거지. 그렇기 때문에 평등에 대한 너의 고민도 결국엔 연기처럼 허무해지는 거야.」

맥주 몇 잔에 장미는 취해 버렸다. 원래 이렇게 술에 약했던가. 장미를 거실 소파에 눕혔다. 난 불을 끄고 소파 옆 바닥에 누웠다. 장미는 소파에 누워서도 중얼거리며 말을 쉬지 않았다.

「국화야, 내가 너였다면 내가 만일 너로 태어났다면 난 절대 너처럼 생각하지 않았을 거야. 모든 것이 너무 당연하게 내 권리고 마땅히 내가 누려야 하는 것들이라고 생각했을 거야. 그래서 난 마치 네가 운명을 벗어나 있다는 생각이 들어. 넌 어디선가 너를 바라보며 운명을 비판하는 사람들 옆을 비집고 들어가서 신의 영역을 침범하는 사람 같아. 그러면서 도도하게 말하는 거야. "무인도에서 살아남을 힘을 주세요. 전 강한 사람이 되고 싶어요." 하지만 그러면서도 자신이 없는 거지. "저를 이렇게 만들어 놓으셔서 저는 삶을 살아갈 용기가 없어요." 그러면서 넌 생각한 거야. "그냥 다시 태어나자."」

나는 어둠 속에 누워 천장을 바라보았다. 장미는 잠들었는지 더 이상 아무 말도 하지 않았다.

'그냥 다시 태어나자'

장미의 말처럼 다시 태어난다고 해도 이 빌어먹을 인생이 더 나아진다는 보장은 없다. 내가 죽는다고 이 빌어먹을 세상이 평등해지지 않는다. 하긴 애초에 평등의 문제가 아니었다. 나를 유약하게 만든 불평등에 대해 말하고 있는 것이다. 나는 더 강한 나를 위해 평등을 부르짖었고 불평등이 야기하는 세상의 모든 나약함을 경멸했다. 스스로 일어서지 못하는 허약함에 넌덜머리가 났다. 그건 나였다. 나는 치를 떨며 부모를 경멸했고 그들과 한통속인 나의 탯줄을 자르고 싶었다. 그렇게라도 해서 홀로 설 수만 있다면. 난 책 속에서 인생을 산 사람처럼 허풍쟁이가 되었다. 말과 행동의 어긋남은 나를 위선자로 만들기에 적당했다. 난 나의 한계에 고개를 숙였다. 이상적인 삶을 살 수 없다면 내가 원하는 삶을 살지 못한다면 차라리 죽고 싶었다. 장미의 말대로 왜 다시 태어나길 바라겠는가. 장미가 틀렸다. 나는 나를 강인하게 만들어 줄 생명을 찾고 있었다.

우리는 과거에 이 땅에 살았던 조상들보다 자유롭다. 어쩌면 지금은 과거의 혼령들이 그토록 바라던 미래일 것이다. 하지만 지금 우리는 자유로운가? 돈과 제도, 비난과 선입견에 둘러싸여 자신을 꽁꽁 옭아매고 있지는 않은가. 사회는 돈을 목적으로 일사불란하게 움직인다. 난 궁금했다. 돈이 없다면 지금 지구는 어떤 모습일지 말이다. 돈을 벌지 않아도 되었다면 우리는 어떻게 살았을까? 상상조차 되지 않을 정도로 현대 사회는 돈으로 움직인다. 장미는 돈에서 해방된 자유를 꿈꾸고 있었다. 돌고래가 원숭이가 되길 바라는 사회에서 우리는 돌고래가 돌고래로 살 수 있는 사회를 꿈꾸고 있다. 우리의 이런 바람은 사회에서 도태된 부적응자들의 신세 한탄에 불과한 것일까? 누군가의 열정은 어쩌면 금전적인 보상이 있기 때문은 아닐까? 사회에서 성공적으로 살아남은 장미와 낙오된 나를 가르는 기준도 결국은 돈이다. 우리 집이 가난했다면 장미는 나에게 어떤 조언을 해 주었을까? 그래도 일은 해야 한다고 말해 주지 않았을까. 돈이나 보상은 우리의 열정과 목표를 오염시킨다. 그러나 살아남으려면 돈이 필요하다. 선택의 시간은 점점 다가오고 있었다. 짬뽕인지 짜장면인지 지금처럼 짬짜면 신세로 더 이상 버틸 재간이 없다. 장미는 남자친구와 헤어지거나 결혼을 할 것이다. 또 회사를 그만두거나 다니거나 할 것이다. 나는 부모님으로부터 완벽한 독립을 하거나 지금처럼 도움을 받으면서 의존적으로 살 수도 있을 것이다.

산 정상에 도착해서 결심했다.
독립할 것이다.

두려움을 살라먹자.
두려움을 살라먹자.
그래서 나를 지키자.

2
자살한 사람들의 모임

나는 신문 기사로 만난 세상의 모든 불행 앞에 몸서리쳤다. 하지만 그 불행들은 나의 일상에 어떠한 오점도 남기지 않았다. 나는 뻔뻔하게 웃었고 기억 상실에 걸린 듯 잊었다. 몸서리치고 울고 웃고는 잊었다. 무너져 내리고 측은해하다가 잊었다. 타인의 고통은 단지 잊히기 위해 동정받고 내쫓기기 위해 나에게 왔다.

그것은 결코 나아지지 않았다. 잊히지 않는다고 해서 내가 할 수 있는 일은 없었다. 어쩌면 나를 지키기 위해 망각은 유용했다. 망각하지 않았다면 난 금방 죽어 버렸을 것이다. 나는 잊지 않기 위해 세상의 모든 불행을 수집했다. 상상하며 그들의 얼굴을 그렸고 이름 붙이고 대화를 나눴다.

#첫 번째 회원

성폭행당하고 자살한 고등학생에게는 '시유'라는 이름을 붙여 주었다. 색연필과 물감으로 시유의 얼굴을 그려서 책상 위에 세워 두었다.

「시유야 안녕. 내 이름은 국화야.」
「혼자 있고 싶어.」
「어, 말 걸지 않을게.」

한동안 시유의 얼굴만 물끄러미 바라보았다. 그러다 언젠가 꿈을 꾸었다. 나는 교복을 입고 바닥에 누워 있었고 남학생들은 나를 내려다보며 웃고 있었다. 그들은 쉽사리 감출 수 없는 야비한 미소를 지었다. 죄책감을 모르는 저속한 웃음소리가 들렸다. 그들은 내가 움직이지 못하게 붙잡고 차례로 강간했는데 난 마치 실험용 쥐가 된 것 같았다. 잠에서 깨어나 꿈이라 정말 다행이라고 생각했다.

심장이 돌덩이로 변했고 절망에 절어 있는 감정에서 벗어나려고 버둥거렸다. 기상 알람 소리에 일어나 어기적거리며 회사에 출근했다. 무기력하게 움직이며 환상통 같은 고통을 지우려고 노력했다. 하지만 그것은 나를 더 조여 오더니 별안간 불구덩이로 변해 있었다. '꿈이었을 뿐이야. 난 그런 일을 겪지 않았어' 하고 되뇌었지만 머리가 원하는 대로 몸은 움직이지 않았고 그 흔적은 지우려 할수록 더 깊이

각인되었다. 퇴근하고 침대에 누워 시유에게 말했다.

「어떻게 살았니, 시유야. 나 꿈에 네가 나왔는데 내가 너였어.」
「성폭력당했을 때, 난 울고불고 소리 지르는데 걔네는 웃고 있었어. 고통받는 얼굴을 마주한 웃음처럼 잔인한 건 없어. 걔네는 사람을 죽이면서도 환하게 웃을 수 있는 사이코패스들이야. 그 기억 속에서 벗어날 수가 없더라. 그날이 환영이 돼서 나를 끈질기게 따라왔어.」
「걔네 정말 죽여 버리고 싶더라.」
「매일 걔네를 저주했어. 신이 있다면 행운은 모조리 빼앗고 벌만 주기를. 사는 게 나처럼 지옥 같기를. 죽일 수는 없으니 차라리 죽는 게 나을 정도로 절망적인 삶을 살기를. 그런데 그걸 못 보고 내가 먼저 죽었네.」

#두 번째 회원

외삼촌을 종이 인형으로 만들어서 시유 옆에 세워 두었다. 삼촌은 암 투병 중에 스스로 목숨을 끊었다. 우리는 오랜 안부를 묻고 많은 대화를 나눴다.

「삼촌, 보고 싶었어요.」
「나도 국화야, 보고 싶었다. 요즘 잘 지내고 있니?」
「아니요, 엉망진창이에요. 이번에 회사 그만뒀어요. 아빠 친구 회사에서 일했는데, 매일 호탕하게 웃으면서 직원 차별하는 아빠 친구 때문에 불편하고 그런 저를 불안한 눈길로 쳐다보는 직원들 눈치 보느라 힘들었거든요. 제가 하늘에서 떨어진 낙하산이래요. 새로 입사한 경력직 과장이 제가 누군지 모르니까 눈치 안 보고 솔직하게 말하더라고요. "국화 대리는 어떻게 이 정도 실력으로 여기서 이렇게 오래 근무했어?" 저의 치부가 선명해져서 더는 회사에 못 다니겠더라고요. 그동안은 직원들이 잘해 주니까, 잘 견디고 있었는데."

"나도 누나한테 자주 얘기했어. 너무 과보호하지 말라고. 그런데 너희 엄마가 내 말을 듣겠어? 자기가 뒷바라지 안 해 주면 큰일 날 것처럼 호들갑 떨면서 자기 말만 다 맞고, 남이 하는 말은 귓등으로도 안 듣는 사람이잖아."

"삼촌은 왜 스스로 떠나셨어요?"

"국화야, 삼촌은 어차피 죽을 사람이었어. 너무 고통스러워서 조금 빨리 죽었을 뿐이야. 죽을 날 받아놨는데, 병원에서 몇 개월 더 있는다고 좋아지는 것도 아니고. 나 간호하느라 지쳐 있는 네 외숙모 보는 것도 미안하고. 너무 아팠어. 차라리 얼른 죽어야겠다고 계속 생각만 하다가 그렇게 된 거야. 그 통증은 어떻게 견딜 수 없더라고. 희망이라도 있으면 참을 수 있었는데 없었잖아. 병원에 누워 있는 그 시간들이 무의미하게 느껴지더라."

삼촌은 어떤 고통을 느꼈을까. 난 이해할 수 없었다. 별안간 꿈을 꿨는데 도무지 견딜 수 없는 통증에 몸부림쳤다. 대견하게도 약상자가 있는 곳으로 기어가 진통제를 먹었지만 소용없었다.

갑자기 암흑이 찾아왔고, 눈앞이 껌껌했다. 난 어둠 속에서 통증과 단둘이 마주했다. 통증은 나를 조롱했다. 통증이 멈추기를 바라는 나의 간절함을 비웃었고 곧 미쳐 버릴 것만 같은 미지의 세계로 나를 인도했다. 통증은 나의 몸부림을 즐거워했다. 통증은 리듬을 타며 춤을 췄다.

강강약 강강약
강강강약 강강강약

나는 괴로워하며
멈추기를
멈추기를
멈추기를 간절히 바랐다.

멈추기를
이제 그만.

참을 수 없어.
이렇게 도무지 견딜 수 없어.
이제 그만.
죽고 싶었다.
죽음만이 나를 구원해 줄 것이다.
그 순간 꿈에서 깨어났다.

#세 번째 회원

　삼십 대 외국인이 군대에서 스스로 목숨을 끊었다. 난 그의 얼굴을 색연필로 그려서 외삼촌 옆에 붙여 놓았다. 어? 그런데 이 외국인이 한국말을 잘한다.

「안녕, 국화야.」
「안녕하세요. 한국말을 해서 다행이에요.」
「여긴 네 상상 속이니까.」
「궁금했어요. 무엇이 젊고 앞길이 창창한 그를 죽음으로 내몰았을까? 여자친구와 헤어졌을까? 군대에서 괴롭힘을 당했나? 하면서요.」
「군인은 내가 선택한 직업이었지만 난 전쟁은 없을 거라고 생각했어. 전쟁이 필요 없는 평화로운 시대라고 생각했거든. 그런데 갑자기 대통령이 전쟁을 결정한 거야. 명분 없는 전쟁이었어. 대통령의 야욕이었고. 그런 사사로운 감정에 내가 군인이라는 이유로 총을 쏘고 싶지 않았어. 준비되지 않은 상태에서 갑작스럽게 전쟁터로 내몰렸지. 처음에는 아무런 감정이 없었어. 그런데 점점 두려웠어. 사람을 죽이고 싶지 않았거든. 더더군다나 죽일 명분이 없었어. 나는 나를 설득할 수 없었어. 나의 공격으로 많은 사람들이 무고하게 죽는다고 생각하니 차라리 내가 죽는 게 낫다는 생각이 들어서 그래서 죽음을 택했어. 누구를 죽여 가면서 비굴하게 살고 싶지 않았어. 그뿐이야. 인간답게 살지 못할 바에야 죽는 것이 나아.」

「인간답게 사는 게 뭘까요?」

「부끄러움을 아는 거야. 생명을 소중하게 여기고 사랑하며 사는 거야.」

「그 대통령은 살인자예요. 얼마나 많은 사람들을 죽였어요? 그런 악마 같은 지도자가 인류에서 가장 먼저 사라져야 할 존재라고요.」

꿈속의 나는 군인이었다. 무너져 내린 건물, 폐허가 된 도시. 그들은 서로 누가 먼저 모래알이 되나 놀이하고 있었다. 그 모래 알갱이들은 그들이 만든 시체 더미였다. 죽어 있는 사람들을 바라보니 내 숨소리조차 죄악 같았다. 심장 박동 소리가 점점 커지고 몸은 마비된 듯 움직이지 않았다. 난 총을 들고 무아지경에 빠졌다.

#네 번째 회원

생활고에 시달리다 스스로 목숨을 끊은 이십 대 A씨에 대한 기사를 읽었다. 그녀를 상상해서 얼굴을 그린 후, 책상 위에 세워 두었다. 고민하다가 그녀의 이름을 '수란'이라고 지었다.

「수란아, 안녕.」
「여기가 어디지?」
「내가 널 내 상상으로 초대했어.」
「나를 왜?」

「뉴스를 보고 네가 왜 그런 선택을 했는지 듣고 싶어서.」
「언니가 불렀구만. 빚 때문이지 뭐. 당당하게 번 돈은 아니지만 열심히 모았던 돈을 주식에 투자했는데 한순간에 날려 먹었거든. 대출도 받았는데 빚이 눈덩이처럼 불어난 거야. 그 돈을 갚을 자신이 없었어. 밑 빠진 독에 물 붓기지. 남들처럼 살려고 발버둥 친 결과였는데 더 못살게 됐으니 사는데 더 미련이 안 생겼어. 내 성격에 구질구질한 건 딱 질색이고 그래서 깔끔하게 포기한 거지.」

 얼마 후 꿈을 꿨다. 꿈에서 난 일확천금을 가슴에 새기고 대출을 받고 있었다. 주식으로 그 많은 돈이 사라져 버린 건 순식간이었다. 온몸에 힘이 빠져 길바닥에 누워 파란 하늘을 응시했다. 눈을 감고 내가 부서지는 소리를 들었다. 견고하게 쌓아 오던 삶이 폭발하는 소리를 들었다. 순식간에 '펑'하고 튀겨지기를 바랐던 휴지 조각을 허무하게 바라보았다.

 나는 자살한 사람들의 모임을 결성했다. 사회자는 물론 나다. 난 아직 살아 있는 사람이기 때문에 회원이 될 수 없었다. 그들이 마주 볼 수 있도록 그림들을 동그랗게 배치했다. 이미 죽은 사람들이 한자리에 모이는 건 현실 세계에서 있을 수 없는 일이지만 나는 그들을 마주하게 했다. 사실 책상에 있는 그들을 바라보는 게 힘들어지던 참이다. 그래서 대화를 나누고 싶었고 함께 나누면 좋을 것 같았다. 그렇다. 어쩌면 이 사람들은 전부 나다.

국화 「제1회 자살한 사람들의 모임을 시작하겠습니다. 저는 이번 모임의 사회자를 맡은 살아 있는 생명 국화입니다. 모두 이미 인사는 나누었을 것 같으니 소개는 생략하겠습니다. 여러 가지 주제로 대화를 나누어 보려고 해요. 첫 번째 이야기 주제는 '나는 죽음을 후회한다'입니다.」

시유 「저는 죽어서 편했어요. 그때의 기억이 저를 떠나지 않고 꿈에서도 일상에서도 계속 따라다녔거든요. 성폭행의 기억은 들불처럼 퍼져 갔어요. 그런데 정말 마음 아픈 건 가족들 때문이에요. 할머니, 할아버지가 얼마나 가슴 아파하셨을까. 그런데 그런 생각이 들다가도 다시 제 상처와 마주해요. 그래서 제가 하고 싶은 말은 후회하지 않아요. 저를 위해 할 수 있는 최선의 선택이었어요. 저는 삶의 이유를 찾을 수 없었어요. 늘 상처와 고통 속에서 살았거든요. 초등학교 때는 따돌림 당하거나 소외되는 상황들이 일상이었어요. 단정하지 못했고 촌스러운 옷을 입었죠. 아이들이 싫어하는 것을 두루두루 갖고 있는 아이였어요 저는. 하지만 어린 제가 무엇을 할 수 있겠어요. 학교에 가기 싫다고 노래를 불렀죠. 하지만 학교는 가야 했어요.」

삼촌 「저도 후회하지 않아요. 저는 췌장암이었기 때문에 죽을 날을 이미 받아놨습니다. 어차피 죽을 거 몇 달 일찍 간 거예요. 그리고 그 통증이- 더 이상 참을 수가 없었어요. 이 정도의 통증을 견디며 목숨을 연명하느니 차라리 죽는 게 낫다고 생각했죠.」

수란 「저는 죽음을 후회한다기보다 대출받아서 주식 투자한 걸 후회하고 있어요. 빚쟁이만 되지 않았어도 죽지 않았을 거예요. 그 빚을 언제 다 갚겠어요? 빚쟁이는 많지만 다 저처럼 죽지는 않아요. 다 제 잘못이죠. 저는 인생의 반전을 꿈꿨어요. 사는 게 끔찍하게 힘들었거든요. 끔찍해요 정말. 어렸을 때부터 "이렇게 살고 싶지 않아"라는 말을 달고 사는 아이였어요. 아버지는 안 계셨고 어머니와 단둘이 살았는데 어머니는 알코올 중독자였어요. 사는 게 힘들었지만 그래도 희망을 버리지 않으려고 기를 쓰며 살았어요. 저. 빚 때문에 이렇게 죽고 나니 그런 희망들도 다 허망하네요.」

군인 「저도 후회하지 않아요. 오히려 총 쏘기 전에 죽어서 다행인 것 같아요. 총 쏘고 나서는 죄책감으로 살지 못했을 거예요. 저란 인간은. 이런 제가 군인이라는 직업을 선택한 걸 후회한다고 말하는 게 맞을 것 같아요. 돈 때문이죠 다. 안정적이라는 이유로 선택했는데 아휴. 이제 와서 후회한들 무슨 소용 있겠어요. 그리고 여자친구를 생각하면 미안해요. 심장이 아파요.」

국화 「네 분 모두 후회하지 않는다고 말씀해 주셨어요. 어떤 선택은 죽음을 예고하고 있고요. 어떤 죽음은 자신의 의지와 상관없이 불현듯 찾아오는 것 같아요. 두 번째 이야기 주제는 '삶은 살아볼 만하다'입니다.」

시유 「저는 행복했던 기억이 많지 않아서 삶은 살아볼 만하지 않다.」

　군인「사랑을 주고받은 기억을 잊지 않는다면 우리의 삶은 살아볼 만해요. 어머니가 소풍날 싸 주신 도시락, 해바라기 꽃을 사 들고 졸업식에 온 부모님, 여자친구와 연애하면서 느꼈던 설렘을 생각하면 가슴에 뜨거운 바람이 불어요.」

　삼촌「전 즐겁게 사는 방법을 모르는 사람이었어요. 사랑 없는 아내와의 결혼 생활은 견디기 힘들었죠. 사랑은 언젠가 식고 변해요. 그렇다고 외도를 하지도 못했어요. 제 친구들 중에는 애인 있는 애들도 많았는데 전 안 되더라고요. 전 그래도 아이들에게 좋은 부모가 되고 싶었거든요. 하지만 그만큼 괴로웠죠. 부모가 되면서 제 바닥을 보는 순간들이 많았어요. 어쩌면 자식들을 위한다는 말도 다 변명일 뿐이고 전 사회적 시선이 중요했던 거예요. 그 시선에서 자유롭지 못했죠. 내가 이혼한 사람이 되는 것도 싫었고 아이들이 이혼 가정에서 자랐다는 말을 듣게 하고 싶지 않았어요. 저는 이렇게 생각합니다. 제가 직업이 교수라서 가르치려는 것 같은데 우리가 삶의 밝은 면을 생각한다면 삶이라는 건, 살아볼 만합니다. 하지만 어두운 면만 생각한다면 그것에만 집중한다면 그것보다 지옥은 없을 겁니다. 잘 생각해 보면 시유도 분명 밝은 면이 있었을 거예요. 어쩌면 인생이라는 건 그 밝은 면을 넓히려는 노력의 연속인 거예요. 저의 모든 기억 세포를 열고 생각해 보니, 삶은 그래도 살아볼 만하다고 말하고 싶네요.」

수란 「우리 아버지는 할아버지였어요. 저랑 나이 차이가 육십 살 정도 났으니까요. 저 스무 살 때 돌아가셨죠. 저희 엄마는 접대부를 하다가 부자였던 아버지를 만났어요. 아버지는 본부인과 별거 상태로 저희 엄마와 동거했고 제가 태어난 거예요. 저는 아버지의 세 번째 여자의 혼외 자식이죠. 아버지에게는 엄마가 다른 배다른 자식이 열 명이 넘었어요. 참 복잡하죠. 저는 아버지의 얼굴이 잘 기억나지 않아요. 우리와 그렇게 오래 살지 않았거든요. 제 삶에 아버지는 없었어요. 어머니는 알코올 중독자였고요. 저는 이런 환경에서 컸어요. 이런 제가 '삶은 살아볼 만하다'라는 말이 나오겠어요. 저 역시 엄마의 인생을 벗어나지 못했어요. 전 사회생활이 안되더라고요. 일단 회사를 제시간에 가는 게 힘들고 배운 게 없어서 할 줄 아는 것도 없고 그러니까 자신도 없고. 저도 엄마처럼 성매매 하면서 살았어요. 다 죽어서 만났는데 말 못 할 게 뭐가 있겠어요.」

국화 「우리가 태어났을 때, 바뀔 수 없는 좌표들이 있는 것 같아요. 부모와 상호 작용하면서 부모가 아니라면 우리를 키워 준 사람들과 상호 작용하면서 우린 작은 사회를 배워요. 이런 작은 사회는 가장 강력한 힘을 가진 운명이죠. 그런데 그렇게 낭만적이지 않아요. 태어나자마자 이 세계가 우리에게 주는 건, 순응과 적응이에요. 욕심 많은 엄마의 눈치를 보면서 어쩌면 변태 아빠를 만날 수도 있죠. 마치 거기에 순응하는 것만이 우리에게 주어진 과제처럼 보여요. 저도 수란 씨처럼 잘하는 게 없고, 사회생활이 너무 어려워요. 자신감도 없고 작은 상처에도 무너지죠. 사회는 우리에게 맞춰 주지 않아요. 우리가 사회의 틀에 맞춰야 해요. 사회가 해파리처럼 생겼으면 우리도 해파리가 되어야 하고요, 사회가 호랑이처럼 생겼으면 우리는 호랑이가 되어야 해요. 그래야 살아남아요. 사회는 어쩌면 '돈'이라는 목적으로 돌아가는 공장인 것 같아요. 돈 벌려고 돌고래인 내가 해파리도 되어야 하고 호랑이도 되라고 하면 되어야 하는 돈 벌기 위해, 살아남기 위해 발버둥 치는 우리들은 도대체 누구일까요? 우리 모두 하나같이 해파리처럼 생겼는데 그럼 나는 누굴까요? 사회는 공장에서 찍어 내는 똑같이 생긴 돈처럼, 똑같이 생긴 사람들을 만들고 있는 걸까요?」

수란 「저는 제 직업이 너무 부끄럽고 숨기고 싶어서 더 큰소리쳤어요. 몸 파는 년들 하면서. 그러면 아무도 모를 거라고 생각했죠. 제가 똑똑하고 부지런했다면 분명 사회생활 했을 거예요. 그럼 다른 삶을 살았을 거고요. 이런 돈벌이라도 못 했으면 뭐 하고 살았으려나. 굶어 죽었겠지.」

국화 「세 번째 주제를 이야기해 볼까요? 행복을 위해서는 땡땡이 필요하다.」

삼촌 「나는 건강. 건강이 정말 중요하죠. 건강하지 않으면 우리가 하고 싶은 것들을 하기 힘들잖아요. 그러니까 가장 먼저 건강을 소중하게 여겨야 해요. 전 건강이 행복의 가장 기초라고 생각해요. 그러니까 평소에 건강에 좋은 음식 잘 먹고, 몸을 건강하게 유지하려고 노력해야 해요. 건강해야 일도 하고 사랑도 할 수 있어요. 건강을 지키는 것이 행복을 지키는 일이라고 생각해요.」

군인 「저는 전쟁이 없는 평화로운 국가가 있어야 한다고 봐요. 우리가 너무 당연하게 생각하고 있는 이 평화가 정말 소중하다는 걸 전쟁을 통해 알았거든요. 전쟁으로 많은 사람들이 목숨을 잃고 가족과 헤어지고 재산을 잃고 떠돌아다니죠. 그제야 모두 평화의 소중함을 깨달아요.」

시유 「저는 사랑이 필요하다고 생각해요. 사랑이 없는 사람들이 자신만 생각하는 것 같아요. 타인에게 주는 상처에 무감각하죠. 부모님에게 받은 모욕을 주변 사람들에게 같은 모욕으로 대갚음하고, 다시 그 모욕은 여러 갈래로 세상을 떠돌아다녀요. 반대로 우리가 사랑을 전한다면 사람들은 다른 사람에게도 그 사랑을 대갚음하고, 사랑은 어떤 식으로든 계속 우리들 주변을 빙글빙글 돌아다닐 거예요.」

수란 「난 돈이 필요하다고 생각해. 돈 있으면 집도 살 수 있고 맛있는 것도 먹을 수 있고 인생 살 만하지 않겠어? 무엇보다 나답게 살 수 있을 것 같아. 부끄러운 돈벌이에서 해방되고 내가 하고 싶은 것도 마음껏 할 수 있잖아. 돈 많으면 몸에 좋은 거 많이 챙겨 먹어서 더 건강해지고.」

국화 「네 번째 주제는 '나는 다시 태어나고 싶다'예요. 만약에 다시 태어날 수 있다면 '너 다시 태어날래?' 하고 물어본다면 어떻게 대답하고 싶으세요?」

수란「난 부자 부모님의 무남독녀 외동딸로 태어나서 사랑받고 자랄 수 있으면 다시 태어나고 싶네. 좀 억울하잖아. 난 그래도 평범한 집에서 태어났으면 좀 똑똑했을 것 같은데. 결론은 조건부 환생입니다. 좋은 조건으로 태어난다고 하면 다시 태어나고 싶어요. 나도 얼굴도 좀 예쁘고 똑똑하고 그런 인생도 한번 살아 보고 싶어요.」

시유「저는 별로 다시 살고 싶지 않아요. 자신이 없어요. 그냥 영원히 사라졌으면 좋겠어요.」

군인「전 다시 태어나고 싶어요. 다음에 태어나면 다른 직업을 택할래요. 선생님이나 차라리 경찰이 되고 싶어요. 어머니가 건강이 좋지 않으셔서 안정적인 직업이 필요했어요. 다음 생애 태어나면 제가 정말 좋아하는 일을 하고 살았으면 좋겠어요. 안정적일 필요 없이 '아 이게 바로 사는 거지' 하고 느낄 수 있는 그런 인생이요.」

삼촌「한 번 살았으면 됐지 뭘 또 살아? 하는 생각도 들지만, 우리가 이번 생애 하지 못하고 가는 것들이 있잖아. 다시 태어나면 못 해 본 걸 하고 싶어. 난 결혼은 안 할 것 같아. 삶을 좀 즐기면서 살고 싶어.」

국화「이제 우리 편하게 그냥 하고 싶은 말 하고 서로에게 질문하는 시간 갖기로 해요.」

  수란 「나는 뭐 하고 싶은 말은 다한 것 같아. 다들 나처럼 주식으로 도박하지 말아요 알겠죠? 난 그놈의 돈이 문제였지, 나는 나 최수란으로 살았던 삶이었어. 연애할 때 가장 행복했고. 내일 죽을 것처럼 악으로 깡으로. 사실 나도 시유처럼 어릴 적에 성폭행당했었어. 그때의 기억이 매일 꿈에 나타나서 날 괴롭히고. 그런데 난 그냥 이렇게 생각하기로 마음먹었어. 그래 재수 없게 아주 더러운 똥에 내 몸이 얼마간 닿았던 것뿐이야. 그냥 잠깐 불행이 나를 스쳐 지나갔던 거야. 이렇게 수많은 인간이 바글바글하게 사는 지구에서 이런 일이 나한테 벌어지지 말라는 법 있어? 어쩌다가 변태한테 걸린 거야. 내가 잘못한 게 아니야. 그러니까 이까짓 찰나의 순간 같은 일이 내 삶을 불행하게 만들도록 두고만 보지 않을 거야. 난 소중하니까 열여덟! 하고 생각했더니 좀 괜찮아졌어. 그리고 갑자기 그 일이 떠올라서 마음이 괴롭잖아? 그럼 그럴 때마다 바로 주문을 외치는 거야. '더러운 똥!' '더러운 똥!' 이렇게. 오늘은 유난히 더 못 견디겠다. 그럼 연속으로 백 번 정도 외치면 마음에 안정이 온다니까. 하늘에서 똥이 폭포처럼 쏟아지는 걸 상상해 봐, 효과 있어. 그래서 내가 하고 싶은 말은 마음먹기에 달렸어. 불행 안에서 허우적거리지 말고 얼른 거기서 나와. 불행할 시간이 없어 우리는. 그래도 그 변태 놈들은 확실하게 처벌받아야 돼. 부모가 울고불고 난리를 쳐도 세 살 버릇 여든 간다는 말 있지? 그놈들의 미래를 위해서라도 벌받아야지. 저는 삼촌이랑 군인 오빠한테 묻고 싶은 게 있어요. 만약 저와 같은 환경에서 태어났다면 어떻게 살았을 것 같아요?」

　삼촌 「부모가 잘하는 일도 못하는 일도 다 교훈이 돼요. 부모의 행동을 교훈 삼아 더 나은 인생을 살 수도 있고. 제가 '수란 씨의 부모에게서 태어났으면.' 하고 생각해 본들 당사자가 아니라 여기서 제가 무슨 말을 해도 답이 될 것 같지 않아요. 우선, 수란 씨 어머니의 행동은 아동 학대예요. 매일 술에 취해 있었으니 수란 씨를 제대로 보살피지도 못하고 방임했을 거예요. 그럴 때는 경찰에 아동 학대로 신고해서 수란 씨 어머니의 알코올 중독 문제를 국가에서 개입해 치료받도록 해야 해요. 그게 어머니를 위해서도 수란 씨를 위해서도 최선인 것 같아요. 그리고 제가 수란 씨였다면 전 어떻게든 다른 직업을 알아봤을 것 같아요.」

　수란 「저도 왜 그런 생각을 못 했겠어요. 제가 이 직업을 선택한 건 솔직히 말하면 너무 편하고 돈을 쉽게 버니까 빠져나오지 못하는 거예요. 그리고 제가 거짓말을 별로 안 좋아하는데 누가 직장 어디 다니냐고 물어보면 환장하겠더라고요. 불법이지 잘못하면 감옥 가지, 그걸 다 떠나서 사람들 손가락질 받지. 그리고 성병 걸리고 잘못하면 임신하지. 지금 생각하니까 어떻게 보면 돈을 많이 주는 것도 아니네.」

　삼촌 「다른 걸 다 떠나서 몸이 망가져요. 그럼 결국 전부를 잃는 거예요 수란 씨.」

군인 「한창 엄마의 보살핌을 받아야 하는 나이에 매일 술에 취해 있는 엄마를 보는 거잖아요. 엄마한테 매일 화내고 있을 것 같아요. 술 좀 그만 마시라고요. 그리고 의지할 수 있는 사람이 없어서 외로웠을 것 같아요. 그래서 친구들과 더 많은 시간을 보내고 친구들에게 의지하지 않았을까? 하는 생각이 들었어요. 힘들지만 친구들에게 위로도 받고 힘도 받아서 불행을 이겨냈을 것 같아요.」

수란 「빙고! 맞아. 많이 의지했지. 그런데 그렇게 좋은 친구들은 아니었어. 하긴 나랑 놀아 주는 게 어디야. 하여튼 다 끔찍해. 그런데 제일 끔찍한 게 나야. 나도 엄마 닮아서 알코올 중독에다가 직업도 물려받았잖아.」

군인 「저는 전쟁에 대해 말하고 싶어요. 지금이 땅따먹기 하려고 전쟁하는 시대는 아니잖아요. 전쟁은 몸싸움하다가 사람이 죽는 거랑 차원이 달라요. 아무 죄 없는 사람들, 이 전쟁이 벌어진 것에 어떠한 원인도 제공하지 않은 그런 사람들이 죽는 거예요. 왜 죄 없는 사람들이 죽어야 하나요. 전쟁을 일으킨 자들, 전쟁에 참여한 자들이 죽어야죠. 사람 죽이면 감옥 가잖아요. 그런데 사람 죽이라고 명령한 사람은 부귀영화는 다 누리고 있죠. 이게 21세기에 일어날 수 있는 일인지 도무지 인정하고 싶지 않아요. 죄를 지으면 그에 맞는 합당한 처벌을 받아야 건강한 사회라고 생각해요. 그런 사회가 된다면, 지금보다 더 많은 사람들이 행복해질 수 있을 것 같아요. 저는 삼촌한테 묻고 싶어요. 삼촌이 저였다면 어떻게 하셨을 거예요?」

삼촌 「나였으면 전쟁 난다고 했을 때, 바로 무기 버리고 줄행랑쳤을 거야. 내가 죽게 생겼는데 자존심이 어딨어. 하지만 군인 청년은 그렇게 할 수 있는 상황도 아니었잖아. 난 원래 돌고래였는데, 돈을 벌어야 해서 원숭이가 된 사람이야. 내가 원하는 삶을 살지 않았고, 사람들이 원하는 삶을 사는데 급급했어. 일을 그만두고 싶었는데 아이들 때문에 버텼고, 사회적 시선 때문에 이혼하고 싶었던 아내와도 결혼 생활을 이어갔고 점점 나를 잃어버린 거야. 나중에는 스스로 '나는 누구지?'하고 물을 수밖에 없는 그런 재미없는 인생이었어. 하지만 이런 사회에서 내가 나답게 돌고래로 살려고 했더라도 후회했을 거야. 그만큼 많은 것을 포기하고 박탈당하고 비난받고 무시당하면서 살았을 거니까. 얻는 것이 있으면 잃는 것이 있는 게 인생인 것 같아. 내가 췌장암에 걸렸을 때 이렇게 빨리 죽을 줄 알았으면 이렇게 안 살았을 거라고 생각했지. 그런데 후회하면 뭐 하겠어. 그런 의미에서 난 군인 청년의 선택이 자랑스러워. 군인 청년은 비록 죽었지만, 스스로 자신이 옳다고 생각하는 것을 지키고 행동했잖아. 군인 청년은 원숭이가 되라고 강요하는 사회에서 변하지 않고 돌고래로 살아남은 거야. 나는 시유에게 묻고 싶은 게 있어. 아까 수란 언니가 '더러운 똥' 이야기를 해 줬는데 어떤 생각이 들었니?」

시유 「언니도 저처럼 성폭행을 당했다고 해서 놀랐는데 그걸 이겨냈다고 해서 또 놀랐어요. 언니가 정말 강한 사람이라고 생각했고 똥

주문이 저한테도 효과가 있었으면 좋겠어요. 저도 언니처럼 강한 사람이 되고 싶어요. 그 일만 기억에서 사라지면 얼마나 좋을까요.」

국화「마지막 주제예요. 제가 개인적으로 하는 질문이죠. 여러분 저는 자살하고 싶습니다. 정말 죽고 싶어요. 살아갈 자신이 없어요. 누구에게도 말해 본 적 없지만, 묻고 싶어요. 저는 어떻게 하면 좋을까요?」

삼촌「왜 살고 싶지 않니?」

국화「사는 게 견딜 수 없이 불안하고 두려워요. 부모님에게 의존해서 살고 있는데 스스로의 힘으로 살고 싶다는 생각을 해요. 그 사이에서 갈피를 못 잡아요. 머리와 몸이 따로 노는, 이상과 현실 사이의 괴리로 괴로운 거죠. 진짜 국화는 완전한 독립을 해서 자유롭게 살기를 원하는데, 현재 국화는 부모님에게 의존해서 살고 있고요. 부모님 눈치를 봐요. 저는 제가 왜 눈치를 보는지 그 근원을 잘 모르겠어요. 눈치 보지 말자 하는데, 분명 눈치를 봐요. 아빠 친구 딸은 뭐 한다더라, 엄마 친구 아들은 뭐 한다더라 하면 위축돼요.」

수란「우와, 편하게 살고 있는데 뭘 고민하고 그래. 걱정도 팔자야.」

군인「우리가 무엇을 말해 주는 것보다 스스로 결정만 하면 되는 것 같아. 내가 봤을 때, 실패가 두렵고 잘못되는 게 두려워서 선택을 못 하고 있는 것뿐이야. 하나를 선택했을 때의 실패나 고통을 두려워하지 마. 사람들이 너를 바라보는 것도 신경 쓰지 마. 두려움을 입에 넣고 질근질근 씹어서 그냥 삼켜. 사람들은 두려움을 견디며 수많은 실패를 하고 때때로 성공하면서 나아가는 것 같아.」

국화 「맞아요. 독립 실패를 상상하며 머뭇거리고 있어요. 제힘으로 돈 버는 게 너무 어렵고 힘들어요. 어쩌면 돈의 반대말이 자유인 것 같아요. 저는 자유로울 수도 있어요. 제가 마음먹기에 따라 신선놀음하면서 살 수도 있어요. 분명 아빠는 아빠같이 돈 잘 버는 남자 만나 아이 키우면서 살기를 원하겠죠. 물론 억지로 결혼을 시키지는 않을 거예요. 의존된 자유는 불안한 자유예요. 떳떳하지 않은 자유, 눈치 보게 되는 자유예요.」

수란 「나도 언니가 그냥 살았으면 좋겠어. 부딪혀 봐. 그냥 죽는 건 너무 찌질하잖아. 두려움이랑 맞짱을 떠. 나도 맞짱 뜬 거야. 사람이 벼랑 끝에 몰리니까, 주식으로 한판 떴는데 보시다시피 KO. 나처럼 투기해서 빚만 지지 마. 내가 언니였으면 그냥 살았다. 난 사실 저 언니가 왜 저러나 이상해. 청승이야 완전. 독립이 뭐 별거 있어? 언니가 너무 공주처럼 살아서 모르는구나.」

국화 「어떻게 하면 될까요?」

수란「뭘 어떻게 해. 지금까지 모아 둔 돈 있을 거 아니야. 그걸로 집을 구해. 그리고 어디든 이력서 돌려서 아르바이트든 뭐든 면접에 합격하면 다니면 되잖아. 그럼 독립한 거야. 독립이 별거 있는 줄 알아? 그냥 막살아.」

국화「직장 생활이든 아르바이트든 잘 해낼 자신이 없어요. 그리고 요즘 제가 느끼는 불안은 도무지 감당이 안 돼요. 괜찮다가도 불시에 찾아와서 저를 괴롭히는데 그 몇 분 안 되는 시간이 무섭고 죽을 것 같아서 견딜 수가 없어요.」

삼촌「국화야, 직장에 오래 다니지 못해서 그만두면 네가 어떻게 될 것 같아?」

국화「여러 직장 전전하다가 백수 돼서 우울해지고 생활고에 빠져서 파산하는 저를 생각하는 거예요. 현재를 보면 제 미래가 보여요. 제가 어떻게 살고 있을지가 너무 뻔해요.」

수란「해 보고 말해, 해 보고. 망할까 봐 걱정하지 말고. 일단 시작하고 망했을 때 그때 걱정해. 다 하는 독립을 언니라고 못할까 봐? 할 수 있어. 누워서 떡 먹기야. 뭘 해 보고 뒤져 그냥. 어차피 언젠간 뒤질 건데.」

삼촌「국화야, 그 두려움을 뛰어넘어야 네가 성장하는 거야. 생활비

절약해서 돈 잘 모아 봐. 금방 모을 수 있을 거야. 그리고 돈을 벌 수 있는 방법은 정말 다양해. 그중에서 너한테 맞는 방법을 찾아봐. 혼자 일하는 게 맞을 것 같으면 그런 일을 찾아도 괜찮고 복잡한 게 싫으면 단순하게 할 수 있는 일을 찾아봐. 난 믿어. 네가 잘할 거라고.」

시유「저도 언니가 죽지 않았으면 좋겠어요.」

국화「모두 감사해요. 저는 이 모임의 다섯 번째 회원이 되고 싶었는데 여러분 모두 쌍수 들고 반대하니 노력해 볼게요. 저는 늘 사회에서 낙오자가 되는 걸 두려워했어요. 그런데 어쩌면 원숭이가 되기를 강요하는 사회에서 누군가 낙오자가 되는 건 너무 당연한 것 같아요. 돌고래가 원숭이가 되는 것도 쉽지 않거든요. 제가 원숭이로 변신하지 못해서 사회에서 낙오자가 되더라도 저는 원숭이로 변하지 않은 저를 자랑스러워할래요. 어쩌면 제가 가장 두려워해야 할 순간은 원숭이로 변한 제 모습이죠. 저는 이제 제 삶으로 돌아가야 할 것 같아요. 제 상상 속이지만 이렇게라도 여러분을 만날 수 있어서 좋았어요. 헤어지고 싶지 않을 만큼요. 모두 꼭 다시 만나요. 그럼 제1회 자살한 사람들의 모임을 마치겠습니다.」

시유「저도 너무 감사했어요. 다음에 만나요. 안녕.」
군인「잘 있어요. 2회 모임 때 봐요.」
삼촌「다음에 봐요.」
수란「즐거웠어요. 안녕.」

3
두려움을 살라먹는 돌고래

모임이 끝나고 난데없이 등산이 가고 싶어졌다. 난 오르막길을 몇 걸음만 내디뎌도 헉헉대서 등산을 싫어했다. 중학생 때 학교에서 등산을 갔는데 혼자 맨 뒤로 처져서 울면서 산을 올랐던 기억 때문에 싫어진 것도 있다. 낯선 산에서 친구들과 선생님은 보이지 않고, 길은 헷갈리고 지나가는 사람들조차 보이지 않을 때면 내 숨소리만 들리는 정적이 무서웠다.

그런데 모르겠다. 그냥 갑자기 등산이 가고 싶어졌다. 등산은 나에게 두려움 같은 거였다. 굳이 의미를 부여하자면 두려움을 극복하고 싶었던 것이다. 내가 만약 산 정상까지 오른다면 독립에 대한 나의 두려움도 문제없을 것 같았다. 생각이 여기까지 닿자, 오늘 무슨 일이 있어도 정상에 올라야겠다고 다짐했다. 마치 산 정상에 오르지 못한다면 독립도 못 할 것이라 여기며 집착하고 있었다.

산에는 사람이 보이지 않았다. 나는 떨리는 손으로 운동화 끈을 묶고 산을 오르기 시작했다. 얼마 지나지 않아 숨소리가 거칠어졌다. 근육통으로 다리가 아픈 것보다 견디기 힘들었던 것은 산속의 고요였다. 곧 '펑'하고 터질 것 같은 숨소리만이 내가 여기 홀로 있다는 것을 증명해 주고 있었다. 나는 불안과 두려움, 공포라는 재료로 불행을 요리했다.

남자가 나타나서 나를 위협하고 성폭행한 후, 구덩이에 묻는다. 내가 없어지자, 부모님은 현상금을 걸고 나를 찾아 나선다. 사람을 찾습니다. 이름 국화. 나이 삼십사 세. 키 백육십 센티미터. 마른 체격. 피부가 하얗고 눈이 큼. 청바지에 아이보리 체크무늬 셔츠를 입었음. 하지만 십 년이 지나도 나를 찾지 못한다. 어느 날, 폭우가 내린 후 우연히 내 유골이 발견된다. 뉴스에서는 십 년 전 실종된 국 모 양의 유골이 발견되었다고 보도한다. 아빠는 울면서 말한다. "이렇게라도 아이 유골을 찾아서 마음이 편해졌어요. 국화야.. 흑흑." 경찰은 유전자를 추적해 가해자를 찾아낸다. 가해자는 자백한다. "혼자 등산하는 여자를 찾고 있었어요. 그래서 폭행하고 산속에 묻었습니다. 그런데 그 여자가 좀 이상했어요. 저한테 이런 말을 하더라고요. 죽고 싶었는데 죽여 줘서 고맙다고..."

혼자 터덜터덜 평지를 걷는데 나무가 우거진 곳에서 정말로 남자가 올라오고 있었다. 온몸의 세포가 그의 작은 몸짓에도 격렬하게 반응했다. 그의 발걸음이 빨라지고 있다. 왜 등산로가 아닌 험지로 올라왔을까? 그는 내가 등산하는 것을 멀리서 지켜보고 나에게 접근하기 위해 험지를 택한 것은 아닐까? 그는 점점 나와 가까워졌지만 찢어질 것 같은 근육통에 집중하며 목구멍까지 올라온 두려움을 질근질근 씹어서 꿀꺽 삼켰다. 남자는 내 옆을 지나 나를 앞질러 갔다. 그는 나와 점점 멀어졌다. 나는 안도의 한숨을 쉬며 바위 위에 철퍼덕 앉았다. 휴대폰이 울렸다. 윤영 대리다.

국화「여보세요. 어, 윤영 대리.」
윤영「대리님, 돌아오시면 안 돼요?」
국화「안 가.」
윤영「대리님, 이렇게 좋은 회사가 어딨어요. 저희가 뭐 잘못했어요?」
국화「윤영 대리도 알잖아. 나 하늘에서 떨어진 낙하산인 거.」
윤영「대리님, 저희가 더 좋은 조건으로 맞춰 드릴게요.」
국화「왜? 우리 아빠가 회사로 내 월급 보내 주는 거 이제 못 받아서 그런가 보네.」
윤영「……」
국화「윤영 대리, 이제 나 하늘에서 떨어지는 거 말고, 밑에서 올라가는 것 좀 해 보려고 산에 왔거든. 잘 지내고 있어. 끊을게.」

계속 걸었다.

걷고 쉬다 걷고

하악하악
하악하악

산 정상에 도착했다.
내가 산 정상에 도착했다.

내가 해냈다. 난 쓰러지듯 누워서 하늘을 보았다. 그러다 스르르 잠들었다. 깜깜한 밤이었다. 내 오른쪽에는 시유가 왼쪽에는 삼촌이 앉아 있었고 군인 청년과 수란은 뒤에 서 있었다. 우리는 계단 꼭대기에 앉아 도시 전체를 내려다보며 밤을 밝히는 빛의 아름다움에 탄성을 지르며 즐거워했다.

아무리 꿈이지만 모두들
뭐가 그리 즐거운지
뭐가 그리 기쁜지
뭐가 그리 신나는지

두려움을 살라먹자
두려움을 살라먹자
나는 두려움을 살라먹는 돌고래

자살 호텔

자살은 세상의 모든 악당들에게 인과응보였고
악당들에게 시달린 어린양들의 피신처였다.

죄. 트라우마. 불행

−

죽음만이 완벽한 진실이다.

1
백합 호텔

1

  백합호텔 주인 재승과 두리슈퍼 주인 순묵은 오랜 친구다. 백합호텔 맞은편에는 팔각정이 있고 팔각정 옆에는 슈퍼가 있어서 팔각정은 그들이 일하다 찾는 놀이터였다. 재승은 팔각정에 앉아 있다 손님이 오면 호텔로 달려갔는데 재승이 보지 못하면 순묵이 꼭 알아채고 일러 주었다.

  재승「오늘 또 죽었어.」
  순묵「또 죽었어? 누구? 그 잘생긴 청년?」
  재승「그려, 그 청년..」
  순묵「아이고.」

재승「이틀 동안 방에서 나와야 말이지. 이상해서 막 문을 두드렸는데 반응이 없어서 보니까 죽어 있어서 경찰에 신고했네.」

순묵「어제저녁에?」

재승「그려, 죽은 사람 보면 며칠 동안 으스스하고 무서워 죽겠다니까.」

순묵「그 잘생긴 청년은 왜 죽었대?」

재승「유서 읽어 봤는데 버틸 자신이 없대. 나도 모르지.. 글씨도 잘생겼어.」

순묵「뭐 얼굴도 잘생겼으니, 글씨도 잘생겼겠네.」

재승「휴대폰에 있는 부모 번호로 연락했더니 내 말을 안 믿어. 무슨 보이스 피싱인 줄 알아. 그래서 난 돈 달라고 안 한다고 했지.」

순묵「그 말을 믿고 싶겠어? 차라리 보이스 피싱이길 바라겠지. 어떤 부모가 자식 죽었다는 말을 믿고 싶겠냐.」

재승「사람들이 너무 많이 죽어. 우리 마을 사람들도 얼마나 많이 자살하냐. 아니 지네 집에서 죽지 왜 남의 집에서 죽냐고.」

순묵「느그 모텔도 지금 몇 명이야.」

재승「모텔이 아니고 호텔!」

순묵「모텔이나 호텔이나..」

재승「너는 글씨도 못 읽냐? 호텔이라고 써 있잖아. 백합.호텔.」

백합호텔 앞에 택시가 멈춰 서고 한 여성이 내린다. 여성은 호텔로 들어갔고 재승은 그녀를 따라 호텔로 향한다.

여성 「여기 아무도 안 계세요?」
재승 「여기 계십니다. 며칠 지내실 거죠 손님?」
여성 「하루요. 그리고 딸아이 물건 가지러 왔어요. 제가 좀 늦게 왔죠.」
재승 「아, 그 아가씨 어머니 되시나 봐요.」
여성 「네..」
재승 「제가 장례식에 갔어야 했는데 멀어서 못 갔어요. 아가씨가 어머니랑 많이 닮았네.」
여성 「저랑 닮았죠? 판박이예요. 우리 딸 가기 전에 어땠어요?」
재승 「힘도 없어 보이고 그러더라고요..」
여성 「나쁜 년이에요.」

재승은 여성에게 방을 안내해 주고 다시 팔각정으로 돌아온다.

순묵 「누구야? 또 혼자 왔어?」
재승 「저번에 죽은 아가씨 엄마래. 물건 가지러 왔다고.」
순묵 「아이고, 얼마나 힘들겠어.」
재승 「너 내가 돈 줄 테니까 수육 좀 사 와. 난 김치 준비할 테니까.」

여름이라 해가 길어 여섯 시가 넘었는데도 밝았다. 팔각정에 재승과 순묵, 여성이 앉아서 저녁 식사를 한다.

재승 「많이 드세요.」

순묵「그 아가씨 어머니시라고요? 많이 닮았네.」

여성「우리 딸 아세요?」

순묵「그 아가씨 여기서 한 달 정도 있었어요. 가끔 우리랑 여기서 막걸리도 마시고.」

여성「걔가 술을 마셔요?」

순묵「네, 막걸리 좋아한다고 하더라고요.」

여성「난 우리 딸이 술을 좋아하는지도 몰랐어요.」

순묵「힘드시죠, 얼마나 힘드시겠어요.」

여성「힘들죠. 무슨 정신으로 살고 있는지 몰라요. 애가 바보같이 친구한테 돈을 빌려줬는데 그걸 못 받아서 그때부터 힘들어했어요.」

순묵「아니, 얼마나 빌려줬는데요.」

여성「일억이요. 이사 가는 집 보증금 내기 전에 친구한테 잠깐 빌려줬다는데 친구가 잠적했어요.」

순묵「아이고, 일억이나. 그것도 대출한 거죠?」

여성「모은 돈이에요. 안 먹고 안 입고 모은 돈인데..」

순묵「너무 큰돈이네. 어머니 너무 큰돈이에요. 그 아가씨도 힘들었겠네.」

여성「저는 아무리 그래도 죽을 줄은 몰랐어요…. 힘든 건 알았어요. 그런데 이럴 줄은…. 우리 딸이 죽을 줄은 몰랐어요.」

여성은 눈에서 떨어지는 물을 손으로 닦는다.

여성「열심히 사는 애니까, 금방 모을 줄 알았어요..」

재승「얼마나 상심이 크셨어요 그래..」
여성「저는 종교가 없어요. 그래서 그냥 사라진 것 같아요. 다시는 만날 수도 없고 만질 수도 없고 모든 게 허무해요. 그 친구도 자살했대요. 제 딸 죽었다는 소식 듣고 죽은 건지 죽었다고 하더라고요. 너무 억울해요, 억울해서 못 살겠어요.」
순묵「그 돈 들고 튄 친구도 아무리 철면피여도 무슨 돈인지 알면, 뻔뻔하게 살기 힘들지.」

다음 날 아침, 여성은 택시를 타고 터미널로 향했다. 재승과 순묵은 여성에게 인사를 하고 다시 팔각정에 앉았다.

2

재승은 호텔로 들어가려는 청년을 부른다.

재승「어이, 청년! 이리 와서 여기 앉아 봐.」

청년이 팔각정에 들어와 의자에 앉는다.

재승「청년은 우리 호텔에 왜 온 거야?」
청년「가격이 저렴해서 왔습니다.」
순묵「여길 왜 왔겠냐? 요즘 청년들이 가성비를 잘 따지잖아.」
재승「여기서 혼자 뭐 하는데?」

청년「쉬고 있습니다. 이번에 직장을 그만둬서 여기서 등산도 하고 농장에서 아르바이트도 하고 그러면서요.」

재승「지금 여기 온 지 일주일 됐지? 잘 쉬다가 건강한 모습으로 갔으면 좋겠네.」

순묵「청년이 얼굴이 참 잘생겼네.」

청년「감사합니다.」

순묵「뭐가 감사하나?」

청년「잘생겼다고 해 주셔서요. 제가 잘생긴 얼굴은 아닌데.」

순묵「잘생겼지! 허 참, 난 빈말은 안 하는 사람이야. 내가 요즘 허리가 아파서. 시간 나면 우리 집 밭도 좀 도와줘.」

청년「알겠습니다. 도와드릴게요.」

순묵「진짜? 고마워 청년.」

재승「청년은 부모님이랑 살고 있나? 나이는?」

청년「저는 혼자 살았습니다. 서른 살입니다.」

순묵「직업은 뭐야?」

청년「간호사입니다.」

순묵「간호사? 남자도 간호사를 하나?」

청년「요즘은 남자 간호사도 많습니다. 저는 대학 병원 수술실에서 일했어요.」

순묵「멋지네. 잘생기고 멋져.」

청년「감사합니다.」

재승「그럼 대학 병원 간호사 그만두고 쉬고 있는 거야? 그 좋은 직장을 왜 그만뒀대?」

청년 「제가 실수해서 책임지고 그만두게 되었습니다.」
순묵 「무슨 실수?」
청년 「제가 실수로 주사를 잘못 놔서 환자가 걷지 못하게 되었습니다.」
순묵 「잘 걷던 사람이 못 걷는다고?」
청년 「네.. 못 걷게 돼서 너무 미안해서... 하고 싶은 것도 많고 그런 분인데...」
순묵 「마음고생이 많았겠네. 그 못 걷는 친구는 잘 지내?」
청년 「그게.. 힘들어하죠. 나가질 않고 집에만 있는대요.」
순묵 「자네 술은 마시나?」
청년 「아니요. 저는 술 마시면 기억이 안 나서 안 마십니다.」
순묵 「약한가 보네. 그럼 재승아, 우리 여기서 오늘 또 뭐 먹을까? 오늘은 내가 살게.」
재승 「뭐 먹을라고?」
순묵 「여기 학교 앞 분식집 떡볶이랑 김밥이랑 먹자, 이 청년이랑. 내가 여기 돈 줄 테니까. 저기 보이지? 저기 가서 먹고 싶은 거 다 사와.」
청년 「네, 뭐 드시고 싶은 거 있으세요?」
순묵 「나는 순대, 떡볶이, 김밥.」
재승 「나는 아무거나 사 와. 청년 먹고 싶은 걸로 사.」

청년이 분식집을 향해 걸어간다.
재승과 순묵은 청년의 뒷모습을 바라본다.

재승「저 청년도 설마 죽지는 않겠지?」
순묵「애가 그래도 예의도 있고 밝아. 쟤는 안 죽어. 걱정 마.」
재승「뭐, 그 잘생긴 청년도 죽을 줄 알았냐?」
순묵「그렇긴 하지. 그런데 뭐 미리 걱정하고 그래.」

청년이 음식을 들고 오자, 재승은 선풍기를 청년 가까이에 놓는다.

재승「덥지? 에어컨도 없는데 괜찮아?」
청년「여기가 시골이라 그런지 밤에는 시원하고 낮에는 일하고 하니까 또 괜찮아요.」
재승「너무 더우면 말해. 더 시원한 방도 있어.」
청년「제가 너무 더우면 말씀드리겠습니다.」
재승「여자친구는 있나?」
청년「얼마 전에 헤어졌습니다.」
재승「왜? 왜 헤어졌대?」
순묵「넌 뭘 그런 걸 물어보고 그래. 이 청년도 프라이버시가 있는데 그치?」
청년「괜찮습니다. 여자친구가 눈이 높은데 제가 해 줄 수 있는 건 없고 그래서 헤어지자고 했어요.」
순묵「뭘 미리 걱정해.」
청년「여자친구를 제가 잘 아니까요. 차이기 전에 제가 찬 거예요.」
순묵「그래서 헤어지니까 청년은 괜찮아?」

청년 「좀 허전하고 그런데 괜찮겠죠. 자주 싸우고 그래서 편한 것도 있고 그래요.」

청년의 휴대 전화 벨소리가 울린다. 청년은 어두운 목소리로 전화를 받더니 전화를 끊는다. 젓가락을 식탁에 내려놓고 의자에서 일어난다.

청년 「저 지금 장례식장에 가야 할 것 같아요. 먼저 가 볼게요.」
재승 「그럼 내일 내려오는 거야?」
청년 「네, 내일 내려올 거예요.」

청년은 다음 날도, 그다음 날도 돌아오지 않았다. 재승은 청년이 죽었다는 소식을 듣는다.

재승 「그 청년 죽었대..」
순묵 「뭐? 아니 왜..?」
재승 「그건 나도 모르지..」

그리고 얼마 후, 재승은 호텔에서 뉴스를 보다가 청년과 관련 있어 보이는 보도를 보게 된다.

「서울에 있는 종합 병원 간호사 A 양이 유서를 쓰고 목숨을 끊었습니다. 유서에는 죽은 전 병원 동료 김 모 씨와 환자에게 용서해 달라는 글이 적혀 있었습니다. 이 병원에서는 몇 달 전 의료 사고가 있었는데 이 사고로 걷지 못하게 된 환자가 최근 자살했고, A 양의 거짓 보고서로 인하여 책임이 병원 동료 김 모 씨에게 전가되면서 김 모 씨 또한 환자의 자살 소식을 듣고 목숨을 끊은 것으로 확인되었습니다. 이를 알게 된 A 양은 유서를 쓰고 병원 화장실에서 목숨을 끊었습니다. 송지후 기자였습니다.」

재승「내가 아까 뉴스 보니까 청년 이야기하는 것 같더라고.」
순묵「왜 뭐라고 했는데?」
재승「최근에 의료 사고로 걷지 못하게 된 환자가 자살해서, 그 간호사도 자살했다는 거야. 딱 맞잖아.」
순묵「그러네, 그 청년 이야기네.」
재승「그런데 그게 그 청년 잘못이 아니었대. 다른 간호사가 자기가 잘못해 놓고 뒤집어씌워서 그렇게 된 거래. 그래서 그 간호사도 자기 때문에 두 명이나 자살했잖아. 그래서 미안하다고 용서해 달라고 유서 써 놓고 병원 화장실에서 자살했단다.」
순묵「아이고, 그 젊은 청년 억울해서 어떡해.. 아까운 목숨 아이고..」
재승「그러니까, 난 이제 하도 자살해서 무덤덤하네. 그래도 우리 호텔에서 안 죽어서 다행이란 생각도 들고..」
순묵「청년 짐이 많았나? 그거 찾으러 가족들 안 왔어?」
재승「짐이 많지는 않은데 노트북도 있고 기계가 많아. 올 것 같은데 안 오네.」

일주일 후, 간호사 청년의 아버지가 밤늦게 호텔을 찾아왔다.

아버지「안녕하세요, 아들 짐 가지러 왔습니다.」
재승「여기 앉아서 조금만 기다리세요, 금방 가지고 올게요.」

재승은 창고에서 커다란 상자를 가지고 나온다. 아버지와 재승은 차에 상자를 함께 싣는다. 짐을 실은 후, 재승과 아버지는 차 앞에 서서 대화를 나눈다.

재승「상자에 노트북도 있고 기계가 많더라고요.」
아버지「감사합니다.」
재승「차라도 잠깐 하고 가시겠어요?」
아버지「네.. 그럼, 잠깐 있다가 갈게요..」

재승은 종이컵에 커피를 담아 소파에 앉아 있는 아버지에게 건넨다.

재승「청년이 그래도 인상도 좋고 밝아서 저는 죽을 줄 몰랐어요.. 우리한테 힘들다는 이야기도 했었는데..」
아버지「아, 저희 아이랑 이야기하셨어요?」
재승「네, 그럼요. 저기 보이시죠? 저기 팔각정에서 같이 밥도 먹고요. 자기가 잘못해서 걷지 못하는 친구가 있다고 말하더라고요.」

아버지「전 아들에게 그런 일이 있는지도 몰랐어요. 저희한테는 말을 안 했거든요. 제 아들만 너무 억울한 거죠.」
재승「그러니까요, 얼마나 원통하셔요. 자식이 또 있으세요?」
아버지「위에 형이 하나 있습니다. 우리 둘째 아들 제가 많이 사랑하며 키웠는데..」
재승「그래요, 저도 그렇게 보이더라고요. 사람이 경우가 있고 예의 바르고 참 좋더라고. 그래서 더 안타까워요.」
아버지「우리 첫째는 우리 생각 안 하는데 둘째는 부모 생각을 많이 하는 애였어요. 그래서 더 보고 싶고 그래요..」

아버지 눈에서 물이 떨어진다.

3

얼마 후, 팔각정에서 재승과 순묵이 막걸리를 마시고 있다.

재승「무섭다, 무서워.」
순묵「신을 하나 만들어. 하나님이던 부처님이던 간에. 제발 우리 모텔에서 안 뒤지게 해 주세유.」
재승「굿을 한번 할까?」
순묵「뭐 하루걸러 들어서 이제는 뭐 별생각도 안 들잖아?」
재승「네가 시체 봐 봐. 그런 소리가 나오나. 얼마나 무서운데.」
순묵「그럼 내가 아는 스님한테 한번 가 볼래?」

재승「그려, 한번 가 보자.」

순묵과 재승은 차를 타고 산속에 있는 절에 들어가 스님과 마주 앉았다.

순묵「안녕하세요, 저희 친척 형이 소개해 줘서 왔습니다 스님.」
스님「안녕하세요, 잘 오셨습니다.」
순묵「다름이 아니라 여기 제 친구가 여기 옆 동네에서 모텔을 하는데..」
재승「호텔..」
순묵「호텔을? 하고 있는데 요즘 거기서 숙박하는 사람들이 계속 자살을 해서요. 왜 그럴까요?」
재승「제가 아주 시체 한 번만 보면 며칠 동안 무서워서 밤에 잠을 못 자요. 아주 막 소름이 끼쳐서 아이고.」
스님「자살이면... 몇 명 정도 자살했나요?」
재승「못해도 지금 네 달 동안 일곱 명은 죽었죠.」
스님「왜 죽었는지는 알고 계세요?」
재승「뭐 다는 제가 몰라유. 그런데 저번에 죽은 아가씨는 모은 돈 일억을 친구가 하루 있다가 갚는다고 해서 빌려줬는데 도망갔대요. 그래서 몇 년 동안 돈도 못 받고 그렇게 우울해했다고 하고요. 그리고 어떤 간호사 청년은 그 청년이 실수해서 환자가 걷지 못하게 됐는데 그 환자가 자살해서 이 친구가 미안해서 자살을 했더라고요. 그리고 또 몇 명 더 있는데 말씀드릴까요?」

스님 「네, 다 말씀해 주세요.」

재승 「뭐 엄마랑 어린 아들이랑 와서 엄마가 아들 죽이고 자살한 일도 있었고요. 듣자 하니 보이스 피싱 때문에 전 재산을 날렸더라고요. 학교 폭력 때문에 자살한 고등학생도 있었어요.」

스님 「음.. 거짓말, 도둑질, 폭력..」

재승 「어떻게 하면 사람들을 살릴 수 있을까요?」

순묵 「너 지금 무슨 소리 하는 거야? 자살하는 사람들이 못 오게 해야지.」

재승 「그럼 살려야 할 거 아니야.」

순묵 「뭐 그 말이 그 말이네. 살아 나가서 딴 데 가서 죽던지, 아니면 아예 죽을 일 없는 사람들만 오게 하던지.」

스님 「살릴 수 있어요.」

재승 「그렇죠, 살릴 수 있죠? 아이고, 그냥 죽은 시체만 안 봤으면 소원이 없겠어요. 제가 제명에 못 살겠어유.」

순묵 「그려, 우리가 온 목적은 사람을 살리고 그게 아니라 더 이상 여기 모텔.. 호텔서 사람이 안 죽기만 바라는 거죠.」

재승 「다른 집들은 자살하는 사람들 거의 없어유. 저희 호텔만, 저희 호텔만 이렇게 죽어 나가는데..」

스님 「저한테 부적이나 굿을 바라신 건 아니시죠? 사장님 제가 드릴 수 있는 말은 일단 풍수지리예요. 지금 숙박하는 방을 더 밝게, 살고 싶은 곳으로 정비하세요. 제가 사진을 볼 수 있을까요?」

재승 「여기 있유.」

스님 「오래되고 낡은 곳이네요. 역시 너무 어둡고요. 밑져야 본전이잖아요. 한번 바꿔 보세요.」

재승「저희 아버지부터 해서 제가 물려받은 거니까 오래됐죠.」
스님「침구, 커튼, 조명 전부 바꾸세요.」
재승「그러면 진짜 좋아질까유?」
스님「좋아질 거예요. 그리고 곳곳에 식물을, 조화 말고 살아 있는 식물을 화분에다 해서 놓으세요.」

순묵과 재승은 트럭을 타고 집으로 돌아오며 대화를 나눈다.

재승「별로 도움도 안 되네. 무슨 풍수지리 같은 소리 하고 있어. 차라리 부적 붙이고 굿하는 게 낫겠다.」
순묵「이참에 너네 모텔도 리모델링 좀 해 봐. 솔직히 별로잖아 지금.」
재승「뭘 해 봤어야 알지. 커튼 이런 건 어디서 사야 하는지도 모르겠다.」
순묵「커튼 그런 거 안 해도 되지 않아? 그냥 버려. 그거 너무 시켜메.」
재승「그치, 유리가 어차피 밖에 안 보이는 유리로 되어 있으니까 굳이 커튼 할 필요 없지.」
순묵「그냥 스님 말대로 식물도 좀 갖다 놓고 해 봐, 최 씨네 집에 가서 화분도 좀 사 오고.」

재승과 순묵은 최 씨네서 식물을 여러 개 사서 트럭에 싣고 호텔로 돌아온다. 재승은 트럭에서 화분을 내리며 호텔 앞에 서 있는 할머니에게 묻는다.

  재승「저희 호텔에 오셨어요?」
  할머니「네, 근데 여기 얼마요? 저 좀 오래 있을 건데.. 싸게 좀 안 되나?」
  재승「얼마나 있으실 건데요?」
  할머니「뭐 생각 같아서는 오래 있고 싶은데 돈도 없고.」
  재승「싸게 해 드릴게, 일단 들어가세요.」

재승은 할머니에게 종이컵에 담긴 커피를 주며 말한다.

  재승「몇 년생이슈? 저는 오사 년 말띠요.」
  할머니「나는 오공 년 호랑이띠.」
  재승「무슨 일로 오셨슈? 멀쩡한 집 놔두고.」
  할머니「아들이랑 둘이 사는데 아들이 알코올 중독에 술만 마시면 때려서 나왔죠.」

재승은 몇 달 전에 호텔에서 죽은 할머니가 생각나서 말을 잇지 못한다.

  할머니「우리 아들은 결혼도 못 하고.. 어떤 여자가 붙어 있겠어요?」

재승「오늘도 맞으셨어요? 아들 치료를 받게 하든지 신고를 하든지 하시지..」

할머니「어떻게 신고해요.. 전 걔가 무서워요.. 신고하면 저 죽이려고 들 걸요?」

재승「따로 사세요. 그럼 되겠네.」

할머니「걔가 돈이 없잖아요.」

재승「요즘 돈 없다고 집 못 구해요? 월세도 있고 전세도 있고.」

할머니「말도 마요, 걔 전세금도 대출했는데 못 돌려받아서 지금 빚만 있어요. 그러니까 술만 마시면 욕을 욕을 해 대고.」

재승「아이고 그게 얼만데요?」

할머니「일억 정도 될 걸요. 저도 답이 없어요. 아들이라고 하나 있는데 저렇게 일도 안 하고 있고 술만 마셔대고.」

재승「아이고, 아들도 오래 못 살겠네.」

할머니「저도 그렇게 생각해요, 저러다 죽을 것 같아요.. 저도 그냥 죽고 싶어요. 사는 낙도 없고.」

재승「아이고, 또 오셨네..」

할머니「예? 그래서 나 얼마나 싸게 해 줄 거예요?」

재승「제가 여기 호텔 일 조금 도와주시면 돈 안 받고 살게 해 드릴 수도 있어요. 그리고 제가 며칠 동안 방을 하나 리모델링하려고 하거든요? 그러니까 절대 죽지 마시고 일단 저 방 쓰시다가 방 예쁘게 바꿔 놓으면 거기서 지내세요. 아셨죠?」

할머니「그러면 나야 너무 좋지. 여기 잘 왔네.」

할머니는 방을 청소하고 식물에 물을 주며 지낸다.
오늘도 재승은 순묵과 팔각정에 앉아 있다.

순묵「할머니는 잘 지내고 계셔?」
재승「뭐 아직까지는. 언제 자식 놈이 올지 알겠어? 아주 망나니인 것 같던데, 돈 필요하다고 집 팔자고 한대.」
순묵「아이고 그럼 엄마는 어디서 살라고?」
재승「그러니까.」
순묵「내가 오늘 동사무소 갔는데 요즘 원예 치료 이런 것도 하더라. 노인 우울증 치료한다고.」
재승「그게 뭔데?」
순묵「식물 키우면 우울증도 나아진대. 저 할머니 저기 비어 있는 땅에 꽃이나 이런 거 씨앗 심어서 키우게 하는 거 어떠냐.」
재승「뭐 그렇게까지 해.」
순묵「너 그럼 계속 시체 볼래? 씨앗 그거 얼마나 하냐. 됐다 됐어. 내가 이따가 농약 가게 가는데 그때 간 김에 사 올게.」
재승「그려, 그럼.」
순묵「그래도 요즘 좀 조용한 것 같다.」
재승「뭐가 조용해. 저 할머니 있잖아.」
순묵「저 할머니 일은 잘해?」
재승「잘해. 청소를 잘하시네. 청소하셨었대.」
순묵「그럼 잘됐네.」
재승「그치 뭐 잘됐지. 그건 그렇고 네 손녀는 언제 오냐?」

순묵 「우리 손녀는 왜?」
재승 「방 바꾸기로 했잖아.」
순묵 「전화해 볼게.」

순묵이 휴대폰을 열고 전화를 건다.

순묵 「우리 공주님! 언제 놀러 온데?」
손녀 「할아버지! 잘 지내고 있어?」
순묵 「뭐 할아버지는 망해 가는 매점 하면서 잘 지내고 있지.」
손녀 「우리 추석 때 갈 거야.」
순묵 「여기 재승이 할아버지 알지? 할아버지랑 친한 할아버지. 그 할아버지가 뭐 좀 도와 달래. 여기 모텔 있잖아. 거기 가구랑 싹 바꿀라고 하거든? 네가 좀 그런 거 어디서 사는지 알려 줘.」
손녀 「가구를? 그래 그럼 내가 인터넷 찾아볼게.」
순묵 「고마워. 우리 공주님, 밥은 먹었어?」
손녀 「먹었지.」
순묵 「할아버지가 연락 기다릴게.」
손녀 「어, 할아버지 내가 연락할게.」

순묵이 전화를 끊는다. 재승은 할머니를 부른다.

재승 「아줌니 여기 와서 과일 드셔.」
할머니 「네, 갈게요.」

할머니가 팔각정에 들어와 의자에 앉는다.

순묵 「안녕하세요, 저는 애 친구 김순묵이라고 하네요.」
할머니 「안녕하세요.」
재승 「아들은 연락 없어요?」
할머니 「나 핸드폰 꺼 놓은 지 오래예요.」
순묵 「나도 얘기 들었는데 할머니, 그건 신고하는 게 나을 것 같어.」
할머니 「신고해서 감옥 갔다가 다시 나와도 어차피 똑같아. 도망 다녀야 돼.」
순묵 「아니면 집을 팔아서 아들 모르는 데 집을 사면 되겠네.」
할머니 「아저씨, 나 우리 아들 무서워서 그렇게 못 해. 그리고 그거 팔아서 살 수 있는 집이 없어.」
순묵 「뭘 그렇게 무서워하고 그래.」
할머니 「아저씨가 걔를 보면 그런 소리 못 해.」
순묵 「아이고, 아줌니도 아들은 하나요?」
할머니 「외동아들이오.」
순묵 「남편은?」
할머니 「남편은 병 걸려서 일찍 죽었지. 아마 우리 아들 지금 나 실종 신고했을 수도 있어요.」
순묵 「아들은 어릴 때부터 속 많이 썩였어?」
할머니 「원래 안 그랬는데 점점 심해지더라고. 내 원망 많이 하고..」
순묵 「아들 있기 전에는 뭐 했데? 그때는 괜찮았어?」

할머니「말도 마요.. 내가 어떻게 살았는지 말로 다 표현을 못해. 지금까지 살아 있는 게 용하지 용해..」

재승「아이고, 얼마나 힘드셨어 그래..」

할머니「그래도 여기 와서 그나마 살겠슈. 아들 얼굴 안 보니까 세상이 달라 보이네. 지옥이 따로 없었는데.」

재승「참고 살 거 없어. 자식이든 피붙이든 당장 내가 죽겠는데. 뉴스 보면 맞아 죽잖아.」

할머니「사장님한테 내가 너무 고마워. 너무 고마워요.」

순묵「식사는 어떻게 하고 있어요?」

할머니「사장님이 버너랑 냄비 주셔서 그걸로 해 먹고 있어요.」

순묵「우리 집에 마늘 잔뜩 해요. 내가 갖다 드릴게.」

할머니「고마워요.」

재승과 순묵, 할머니는 리모델링하는 방의 벽과 문을 페인트로 칠한다. 이불과 커튼, 조명과 화장실의 수전과 변기를 바꾼다. 창가에 화분을 놓아둔다.

재승「이제 여기서 지내세요.」

할머니「네? 제가요? 아니에요. 여기서 공짜로 지내게 해 주시는 것만 해도 감사한데 제가 무슨 염치로.」

재승「이거 할머니 드리려고 만든 거예요. 돈도 많이 안 들어갔어. 그러니까 부담스러워하지 말고.」

할머니「아니야, 아니에요.」

재승 「쓰던 방은 이미 예약 잡혔어. 옮기셔야 돼.」

순묵은 할머니에게 씨앗을 선물한다. 할머니는 씨앗을 화분에 심어 새싹이 자라는 모습을 관찰한다.

할머니 「두 분은 매일 붙어 있는 것 같아요. 짝꿍은 다 어디 있데?」
순묵 「빨리도 물어보네. 나는 마누라랑 이혼했고 쟤는 사별했고.」
할머니 「왜 이혼했댜?」
순묵 「마누라가 사사건건 따지고 화내고 어떻게 같이 살아, 그냥 이혼했지. 애들 다 키우고 이혼했어, 황혼 이혼.」
할머니 「사장님 사모님은 왜 돌아가셨어요?」
재승 「우리 마누라는 십 년 전에 위암 걸려서 죽었어.」
할머니 「그러셨구나. 난 어제는 이런 생각이 들더라고요. 그냥 아들 죽었다고 생각하고 살아야겠다. 난 아들이 그냥 불쌍해요.」
순묵 「그 망나니가 뭐가 불쌍해요. 그냥 아들 없는 셈 치고 사세요. 그래야 아주머니도 살지.」
할머니 「남편 일찍 죽고 아들이라고 하나 있는데 저는 돈 번다고 맨날 집에 없고 잘 챙겨 주지도 못하고 사랑해 주지도 못하고 그런데 저렇게 사는 거 보면 참 불쌍해 우리 아들. 정말 싫죠. 무섭고.. 누가 저희 아들을 사랑해 주겠어요. 저도 알아요. 세상에 우리 아들 사랑해 줄 사람 없다는 거. 툭하면 화내고 계속 싸우려고만 하고. 그러니 돈은 어떻게 벌겠어요. 그러니 돈은 없고 더 우울하고. 나한테 돈 달라고 해서 술 마시며 돌아다니고. 다 내 아들 싫어하는데 나라도 그냥 불쌍하게 생각하려고요. 다 내 탓이라고 생각하면서. 어릴 때 귀여울 때 추억하고 그냥 우리 아들도 이런 적이 있었지 하면서요.」

재승「불쌍하죠. 부모들 마음 다 똑같잖아요. 그냥 자식 행복하게 사는 거 그거 바라는 건데.」

순묵「아주머니 그래 측은하게 생각은 들죠. 그런데 아주머니도 행복하게 사셔야지. 지금은 떨어져 있으니까 다행이야.」

할머니는 백합호텔에 산 지 두 달 만에 휴대폰 전원을 켰다. 휴대폰에는 그동안 확인하지 못한 문자가 쌓여 있었다.

「중서 경찰서입니다. 문자 확인하시면 연락 부탁드립니다.」

재승은 할머니와 함께 경찰서를 찾아간다. 경찰은 할머니의 아들이 지나가는 사람들을 때려서 구치소에 갔는데 구치소에서 자살했다고 했다.

할머니「이럴 줄 알았으면 내가 그냥 신고할 걸 그랬나 봐요. 아이고, 내가 언젠가 이 사달이 날 줄 알았어.」

할머니는 아들을 화장터에서 화장한다. 아들의 죽음을 정리하고 할머니는 집으로 돌아간다고 했다.

할머니「그동안 신세 많이 졌어요.」

재승「다행이에요. 집으로 돌아가실 수 있게 돼서..」
할머니「저도 좋아요. 건강하세요..」

백합호텔에서는 한동안 아무도 죽지 않았다. 자살했다는 소식도 죽고 싶다는 목소리도 들리지 않았다. 순묵은 오랜만에 찾아온 평화로운 일상이 낯설었다.

재승「요즘 좋아. 계속 이랬으면 좋겠다.」
순묵「이제 별일 없을 거야.」
재승「제발 그래야지..」
순묵「어우 추워. 난 인제 갈란다..」
재승「그려, 가..」

4

순묵이 가고 재승은 뉴스를 보고 있다. 유리문을 열고 남자 두 명이 호텔로 들어온다.

경찰1「안녕하세요, 영소경찰서 김서훈 경찰입니다. 지명 수배범을 찾고 있는데 확인 부탁드립니다.」

경찰이 재승에게 사진을 보여 준다. 재승은 사진을 보고 어제저녁에 들어온 남자의 얼굴을 떠올린다.

　재승「어제 온 남자랑 닮은 것 같은데..」
　경찰2「정말요? 몇 층에 있죠?」
　재승「4층....403호네. 무슨 잘못을 했길래 지명 수배가 됐어요?」
　경찰1「살인죄요.」
　재승「또 시작했구만..」
　경찰2「네?」

재승과 경찰들이 함께 4층으로 올라간다. 재승이 403호 문을 두드린다.

　재승「저기 뭐 드릴 게 있어서 왔어요. 문 좀 열어 봐요..」

403호 문이 열린다. 남자는 재승 뒤에 있는 경찰들을 보자마자 문을 닫으려고 시도하다가 반대편으로 달려가 창문 밖으로 몸을 던진다. 경찰은 1층으로 뛰어 내려가고 재승은 소방서에 연락한다.

　재승「사람이 창문에서 뛰어내렸어요. 백합호텔이에요.」

경찰차와 응급차의 불빛이 백합호텔을 비춘다. 응급차가 남자를 싣고 병원으로 향한다. 분주했던 호텔이 다시 조용해지고 순묵이 호텔로 들어온다.

순묵「또 무슨 일이야?」

재승「지명 수배범이래. 경찰들 얼굴 보자마자 냅다 뛰어서 창문으로 뛰어내리더라.」

순묵「그래서 그 사람은 어떻게 됐어?」

재승「바닥이 화단도 아니고 콘크리트 바닥이잖아, 죽었지.」

순묵「이게 무슨 일이래. 그 사람은 뭔 잘못을 했길래 도망 다녔다냐?」

재승「누굴 죽였나 봐. 나도 자세한 건 모르고. 내가 어째 요즘 좀 조용하다 싶었다.」

순묵「요즘은 CCTV도 많고 그래서 도망가도 얼마 안 가서 다 잡혀.」

다음 날 백합호텔에 신문 기자가 찾아온다.

재승「어떻게 오셨나요?」

기자「안녕하세요, 저는 경중일보 이명 기자라고 합니다. 어제 여기서 지명 수배범이 뛰어내려 죽었다고 해서 찾아왔습니다.」

재승「그 사람이 누굴 죽였나요?」

기자「여동생을 성폭행하고 죽였어요.」

재승「세상에..」

기자「어제 어떻게 된 경위인지 알려 주실 수 있으신가요?」

며칠 후, 순묵과 재승은 팔각정 옆에 있는 운동 기구에 앉아 함께 운동을 한다.

순묵「여동생을 성폭행하고 죽였다고?」
재승「그래, 그런 나쁜 놈이 어딨어 세상에..」
순묵「뭘 잘했다고 도망 다녀, 경찰 아저씨들 힘들게.」
재승「나 안 되겠어. 이제 우리 호텔 아무도 안 온다고 하겠어..」
순묵「그러게, 계속 이러면..」
재승「이건 좀 너무하잖아. 하느님 내가 뭘 그리 잘못했나요..」
순묵「얼굴에 자살한다고 써 있는 것도 아니고.. 그걸 어떻게 아냐고. 이번에 사릿골 성 씨 할머니도 보이스 피싱 당했디야. 얼마나 보냈는지는 모르겠는데 아이고 돈 아까워, 죽일 놈의 새끼들..」
재승「옛날에는 세상에 착한 사람들이 더 많다고 생각했거든, 그런데 요즘은 이놈의 세상 나쁜 놈들만 드글드글한 것 같아. 거짓말로 죽이고, 남의 재산 사기 쳐서 훔쳐 가서 죽이고, 때려서 강간해서 죽이고. 너 같으면 살 수 있겠냐? 무서워서 어떻게 사냐. 너 같은 건 죽어도 되고, 난 어떻게든 다른 사람 등쳐 먹고 살겠다는 거잖아. 사람이기를 포기한 거지. 지금은 자살해서 죽은 시체보다 그 사람들 죽게 만든 그놈들이 더 무서워..」
순묵「난 저렇게 지 여동생 죽여 놓고 죽어 버리는 것도 열받어. 너 그거 아냐? 히틀러도 전쟁에서 질 것 같으니까 자살했잖아. 죽어서 벌받은 게 아니라, 벌받기 전에 도망간 거지. 지가 뭘 잘못했는지 제대로 알고 있는 인간들이 끝까지 머리 굴리고 빠져나가..」

재승「사람들이 나쁜 놈들 때문에 힘들어하고 죽어 가는데 우리는 강 건너 불구경이지. 우리가 뭘 할 수 있겠어? 안 그러냐?」

　순묵「우리가 할 수 있는 건 오늘도 사람 죽었네, 왜 죽었대? 아, 그래서 죽었구나 그러고 지나가는 거지..」

　재승「그리고 곧 잊어버리잖아, 나중에는 기억도 안 날 거야...」

2
사랑하는 사람이 죽음을 선택했다

1

친구 「아들 이혼했어. 벌써 몇 년 됐어..」
엄마 「애는 누가 키워?」
친구 「엄마가 키우고 아들이 양육비 주고..」
엄마 「나도 사실...우리 딸 자살한 거야 경애야.」
친구 「아니 왜?」
엄마 「친구한테 돈을 빌려줬는데 친구가 도망가서 돈도 못 받고 우울해하다가.」
친구 「너 정말 힘들었겠다. 아휴 집에서 그랬어?」
엄마 「아니, 어디 지방에 있는 모텔 가서.」
친구 「어떻게 살았어 그래..」

엄마「내가 걔를 그렇게 혼냈어. 서른 다 된 게 어떻게 된 애가 그렇게 조심성이 없냐고. 친구가 외국으로 워킹홀리데이 가는데 통장에 돈 있는 것도 증명해서 제출해야 한다고 했대. 내 딸이 돈 보내 주면 통장 잔액 내역 복사하고 바로 돈 돌려준다고 했다는 거야. 내가 보기에는 이 죽일 년이 우리 딸이 곧 전세 보증금 내는 걸 알고 나서 빌려줄 수 있냐고 물어본 거야. 처음부터 돈 줄 생각이 없었던 거지. 애가 그 거짓말에 홀랑 넘어간 거야. 나도 당시에 너무 화가 나서 막 소리 지르고 그랬는데, 애가 이렇게 되고 나서 너무 후회되는 거야. 그냥 다 내 탓이지, 내 탓이지 하면서 그렇게 살아..」

친구「네 잘못 아니야, 그렇게 생각하지 마 진영아... 나쁜 친구 만나서 그런 거야..」

엄마「왜 하필 우리 딸이야? 벼룩의 간을 빼먹지.. 그때 생긴 화병이 아직도 제어가 안 돼. 병원 다니면서 우울증 약 먹는데도 너무 억울한 거야. 내가 이런데 우리 딸은 얼마나 힘들었을까. 걔는 죄인처럼 울기만 하더라. 거짓말하고 사기 친 그년이 죄인인데 내 딸은 계속 자기가 잘못했다고 자책하는 거야. 일기장 봤는데 후회한다고 그렇게 글을 많이 썼어..」

친구「요즘 전세 사기 때문에 죽는 사람도 많은데 전세 보증금 넣기도 전에 그렇게 사기를 치다니.. 자동차도 훔쳐 가면 찾을 수 있는데 왜 돈은 훔쳐 가면 찾지를 못하는 거야 정말.. 너도 얼마나 힘들었니 진영아.. 나도 너무 분하고 화가 난다. 아껴 가면서 모은 재산인데 얼마나 힘들었을까.. 그 친구는 잡았어?」

엄마「걔도 자살했다고 하더라.. 이렇게 사기 친 애들이 한두 명이 아니었대. 그런데도 화가 안 풀려.. 내 딸 죽여 놓고 죽어 버리면 다니? 백날 애들 공부시키고 학원에 과외에 시키면 뭐 하니? 이런 걸 가르쳐 줘야지. 사회에 나갈 때 조심하라고 했어야지. 나라도 말해줄걸.. 사람 조심하라고 돈 조심하라고. 딸 방에 있는 책이란 책은 다 찢어 버렸어. 그랬더니 좀 살 것 같더라. 누구라도 막 때리고 싶어.. 아마 그년 살아있었으면 찾아가서 때리고도 남았을 거야 나..」
친구「진영아.. 어떻게 살았니.. 내가 좀 안아 줘야겠다.」

2

현수가 한강에 뛰어내려 죽었다. 의료 사고로 병원 환자가 걷지 못한다고 말한 지 얼마 되지 않아 자신이 실수해서 환자가 걷지 못하는 것이라며 병원을 그만둬야 할 것 같다고 했다. 현수가 걱정돼서 계속 전화했지만 받지 않았다. 퇴근하고 집으로 찾아갔더니 쓸쓸한 표정으로 문을 열었다. 현수는 곧 병원을 그만둔다고 했고 잠긴 목소리로 헤어지자고 말했다. 난 무슨 소리냐고 우리가 왜 헤어져야 하냐고 물었더니 그 환자가 받은 고통과 충격을 생각하면 아무것도 할 수 없다고 했다. 난 미안한 일도 맞고 힘든 것도 알겠는데 네가 일부러 그런 것도 아니고 누구나 실수할 수 있는 것이니 너무 자책하지 말라고 말했지만 현수는 심각했다. 시간이 지나면 괜찮아질 거라고 말했고 다음에 다시 이야기하자고 했다.

현수에게 매일 전화했지만 받지 않았다. 주말에 집에 갔더니 문도 열어 주지 않았다. 얼마 후, 현수에게 부모님 집에 가서 한동안 올라오지 않을 거라고 문자가 왔다. 현수가 전화도 받지 않고 문자에 답장도 안 해서 난 점점 화가 났다. 그 문자가 마지막이었다. 현수는 걷지 못하게 된 환자가 자살하자, 그 충격으로 스스로 죽음을 선택했다.

현수가 너무 보고 싶다. 너무너무 보고 싶다. 아무 힘이 되어 주지 못해 미안해 현수야. 내가 너무 미안해 현수야. 현수야, 그거 알고 있어? 네가 잘못한 거 아니래. 다른 간호사가 잘못했는데 네가 했다고 거짓말한 거래. 숨을 못 쉬겠어, 마음이 너무 아파. 네가 이 세상에 없다는 사실이 아직도 믿기지가 않아. 견딜 수가 없어. 기일마다 찾아갈게 현수야.

3

아내「당신 괜찮아?」
남편「안 괜찮아..」
아내「너무 불쌍해..」
남편「아들 죽었는데 화도 못 내, 장례식장에도 못 가, 이게 지금 나더라. 이혼했을 때, 우리 완전 남이 된 거였어. 당신 안 만났어도 나 어떻게든 이혼했을 거야. 그런데 장모님은 내가 바람나서 이혼했다고 알고 계셔서 노발대발하시는 거고.」
아내「장례식장에서 가족들이 모든 원망을 우리에게 쏟아 내는 것 같았어. 보이스 피싱 사기당한 게 우리 잘못은 아니잖아. 아들은 왜 죽였을까. 우리가 키워 줄 수도 있는데.」

　남편「난 내 아들 왜 죽였냐고 말할 자격도 없어. 그동안 못해 준 것만 생각나. 내가 저렇게 만든 걸 수도 있어. 이혼만 하지 않았더라도 그러지 않았을 텐데.. 잠이 안 오네. 당신 먼저 자, 나는 술 한잔 마시고 자야겠어.」

　아내「응, 너무 많이 마시지 말고.」

　남편은 깜깜한 거실에 앉아 술을 마시며 생각한다.

「아들을 두 번 다시 만나지 못한다고 생각하니 사는 게 허무하다. 미안하다.. 미안하다.. 지금 내가 할 수 있는 게 너한테 미안하다는 말밖에 없어. 나도 너를 엄마에게 맡기는 게 걱정되긴 했어. 그런데 네가 새엄마랑 사는 것보다 그게 나을 것 같다고 생각했어. 그래도 엄마니까. 아빠가 보이스 피싱 사기꾼들 잡아서 꼭 혼내 줄게. 지구 끝까지 쫓아가서 꼭 죗값 받게 할게. 약속해.. 보고 싶어.. 미안하다.」

　4

　퇴근하고 집으로 돌아가는 길이었다. 오늘도 어제와 다를 게 없는 똑같은 하루가 될 줄 알았다. 지하철역에서 집을 향해 걷고 있는데 한 남자가 느닷없이 내 얼굴을 주먹으로 때렸다. 어지러워 비틀거리고 있는데 그는 내 배를 발로 찼고 나는 그대로 바닥에 넘어졌다. 그는 나를 사정없이 때리기 시작했다. 주위에 사람들이 있었는데 선뜻 나서는 사람이 없었다. 나는 몸을 한껏 웅크리고 있었다. 그때 한 남자가 다가와서 나를 때리지 못하게 하자, 이 괴한은 그 남자를 때리기 시작했다. 곧바로 경찰들이 왔고 괴한은 손목에 수갑이 채워져 경찰차를 타고 떠났다. 나는 응급실로 실려 갔다. 갈비뼈에 금이 갔고 이빨과 코가 부러졌다. 그리고 그 후, 그 괴한이 구치소에서 자살했다는 소식을 들었다. 충격적이었다. 그는 왜 스스로 죽음을 선택했을까. 난 성하지 않은 몸이었지만 잠깐 그의 장례식장을 가야겠다고 생각했다. 이것은 스스로 죽음을 선택한 사람에 대한 나의 작은 연민이었다. 하지만 가지 않았다. 지금 나는 병원에서 퇴원했고 회사를 다니고 있다. '공소권 없음' 괴한은 재산도 없고 빚도 있어서 나는 어떠한 피해 보상금도 받을 수 없었다. 얼마 후, 나는 괴한의 어머니를 만났다. 그녀는 나에게 봉투를 주면서 정말 미안하다고 말했다. 나는 무슨 말을 해야 할지 몰라 봉투를 받고 지금은 많이 회복했다고 말했다. 내가 다친 것보다 아들을 잃은 어머니가 위로받으셔야 할 것 같았다. 집으로 돌아와 괴한의 어머니가 준 봉투를 열어 보니 현금 삼백만 원과 편지가 들어 있었다.

「정말 죄송해요. 자식을 잘못 키운 저의 잘못입니다. 죽은 아들은 최근에 전세 사기를 당하면서 처지를 비관하며 성격이 점점 과격해졌어요.. 제가 그때 아들을 잘 돌봤다면 이런 일이 없었을 텐데...건강을 되찾기를 기도할게요.」

5

 내 아내는 지적 장애가 있고 우리 딸도 아내를 닮아 지적 장애가 있었다. 아들은 장애 없이 건강하게 태어났다. 아들이 크면서 나는 아내보다 점점 아들에게 의지하고 있었다. 아들은 고등학교를 졸업하고 내가 하는 일을 함께 하고 있었다. 그러다가 아내가 풍으로 쓰러져 병원에 입원했다. 나는 병원으로 출퇴근하면서 아내를 돌봤다. 며칠 후 집에 갔는데 딸이 죽어 있었다. 나는 경찰에 신고했다. 아들은 일하러 나오지도 않고 연락도 되지 않았다. 경찰들이 수사를 했는데 딸은 성폭행을 당했고 그 범인이 아들이라고 했다. 나는 충격에 할 말을 잃었다. 아들이 그랬다니 믿기지 않았다. 장애 있는 여동생을 성폭행을 해? 원망과 분노를 주체할 수 없었다. 먹은 음식을 다 토했다. 딸 생각에 울고 아들 걱정에 잠 못 이뤘다. 아들은 지명 수배범이 됐지만 찾을 수 없었다. 아들을 찾으면 묻고 싶다. 도대체 왜 그랬냐고 이 썩을 놈아. 어떻게 그럴 수 있냐고 말이다. 아들을 찾으면 아들은 감옥에 갈 것이다.

 아들이 시체가 되어 돌아왔다. 경찰이 아들을 모텔에서 찾았는데 아들이 경찰을 보자마자 곧장 창문으로 뛰어내렸다고 했다. 죽은 아들의 얼굴을 봤다. 세상 사람들은 아들을 살인자라고 부르고 나에게는 내 딸을 죽인 원수 중에 원수다. 하지만 그는 내 아들이었다. 무슨 일이 있었을 거라고 믿고 싶은 것이다. 혼란스러웠다.

6

　백합호텔에서 사람들이 자살한 지 이 년이 지났다. 재승은 이제 이에 완벽 적응했다. 지금 그만큼 사는 게 어려워 많은 사람들이 자살하는 거라고 스스로를 타일렀다. 재승은 죽은 시체를 봐도 이제 콧방귀도 뀌지 않고 덤덤했다. 재승은 호텔 일을 함께할 직원을 구하고 있었는데 구하기 쉽지 않았다. 자살하는 사람이 많은 호텔이라고 소문이 자자했기 때문이다. 그러다 한 여자가 면접을 보겠다고 왔다.

　재승 「어디서 왔어요?」
　리향 「저 여기 옆 동네에서 왔어요. 두천리요.」
　재승 「가깝네, 이름은?」
　리향 「백리향이라고 합니다.」
　재승 「그 꽃 아닌가?」
　리향 「맞아요.」
　재승 「나이는?」
　리향 「저 마흔두 살이요.」
　재승 「결혼은 했고?」
　리향 「아니요, 부모님이랑 살고 있어요.」
　재승 「여기가 어떤 호텔인지는 알고 왔나?」
　리향 「여기가 무슨 호텔인데요?」
　재승 「우리 호텔이 가끔, 아주 가끔 자살하는 사람이 있어서…」
　리향 「아.. 괜찮습니다.」

재승 「정말 괜찮겠어? 여자라서 더 힘들 수도 있는데...」
리향 「괜찮아요.」
재승 「그럼 한번 일해 보고 결정해. 힘들면 언제든지 나한테 말하고 알겠지?」
리향 「그럼 저 취업된 거예요?」
재승 「내일부터 오면 돼.」

순묵과 재승이 다른 할아버지들과 함께 팔각정에 앉아 있다.

재승 「드디어 사람 구했네.」
순묵 「근데 왜 여자애를 구했어. 도망가겠네.」
재승 「내가 물어봤는데, 자기는 괜찮데.」

3
자연스럽게 죽는 방법을 찾습니다

1

 죽기로 결심했다. 자살은 아닐 것이다. 왜냐하면 난 어떻게든 '자살했다'는 소리 안 듣고 죽는 것이 목표기 때문이다. 내가 자살을 결심한 것을 아는 유일한 사람은 끝까지 나 자신밖에 없을 것이다. 이렇게 야무지게 자살을 준비하고 있는데 왜 죽고 싶냐고? 하루아침에 결정한 것은 아니다. 난 우울증이 너무 심하다. 십 년 전, 남자친구가 나와의 성관계 영상을 인터넷에 유포하는 일이 있고부터 우울증이 시작되었다. 그는 오랜 시간 성관계 영상들을 돈 받고 팔았다고 한다. 우리는 오 년을 넘게 사귀었다. 영상을 본 나는 분노로 일그러졌다. 평온한 세상이 한순간에 폭격을 맞았다. 남자친구의 이중성이 견디기 힘들고 고통스러웠다. 속으로 나를 얼마나 비웃었을까? 분노가 나를 우울하게 만들고 있었다. 화가 나를 갉아먹고 있었다. 감옥으로도 해결되지 않았다. 이 일로 친구 관계, 사회생활이 다 어그러졌고 원망에 원망을 그놈에게 전부 쏟아 냈다. 이런다고 해결되지 않지만 난 알면서도 주체하지 못했다. 점점 망가지고 무너지고 있었다. 나의 우울증은 그가 처절하고 고통스럽게 죽어야 끝날 수 있다는 것이 비극이었다.

그럼 그냥 자살하면 되지, 왜 자살했다는 소리를 듣지 않고 죽고 싶냐고? 이유는 두 가지가 있다. 일단 왠지 그 새끼가 내가 자살했다고 하면 좋아할 것 같다. 성관계 영상으로 내 영혼을 파괴했는데 내 육체까지 파괴했다고 하면 얼마나 좋아할까? 사이코패스라면 좋아하지 않겠어? 사이코패스는 타인이 느끼는 고통을 모르거나 무시하거나 즐기는 사람이다. 어떤 사람들은 이렇게 생각할 것이다. 자살하면 죄책감으로 괴로워하며 살지 않겠냐고? 사이코패스가 그럴 리가. 정확히 반대라고 생각하면 된다. 그는 네가 살았는지 죽었는지 모를 거라고? 그건 중요하지 않다. 어떻게든 알게 되었을 때를 생각했다. 그렇기 때문에 난 절대 자살로 죽을 수 없다. 누구 좋으라고.

그리고 또 한 가지 이유는 사랑하는 부모님 마음을 아프게 하기 싫어서다. 나의 우울증으로 부모님께 충분히 불효했다고 생각한다. 내가 자살하면 얼마나 마음 아파하실까? 안다. 내가 어떻게든 죽으면 크게 슬퍼하실 거다. 하지만 그럼에도 불구하고 난 죽을 거다. 더 이상 삶에 애착이나 즐거움이 없어 살아갈 의미가 없다. 자살과 자연스러운 죽음은 부모님이 받아들이기에 차원이 다르다. 고로, 난 절대로 자살로 죽지 않을 것이다. 이것만이 내가 죽기 전에 지켜야 할 단 하나의 원칙이었다.

그런데 옆 동네에 계절이 지날 때마다 사람이 한 명씩 죽는 호텔이 있다는 소리를 들었다. 벌써 몇 년째 사람이 계속 죽는다는 것이다. 신묘했다. 이 호텔에서 직원을 구한다는 소리를 듣고 면접을 봤는데 내일부터 일하게 됐다. 죽음에 한 걸음 가까워진 것 같다. 왠지 곧 죽을 수 있을 것만 같은 느낌이 들었다. 사장님께 계산하고 청소하고 예약하는 방법을 착실하게 배워 나갔다. 그리고 사장님은 공개 수배범 얼굴도 익혀 놓으라며 경찰서에서 준 포스터도 주셨다.

재승「이건 안 주려고 했는데 혹시 모르니까... 무섭지? 아이고 무서울 텐데..」
리향「아니요! 하나도 안 무서워요. 빨리 외워야지!」

'무섭긴요 사장님, 곧 저를 죽게 만들어 줄 사람일 수도 있잖아요. 인질극 아니면.. 자신의 정체를 들킨 걸 알고 증거 인멸을 위해 저의 목숨을 노리거나...'

그런데 죽는다고 생각하니 기분이 좋은 걸까. 평온하고 홀가분하다. 더 이상 잃을 게 없는 사람의 마음이란 이런 거구나.

2

팔각정에서 순묵 아저씨와 사장님과 막걸리를 마셨다.

순묵「리향이 부모님은 뭐 하시나?」
리향「아버지는 공무원이셨어요. 지금은 정년퇴직하고 쉬고 계세요. 엄마는 요양 보호사 하세요.」
순묵「그럼 연금도 꽤 나오고 괜찮겠네. 리향 양은 왜 결혼을 안 했데?」
리향「남자친구가 있어야 하죠.」
순묵「하나 만들면 되지.」
리향「그게 마음대로 되는 것도 아니고요.」
순묵「나도 이혼했는데 그래도 한번 갔다 오는 것도 좋아.」

순묵 아저씨와 대화를 나누는데 한 여자가 호텔 정문 앞에 서 있는 모습이 보였다. 나는 일어나서 여자에게 다가갔다.

리향「호텔 예약하셨어요?」
여자「아니요.」
리향「들어오세요.」

여자는 더운 여름에 모자를 쓰고 마스크를 하고 있었는데 고민하는 듯하다가 내가 열어 준 유리문 안으로 들어왔다.

리향「며칠 묵으실 거예요?」

여자「잘 모르겠어요..」

리향「그러면 일단 하루 예약해 드릴까요?」

여자「네..」

여자를 방으로 안내하고 나는 한동안 로비에 앉아 있다 심심해서 다시 공개 수배범 포스터를 봤다. 혹시나 닮은 사람이 있을 수 있나 확인해 보려고 했더니 여자가 세 명 있었다. 3번 살인, 14번 살인 미수, 19번 사기... 가만 보니까 19번 사기랑 눈빛이 비슷한 것 같다. 나는 나에게 첫 번째 기회가 왔음을 직감했다. 그리고 조용히 머릿속으로 시뮬레이션을 돌렸다. 우선 확실하게 '19번 사기'여야 한다. 얼굴을 확인하자. 그리고 단도직입적으로 물어보는 방법이 좋겠다. 만약 정말 그녀가 '19번 사기'라면 당황하며 날 밀치고 도망갈 수도 있다. 그럼 그녀가 가지 못하게 막으며 몸싸움을 하거나 도망가면 쫓아가서 내가 죽을 방도를 찾아야겠다. 난 심호흡을 한 번 하고 여자가 머무는 방으로 가서 문을 두드렸다.

리향「호텔 직원인데요, 확인할 게 있어서 왔어요.」

여자가 문을 열었다. 여자는 마스크를 벗고 있었다. 그녀는 '19번 사기'가 아니라 '3번 살인'과 더 닮았다. 살...인?

여자「네?」

리향「솔직하게 말씀드릴게요, 제가 공개 수배범 명단을 봤는데 얼굴이 많이 닮으신 것 같아서요.」

여자「저요? 저 아니에요..」

리향「신분증 있으세요?」

여자「지금은 없어요..」

리향「너무 많이 닮으셨어요.」

여자「저 아니라니까요!」

리향「혹시 모르니까 경찰에 확인해 달라고 해야겠어요.」

여자「아니 이 아줌마가. 아줌마! 누굴 신고해? 여기 더 이상 못 있겠네.」

리향「퇴실하시려고요?」

여자가 내 앞을 지나 복도로 나가는데 발걸음이 점점 빨라진다. 난 여자를 뒤쫓아 갔다. 여자는 뛰어서 계단을 내려갔고 나는 뒤에서 여자의 옷을 붙잡았다. 여자는 나를 밀쳤지만 나는 재빨리 다리를 잡았다. 여자는 나를 발로 차기 시작했다.

리향「이 살인자가 어딜 빠져나가려고?」

여자「나 사람 죽인 적 없어!」

리향「거짓말도 참 잘하네.」

여자가 호텔을 빠져나가 뛰기 시작했다. 나도 여자를 뒤쫓아 뛰었지만 여자가 나보다 빨랐다. 나는 내가 죽는 것보다 먼저 이 여자를 어떻게든 잡아야겠다고 생각했다. 몇 명을 죽였는지 모르지만, 저 사람이 지금 도망가면 더 많은 사람들이 죽을 수도 있다. 역시 살려고 도망가는 사람이 빠르다. 그런데 여자가 뛰어가는 길 끝에 '길 없음'이라고 쓰여 있는 큰 글씨가 보인다. 막혀 있는 길이었다. 여자는 '길 없음' 앞에 도착한 후, 더 이상 길이 없음을 깨달았다.

리향 「이제 그만 포기해. 사람 죽여 놓고 뭘 잘했다고 도망 다녀?」
여자 「사람 안 죽였다고!」
리향 「그럼 왜 도망가는데?」
여자 「경찰에 신고는 안 했어?」
리향 「아직 신고 안 했어.」
여자 「왜 안 했는데?」
리향 「왜 안 했을까? 하나만 물어보자. 왜 죽였니 사람.」
여자 「내가 왜 너한테 말해야 해?」
리향 「나도 죽이고 싶은 사람이 있거든.. 그래서 궁금해서.. 무슨 이유였는지...」
여자 「너부터 말해... 누굴 죽이고 싶은데?」
리향 「나는 나랑 성관계하는 영상.. 그 새끼가 돈 받고 사람들한테 팔았어. 자그마치 오 년 동안이나. 내가 멍청해서 그것도 몰랐어.」
여자 「완전 변태 사이코네.」
리향 「네 차례야..」
여자 「난 우리 할머니.」

리향 「왜? 너도 진짜 나쁜 년이구나.. 어떻게 친할머니를 죽여?」

여자 「아흔 넘은 할머니가 아파서 너무 힘들어하셨어... 안 아프신 데가 없으셨어. 하루에 먹는 약만 어마어마해. 매일 죽고 싶다고 하시고... 뛰어내리려고 하신 적도 있어. 그래서 편하게 가시게 도와드렸는데 한순간에 재산 노리고 할머니 죽인 손녀가 된 거야. 무서워서 도망 다녔어.」

리향 「그랬구나.」

여자 「나도 이제 지쳐...도망 다니는 것도.. 너 그래서 그 변태 사이코 죽일 거야?」

리향 「아니, 너처럼 도망 다니기 싫어.」

여자 「이미 벌어진 일인데 어떻게 하겠어? 기억을 지울 수도 없고. 그냥 다시 태어났다고 생각하고 옛날 일은 다 전생이었다고 생각해. 다 잊어버려.」

나는 여자와 함께 경찰서에 갔다. 여자는 자수했다. 참 힘든 하루였다. 잊고 살라고? 하.. 불가능.

3

오늘은 호텔에 사장님의 오랜 친구가 오셨다. 서울에서 내려오셨는데 한동안 이곳에서 놀다가 가신다고 했다. 사장님 말씀으론 꽤 큰 회사를 운영하신다고 한다.

순묵 「아이고 경무야! 오랜만이네 진짜, 잘 지냈냐?」

친구 「나야 잘 지냈지. 너는 아직도 홀아비야?」

순묵 「홀아비는 얘는 무슨, 독거노인이지.」

재승 「너는 언제까지 쉬는 거야? 회사 안 바빠?」

친구 「안 바빠.. 망했어 나.」

재승 「왜?」

친구 「아들이 사고 쳐서.. 내 명의로 이놈이 사채 써서 회사 주식 다 휴지 조각 됐어.」

재승 「아니..그게 가능한 거야?」

친구 「너 명동에 사채 시장 있는 거 알아? 이놈이 친구들이랑 사업한다고 거기 가서 나 몰래 일을 벌인 거야..」

순묵 「지금 보니까 얼굴이 많이 핼쑥해졌네.」

재승 「그래서 이제는 어떻게 되는 거야?」

친구 「어떻게 되긴.. 그냥 망한 거지.. 우리 회사 믿고 투자했던 사람들 자살하러 한강 갔댄다.. 죄책감에 미안해서 살 수가 있어야지..」

순묵 「그래서 네 아들은 지금 어디서 뭐 해?」

친구 「나 아들 신고 안 했어..」

재승 「아들이라고 봐주는 거야? 너 그거 사기야!」

친구 「그건 차마 못 하겠더라..」

재승 「그럼 네가 다 뒤집어쓰는 거잖아..」

친구 「내가 아들 신고해서 다 되돌릴 수 있다면 하겠는데.. 신고해도 소용없어 이제.. 나도 처음에는 피해 본 사람들 생각해서 무조건 신고하려고 했어..그런데 아내가 아들 결혼한 지 얼마 안 됐는데 범죄자 만들지 말자고 신고하면 죽어 버리겠대.. 그냥 우리가 안고 가자는 거야.」

재승「그럼 너는 어떻게 살라고.」

친구「그래서 힘드네.. 아들 부부도 지금 이혼을 하네 마네 해서 아내가 그 집 가서 손자 돌봐 주고 있어.」

재승「너는 무슨 죄냐... 그래서 회사는 문 닫은 거야?」

친구「응..」

재승「그럼 고향으로 내려와, 여기서 우리랑 놀면 되지.. 백수 된 걸 축하한다.」

친구「생각해 볼게.. 여기 장사는 잘돼?」

재승「뭐 그냥, 저금하는 돈은 없는데 먹고살 만해.. 그런데 호텔에서 사람들이 자주 자살해서..」

친구「왜 여기까지 와서 죽는 거야? 여기 오는 사람들 거의 외지인들 아니야?」

순묵「뭐.. 아주 다양해.. 열심히 모은 재산 사기당해서 억울해서 죽고, 사람 때려죽이고 성폭행해서 경찰 피해 도망 다니다가 창문으로 뛰어내려서 죽고.. 」

친구「요즘 여기저기 자살하는 사람 많지.. 나도 죽을 생각도 했어..」

재승「경무야.. 안 된다.. 마음 단단히 먹어. 네가 잘못한 것도 아닌데 네가 왜 죽어 어?」

순묵「네 아내도 자식도 중요한데 너도 생각해야지.. 안 그래? 남편은 도대체 앞으로 어떻게 살라는 거야..」

재승「그래도 너 사업 잘했잖아.. 다시 일으키면 되지!」
친구「자신이 없다 이제 도무지.. 그냥 다 허무해.. 너도 알잖아, 내가 어떻게 살았냐..」

난 그날 사장님과 친구들의 대화를 조용히 듣고만 있었다. 그리고 들려오는 기억의 조각들을 내 멋대로 상상했다. 모든 열정을 쏟아 키운 회사, 위풍당당 승승장구하던 사업, 그 사업의 미래에 자신 있게 재산을 투자한 사람들, 갑자기 알게 된 아들의 사채 빚, 부도와 폐업, 투자금을 전부 날린 사람들의 통곡, 자살 시도, 죄책감.. 고개 숙인 아들과 아들의 미래만 걱정하는 아내.. 내가 사장이었다면 마땅히 아들을 명의 도용으로 신고하여 감옥에 보냈을 것이다. 나뿐 아니라 사장님도 순묵 삼촌도 지금 속으로 친구를 무척 걱정하고 있겠지. 다른 곳이면 몰라도 이곳 백합호텔에서는 그의 말들이 마치 자살 전주곡처럼 들렸다. 위조된 서류를 이용해 불법 대출을 했다. 이렇게 허술하게 재산이 도둑질 되는 세상이라면 누가 열심히 일하겠어? 그리고 얼마 후, 사장님의 친구는 거짓말처럼 호텔 인근에 있는 자신의 고향 집에서 돌아가셨다. 유언으로 장례식을 하지 말라고 그리고 꼭 화장해 달라고 하셨다. 사장님과 순묵 삼촌은 크게 슬퍼하셨고 다른 친구들에게도 친구의 죽음을 알렸다.

전국에 흩어져 있던 사장님의 동창들과 고향 선후배들이 마을 회관에 모여 친구분을 추모했다. 친구들 중에 몇 분은 우리 호텔에 하루 머무셨고 눈물을 흘리시는 분도 계셨다. 하품처럼 눈물도 전염성이 있어서 나도 눈물이 나오려고 한다. 뉴스로 수많은 사람들의 고통을 보았지만 무감각하게 살았던 나였다. 아들의 잘못을 떠안고 가려는 아버지의 마음을 난 알 길이 없다. 불행은 예정도 없이 우리의 삶에 불쑥 찾아온다. 별안간 벼락이 친 듯 시간은 정지되고 그 이전에 삶은 마치 꿈처럼 느껴진다. 나를 지탱하던 자존감과 자신감, 사람들과의 신의, 믿음, 존경과 애정, 배신감에서 시작된 분노와 원망, 무력감 그리고.. 나는 내가 이 모양 이 꼴이면서도 그가 죽지 않기를 바랐지만 그는 죽었다.

4

겨울이 되었다. 호텔 출입문을 열고 부부가 들어왔다. 여자는 일관되게 미간을 찌푸리고 있었고 남자는 처진 눈매와 흔들리는 눈빛이 잔뜩 겁을 먹은 것 같았다. 그런데 저 부부, 지금 전쟁 같은 사랑을 하고 있나 보다. 호텔 방음이 문제인 건지, 저 부부 목소리가 큰 건지 모르겠다. 여자는 그 어디서도 들어 본 적 없는 목소리로 호텔을 찢었다. 저 소리를 어떻게 표현해야 할지 모르겠다. 악을 쓴다고 해야 하나? 만약 누군가 나에게 저렇게 소리 지른다면 난 단 몇 초도 함께 있지 못할 것이다.

아내「그래서 지금 이게 다 내 잘못이라는 거야? 아아아아아악, 돌아 버리겠어!」
남편「나 월급 타서 거의 다 당신한테 줬어. 내가 언제 한 번도 안

준 적 있어? 항상 줬잖아. 통장 확인만 할게.」

아내「나도 지금 힘들다고! 당신만 힘든 줄 알아?」

남편「지금 그걸 말하는 게 아니잖아. 나 이러면 이제 당신한테 돈 못 줄 것 같아...」

아내「그럼 나는 어떻게 살라고! 어? 어떻게 살라고! 어떡해 나 어떡해!」

남편「여보.. 내가 이렇게 돈 버는데도 우리 지금 관리비도 못 내고 있잖아...」

아내「그러니까 그게 왜 내 잘못이냐고! 어? 왜 나한테만 그러냐고.」

남편「그럼 내가 뭘 잘못했는지 알려줘..」

아내「월급이 적은 거라고, 네 월급이!」

남편「그럼 앞으로 내가 직접 관리비도 내고 장도 볼게..」

아내「그럼 나는 어떻게 살라고? 나 아픈 거 알잖아, 이 상태로 일 못 한다고!」

남편「자기가 아프다고 해서 내가 지금까지 혼자 일했던 거잖아...그런데 계속 돈은 부족하고.」

아내「당신 월급이 적은 거라고!」

남편「적지 않아.. 적은 월급 아니야.. 나 돈 정말 안 쓰잖아.. 삼백오십만 원이 적은 거야? 우리 아직 아이도 없잖아.. 당신 우울증이 너무 심해서 나 그동안 솔직하게 말 못 했는데 이제 나도 더 이상 못 버티겠어...」

아내「못 버티면 어떻게 할 건데?」

남편「그럼 나보고 어떻게 하라는 거야? 돈 더 벌어 오라고?」

아내「아내가 아픈데 그것도 못 해 줘? 그것도 못 해 주냐고! 어?」

남편「조용히 해, 난 당신이랑 대화하고 싶은 거지 싸우려는 게 아니야.. 우리 지금 심각해, 당신도 알잖아.」

아내「돈 더 벌어야지.. 그럼 나보고 어떻게 하라는 거야? 어? 나보고 어떻게 하라고.」

남편「지금도 매일 야근하면서 일하는데.. 난 못 해.. 주말에도 일하라고?」

아내「당신은 어떻게 당신 생각만 해? 내 생각은 전혀 안 하지..」

남편「생각해서 지금까지 참고 기다리고 있었어.. 그런데 이제 나도 우울증 올 것 같아..」

아내「그것도 다 내 탓이지 또?」

남편「당신 나한테 맨날 소리 지르잖아. 악쓰고 물건 집어 던지고. 나 숨 막혀서 집에 있는 것도 힘들어 요즘.. 그래서 밖으로 나오자고 한 거야.. 당신 기분 전환도 시켜 주고 그러려고..」

아내「화가 나니까 소리를 지르지! 나 힘든데 맨날 집에 늦게 들어오고 나 신경도 안 쓰잖아 당신.」

남편「일하다가 늦게 들어간 거고 가끔 회식 있었던 거잖아... 앞으로 내가 돈 관리할게, 알겠지? 그렇게 하자.」

아내「그럼 나는 어떻게 살라고! 이혼해, 당장 이혼해 그냥! 그냥 죽어 버릴 거니까.」

나도 우울증인데 나랑은 증상이 완전 다르네. 나는 배려형 우울증이라 웃는 모습이 좀 어색하다고 해야 하나. 가식적인 웃음을 뿌리며 야무지게 살아왔는데 저분은 성격 파탄 같아 보인다. 우울증이 문제가 아니라 남편이 저 정도면 정말 진심으로 아내를 사랑하는 거다. 그는 모든 것을 희생하고 인내하며 아내가 좋아지기를 기다리고 있다.

그녀는 통장 내역은 보여 주지도 않고 모든 걸 월급이 적은 남편 탓을 하며 원망을 쏟아 내고 있다. 저런 말 들으면 있던 힘도 다 사라지겠다. 대화 한 번 듣고 저 사람들의 모든 것을 내가 알 수는 없다. 하지만 저들의 삶이 파괴되고 있다는 것, 위태롭다는 것은 알 수 있었다.

재승「지금 이게 싸우는 소리야?」
리향「네 사장님, 여기 원래 이렇게 방음이 안 돼요?」
재승「저렇게 소리를 지르는데 어떻게 안 들리겠어?」

갑자기 문 열리는 소리가 나더니 아내가 계단을 내려와 호텔을 나간다. 남편도 쫓아 내려왔지만 이미 가 버린 뒤다.

재승「손님 죄송한데 조금만 조용히 싸워 주셨으면 좋겠어요.. 여기 다른 손님들도 계시고..」
남편「아.. 정말 죄송합니다.. 내일 아침에 빨리 갈게요..」
재승「여기 앉아서 군고구마 좀 먹어 봐요. 이거 꿀고구마라 진짜 맛있네. 리향이 너도 먹어 봐.」

나는 로비 소파에 앉아 사장님과 어쩐지 측은함이 느껴지는 남자와 함께 뜨거운 고구마를 호호 불어 가며 먹었다.

재승「왜 그렇게 싸운디야? 부부야?」
남편「네.」
재승「몇 살이래? 리향이랑 비슷할 것 같은데.」
남편「마흔다섯 살이요.」
재승「보통 저렇게 소리 지르면 남편이 아주 크게 잘못한 건데. 잘못했으면 싹싹 빌어야지 나 잘났다고 큰소리쳤나 보네.」
남편「제가 월급을 거의 다 아내한테 주고 있어요. 생활비랑 용돈 쓰라고요. 그런데 돈이 없대요. 그래서 통장 내역 보고 싶다고 한 건데... 저렇게 난리를 쳐요. 맨날 똑같은 말 하고. 저는 이제 말하기도 싫어요.」
재승「통장 내역 보여 달라고 했다가 저런다는 거지?」
남편「네.. 못 보여 줄 것도 없잖아요.. 남편인데.. 아니면 제가 생활비 관리한다고 했더니 또 난리가 난 거예요. 이게 정말 답이 없어요. 벌써 몇 달째 이걸로 싸우고 있는데..」

그 순간 아내가 출입문을 열고 호텔로 들어왔다.

재승「여기서 저희랑 같이 군고구마 먹을래요?」

어두운 표정의 아내는 대답도 하지 않고 계단을 올라간다. 남자가 소파에서 일어난다.

남편「저는 바람 좀 쐬고 올게요. 잘 먹었습니다.」

남편이 밖으로 나가자 사장님은 작은 목소리로 속삭이듯 말했다.

재승「아이고... 무서워라, 무서워서 고구마가 어디로 들어가는지 모르겠네 참말로.」

그날 저녁 아내는 악에 받쳐 소리 지르며 다시 한번 호텔을 찢었다. 다행히 오늘은 호텔에 손님이 이 사람들 밖에 없어서 놔뒀다.

아내「당신이 내 인생 다 망쳤어!」
남편「내가 뭘 잘못했는데?」
아내「나한테 이혼하자고 했잖아! 너 때문에 난 이제 끝났어!」
남편「당신이 맨날 나한테 이혼하자고 했잖아...나도 힘들고.. 함께 있으면 행복하고 그래야 하잖아.. 그런데 우리 봐. 당신 나랑 있으면 맨날 소리 지르고 화만 내잖아... 나 다 이해하려고 했어. 그래서 지금까지 살았던 거야.. 그런데 내가 이제 더 이상 못 살겠어..」
아내「나가! 나가! 꺼져 이 새끼야, 사라지라고!」

물건 던지는 소리가 들리고 남편은 방 밖으로 나왔다. 그는 다른 방을 예약했고 오늘 밤 부부는 각자 다른 방에서 잠들었다. 다음 날 아침 출근했는데 호텔이 조용했다. 나는 부부가 아침 일찍 퇴실한 줄 알았는데 그들은 아직 나가지 않은 상태였다. 남편에게 전화를 걸어 봤지만 받지 않았다. 몇 시간 후, 나는 혹시나 하는 마음에 방으로 가서 문을 두드렸다.

리향「계세요? 손님, 안에 계시나요?」

아무 소리도 들리지 않았다. CCTV를 봤는데 남편이 방으로 들어가는 모습은 있지만 나가는 모습은 없었다. 그런데 새벽에 아내가 남편 방으로 들어갔다 나가는 모습이 보였다. 난 이 사실을 사장님께 알렸다.

재승「뭐라고? 그 여자는?」
리향「그분도 호텔 밖으로 나가거나 한 적은 없어요. 밤에 남편 방에 갔다가 다시 자기 방으로 들어가는 모습까지만 있어요.」
재승「새벽에 잠 못 자고 아침에 잠든 것일 수도 있어. 일단 기다려 보자고.」

저녁이 되었는데도 부부는 인기척이 없었다. 사장님은 남편이 머무는 방 문을 여셨다. 남편은 칼에 맞아 죽어 있었다. 사장님은 아내가 머무는 방 문을 여셨다. 아내는 목이 졸려 죽어 있었다. 아내가 남편을 죽이고 자살한 것이다.

 다시 따뜻한 봄이 찾아왔다. 나는 요즘도 어떻게 죽을까 고민한다. 하지만 어떤 뾰족한 수가 떠오르지 않았다. 어쩌면 죽는 게 귀찮은 것 같기도 하고. 그래서 죽고 싶지 않은지도 모르겠다. 지겹다. 그냥 모든 게.

5

 순묵 「재승아, 너 우리 동네에서 제일 성공한 유창병 알지? 걔가 대통령 동생 찾아가서 뇌물 줬댄다.」
 재승 「나도 어제 이불 맡기러 갔다가 세탁소 이 씨한테 들었어. 뉴스에 대문짝만하게 나왔다며.」
 순묵 「감옥 가야지. 그게 다 어디서 난 돈이겠냐. 비자금이지 비자금.」
 재승 「그런 거 안 줘도 성공한 애가 뭐 하러 그런 일까지 했대.」

 며칠 후, 우리 호텔에서 한 남자가 자살했는데 그 사람은 우리가 뉴스에서 보던, 사장님의 동창 중에 제일 성공한 유창병 씨였다.

 백합호텔에서는 정말 누가 짠 것처럼 계절마다 사람들이 자살했다. 나는 정말이지 자살이 하고 싶었지만 그렇다고 그들의 죽음이 부럽진 않았다. 자살은 세상의 모든 죄악, 분노와 탐욕과 욕정과 무정의 최종 목적지 같았다. 자살은 세상의 모든 악당들에게 인과응보였고 악당들에게 시달린 어린양들의 피신처였다.

 죄악은 또 다른 죄악을 낳는다. 그래서 예수님이 '용서하라'고 했나 보다. 그 새끼는 돈에 눈이 멀어 성관계 영상을 팔았고 나는 그 새끼가 감옥에 간 것으로는 분이 풀리지 않아 아직도 살인 충동을 느낀다. 죄악의 비극은 둘 다 파멸해야 끝난다는 것이다. 둘만 파멸해서 끝나면 다행인데 그 파멸은 주변에도 번진다. 그 새끼 부모님은 좋으신 분들이었다. 지금은 어떻게 살고 계실까? 내가 그 새끼 부모면 긴 세월을 통탄하며 피눈물을 흘렸을 것이다. 내가 만약 그 새끼를 용서한다면, 용서하지 못하더라도 똥 밟았다고 생각하고 넘어간다면 두 사람의 비극은 없을 것이다. 하지만 이런 생각도 든다. 그 새끼가 감옥에서 나와서 똑같은 짓을 되풀이한다면 그리하여 또 다른 피해자가 나타난다면 차라리 내가 그 새끼를 죽여 버리는 게 더 좋은 세상을 만드는데 이바지하는 것일 수도 있는 것이다. 하지만 이런 생각도 든다. 굳이 내가 죽이는 것보다 더 많은 피해자들이 생긴다면 그 피해자들 중에 한 명이 나 대신 그 새끼를 죽여 줄 수도 있다. 그럼 굳이 내가 죽이지 않아도 될 것 아닌가? 다 귀찮고 아무튼 난 죽을 것이다.

6

 엊그제는 마을에 있는 한 집에서 큰불이 나서 집이 홀라당 다 타 버렸다. 사장님은 그 가족에게 호텔 방을 무상으로 빌려주셨다. 남편과 아내 그리고 열세 살 아들, 두 살 된 딸이 있는 집이었다. 그런데 이 아들이 좀 이상하다. 아들은 이번에 학교에서 퇴학당해서 호텔에서 놀고 있었는데 어린애가 나한테 오더니 이런 말을 한다. 이름은 석우라고 했다.

석우 「저는 아줌마 죽일 수 있어요.」
리향 「...」
석우 「제가 아줌마 죽일 수 있다고요.」

뭐 이런 애가 다 있는지. 순간 나도 모르게 나 안 그래도 죽고 싶은데 죽여 주면 고맙다고 말할 뻔했다. 섬뜩했다. 조그만 애가 어디서 저런 말들을 배웠을까?

시간이 흘렀다. 저녁 식사를 하고 있는데 뭔가 타는 냄새가 났다. 방 하나가 활활 타고 있었는데 그 방은 석우의 가족이 머무는 방이었다. 석우의 부모님은 석우에게 동생을 맡기고 외출한 상황이었다. 방에는 석우와 아기가 있을 것이다. 나는 얼른 119에 신고하고 소화기로 분말을 뿌렸다. 시커먼 연기가 나서 앞이 보이질 않았지만 아기의 울음소리가 뚜렷이 들렸다. 나는 온몸에 물을 뿌리고 방으로 들어가서 어렵게 아기를 안고 밖으로 나왔다.

그러곤 바닥에 쓰러졌다. 이제 다 끝났다고 생각하자 웃음이 났다.

기억 속에 나는 백합이 방 안 가득 피어 있는 침대에 누워 있었다. 멜랑콜리한 삶이었다고 유언을 남기자 그 새끼와 석우가 나에게 백합꽃을 던졌다. 그리고 깊게 눈을 감고 죽음을 기다리고 있었지만 나는 생각했고 고로 존재하고 있었다. 나는 결국 다시 눈을 떴다. 그러자 백합은 전부 사라지고 백리향이 피어 있었다. 부모님과 사장님, 순묵 삼촌이 내 손에 백리향을 쥐여 주었다. 나는 갑자기 그 새끼 때문에 내가 이렇게 죽는 건 너무 억울하다는 생각이 들었다. 예수님은 악당을 용서하라고 했지만 난 용서 따위는 할 수 없는 위인이다. 그러니 기도라도 해 볼까.

'그 새끼가 그 새끼보다 더한 놈들 만나서 비굴하고 찌질하게 살다 죽게 해 주세요.' '악당들끼리 싸우다가 일타쌍피로 한꺼번에 이 세상에서 사라지게 해 주세요' 라고.

내가 만약 지금 죽지 않는다면, 기억 상실이라도 됐으면 좋겠다. 정확히 딱 그 새끼 기억만 상실됐으면 좋겠다. 그럼 다시 태어난 것 마냥 얼마나 좋겠어. 아니면 그 새끼 닮은 인형이라도 만들어서 매일 머리를 한 대씩 쥐어박아 줄까? 억울하다. 이렇게 죽는 건가? 그 새끼 원망하다 낭비한 내 인생이 아깝다. 불행이 더 늘어날까 봐 두려워하지 말걸.

사람들은 행운을 사랑하고 불행을 멀리한다. 어느 누구도 불행을 원하지 않는다. 그런데 자세히 보면 불행하지 않은 사람은 찾기 어렵다. 같은 불행이라도 누군 살고 누군 죽는다. 난 죽기를 원했고 지금 거의 죽기 일보 직전이다. 그런데 난 문득 불행해도 사는 사람들을 생각하며 지금과는 다른 삶을 사는 나를 상상했다.

내가 만약 지금 죽지 않는다면, 불행을 부끄러워하지 않고 내 잘못이라고 생각하지 않고 숨기려 하지 않고 저주받았다고 생각하지 않고 원망하지 않고 비난하지 않고 괴로워하지 않고 두려워하지 않고 싶다.

만약 내가 지금 죽지 않는다면, 나의 불행과 산뜻하게 마주할 것이다. 불행을 자랑하고 사랑스러워할 것이다. 불행을 반가워하며 뽀뽀해 줄 것이다. 불행으로 그림을 그리고 글을 쓰고 노래할 것이다. 불행을 예찬하는 삶을 살고 싶다. 불행으로 아스팔트 길을 만들고 그 길을 웃으며 콩콩 지르밟는 인생을 살고 싶다. 그리하여 내 목숨 다하는 그날 이런 유언을 남기고 싶다. 저주받은 찬란한 인생이었다고.

요정 할미

저는 파리를 때려잡고 닭을 잡아서 삼계탕을 해 먹습니다.
초롱이가 낙태해서 죄인이면 저도 피장파장 죄인입니다.

남자가 카페에 앉아있다.

여자가 카페에 들어온다.

여자가 남자를 발견한다.

여자의 구두 소리가 들린다.

남자는 여자를 바라본다.

여자가 자리에 앉는다.

남자가 한숨을 쉬다.

여자 「현석 부장님 벌써 가셨어?」

남자 「응, 이십 분 전쯤.」

여자 「이직한 회사는 다닐 만하대?」

남자 「괜찮은가 봐, 나도 오라고 하더라.」

여자 「괜찮은가 보네, 오빠는 왜 기운이 없어?」

남자 「현석이 형.. 가족 문제로 힘든가 봐...아내가 이혼해 달라고 한대.」

여자 「어머...」

남자 「아이들도 필요 없고 돈도 필요 없으니까, 이혼만 해 달라고 편지 쓰고 집 나갔대.」

여자 「정말 무책임하다..」

남자 「형 어머니도 편찮으시고 아이들도 초등학생이긴 한데 아직 어리고.. 감당이 안 되나 봐. 그런데 회사에 야근도 많고.」

여자 「그럼 애들은 지금 누가 보고 있어?」

남자 「애들이 알아서 밥 먹고 학교 다니고 하고 있대.」

여자「그런데 오빠를 왜 보자고 한 거야?」

남자「내가 예전에 형한테 우리 부모님 이야기한 적이 있었어. 애들한테 어떻게 설명해야 할지 모르겠다고 해서..」

여자「오빠는 나한테 오빠 부모님 이야기 안 하더라...참 섭섭하네.」

남자「우리 부모님 나 초등학생 때 이혼하셨어..」

여자「아, 정말? 」

남자「엄마는 항상 우울하고 무기력했고 아빠는 사업을 하셨는데.. 매일 정장 입고 아침에 출근해서 다음 날 아침에 집에 왔어. 나 학교 가려고 나가면 아빠가 들어오더라. 언젠가 한번은 아빠가 지나가는데 양복에서 여자 향수 냄새가 나는 거야. 그리고 셔츠도 벗었다가 다시 입었는지 단추도 다 풀어져서 바지 밖으로 나와 있고...」

여자「아침에 오셔서 바로 출근하셨던 거야?」

남자「아침에 집에 와서 옷만 갈아입고 바로 출근. 그런데 엄마는 아무 말도 안 하는 거야. 난 엄마가 너무 외로워 보이고 가여웠어. 그래서 아빠를 죽도록 싫어했고. 우리 부모님은 왜 함께 살까? 엄마는 이렇게 사는 게 행복할까? 이해가 안 갔어.. 그러다가 하루는 엄마는 어디 가고 아빠가 저녁에 외식하자고 해서 나가서 고기 먹고 내가 팥빙수 먹고 싶다고 해서 팥빙수 먹으러 갔는데..」

여자와 남자의 옆 테이블에 아들과 아빠가 앉아 있다.
팥빙수를 거의 다 먹었다.

아들「아빠는 팥빙수 안 좋아해? 내가 다 먹었네.」

아빠「좋아하는데 자몽 들어가서 맛없다. 정품아.. 아빠랑 엄마 이혼할 거야.」

아들「... 그럴 줄 알았어. 그럼 나는?」

아빠「아빠는 다른 아줌마랑 재혼할 거야. 우리 함께 살까?」

아들「...」

아빠「아들...아빠도.. 엄마랑 살면서.. 힘들었어.. 너한테 정말 미안해..」

아빠가 자리에서 일어나 카페 밖으로 나간다.
엄마가 들어와 앉는다.

아들「아빠 너무 싫어.」

엄마「다른 아줌마랑 결혼해서?」

아들「엄마 외롭게 만들고 힘들게 해 놓고 아빠가 엄마랑 살면서 힘들었다고 하잖아.」

엄마「엄마도 아빠가 엄마랑 살아서 힘들었을 것 같은데?」

아들「왜?」

엄마「엄마가...... 마음의 문을 안 열었으니까... 아빠를 사랑하지 않았으니까.」

아들「엄마가 아빠를 사랑하지 않았다고?」

엄마「응... 엄마가 아빠를 너무 외롭게 만든 것 같아..」

아들이 자리에서 일어나 카페 밖으로 나간다.

아빠가 들어와서 자리에 앉으며 이혼 서류를 내민다.

아빠「초롱아.. 여기..」
엄마「응.. 알았어.」
아빠「정말 네가 예전에 말한 것처럼 우리 평화롭게 이혼하네..」

엄마의 눈에 눈물이 맺힌다.

엄마「오빠 처음 만났을 때, 나 정말 힘들 때였어. 오빠가 정말 잘해 줬잖아. 의지하고 싶고.. 다 잊고 싶었어. 그러지 말았어야 했는데. 오빠랑 결혼해야겠다고 결심했을 때, 만약 오빠가 다른 여자가 좋아서 떠난다고 하면 혹시 그러면 보내줘야겠다 그럴 정도로 오빠에게 고마웠어.. 오빠, 여자 많았잖아... 그래서 언젠가 오빠가 날 떠나겠지 하고 생각했나 봐.」
아빠「넌 내가 원망스럽지도 않아?」
엄마「원망스럽지 않다면 거짓말이지.. 그런데 나도 오빠랑 처음 만났을 때, 남자친구 있었어.. 오빠랑 사귀게 되면서 남자친구한테 전화해서 좋아하는 사람 생겼다고 바람피워서 미안하다고 말하고 헤어졌던 거야. 오빠.. 남자와 여자가 만나서 헤어지는 거 자연스러운 거잖아... 우리 누구 탓도 하지 말자.」
아빠「그랬구나..」
엄마「품이랑 나는 외할머니 집으로 갈 거야. 오빠 사업 때문에 여기서 살았던 거니까..」

아빠「왜 멀리 가려고.. 품이랑은 자주 연락하고 그렇게.」
엄마「그래, 그렇게 해 줘.」

엄마와 아빠가 일어나서 카페를 나간다.
남자와 여자는 계속 대화를 나누고 있다.

여자「그럼 어머니는 이혼하시고 계속 혼자 사셨어?」
남자「나랑 엄마랑 할머니네 집에 내려가고 몇 년 후에.. 재혼하셨어. 저번에 만났던 석태 아저씨 있지? 그 아저씨야.」
여자「아.. 그 파란색 모자 쓰신 분!... 오빠는 아저씨랑 살 때 어땠어?」
남자「음....석태 아저씨랑... 행복했어. 내 인생에서 가장 행복했던 시절이라면 그때지 아마. 그런데 알고 보니 석태 아저씨랑 엄마랑 옛날에 만날 때 안 좋은 일이 있었더라고.. 나도 나중에 듣고 정말 놀랐어.. 엄마가 고등학교 졸업하고 아저씨랑 동거하다가 아저씨가 군대 간 사이에 임신을 한 거야. 아저씨는 정말 기뻐했는데... 엄마한테 할머니가 억지로 낙태시켰다는 얘기를 듣고 군대 탈영해서 할머니 집에 불을 질렀나 봐. 그래서 할머니가 돌아가셨고, 아저씨는 방화범으로 감옥에서 살다 나오셨대.」
여자「그럼 지금 시골에 계신 할머니는 누구야?」
남자「그분은 외증조할머니야.」
여자「석태 아저씨가 외할머니 돌아가시게 했는데 오빠 엄마는 그래도 결혼하신 거네?」

옆 테이블에 초롱과 군복을 입은 석태가 앉아 있다.

초롱 「어떡해 석태야, 나 임신했어..」

석태는 초롱의 손을 잡는다.

석태 「정말? 뭘 어떡해, 좋은 일인데. 너무 좋다. 우리 닮은 아기가 태어나다니..」
초롱 「준비도 안 됐고 너무 갑작스럽잖아..」
석태 「내가 군인만 아니었으면 좋았을 텐데.. 초롱아 조금만 기다려 줘.」
초롱 「엄마는 낙태하라고 그래..」
석태 「우리 낳자, 나 좋은 아빠 할 수 있어.」
초롱 「그래... 우리 잘 키워 보자.」

석태가 카페 밖으로 나가자 그 자리에 초롱의 엄마가 앉는다.

엄마 「낙태하자.」
초롱 「엄마, 석태가 얼마나 좋아하는데.. 우리 낳아서 키우기로 했어.」
엄마 「엄마가 너 어떻게 낳았는지 알아?」
초롱 「그래, 이제 와서 좀 들어 보자. 내가 어떻게 태어났는지..」

엄마 「나도 너처럼 고등학교 졸업하고 남자친구랑 연애하다가 임신했어. 남자친구한테 임신했다고 말하니까 낙태하자고 하더라. 엄마는 싫다고 했지 낳을 거라고.. 그랬더니 나랑 결혼할 생각이 없대. 엄마는 네가 배 속에 있는데 차마 지울 수 없었어. 그래서 남자친구랑 헤어지고 널 낳았어..」

초롱 「난 엄마처럼 낳아 놓고 버려두지는 않을 거야. 힘들어도 내가 키울 거야.」

엄마 「엄마는 널 지켰어, 널 지켰는데 사는 게 너무 힘들더라.. 대학도 다니고 연애도 하고 싶었어. 예쁜 옷도 입어 보고 놀러도 다니고 싶었는데.. 널 키우면서 내가 사라지는 것 같고 벌받는 것 같더라.. 그래서 떠났던 거야. 널 할머니에게 보내기까지 매일 밤 울면서 고민했어.. 어떤 선택을 해도 난 평생 후회할 거니까.. 엄마가 원망스럽지?」

초롱 「어, 원망스러웠어.. 십 년 넘게 할미랑 컸는데 중학생 돼서 할미가 엄마랑 같이 살라고 가라고 하는데 정말 가기 싫더라..」

엄마 「지금이라도 엄마 노력할게.. 초롱이 엄마로.. 아이는 낳아서 잘 키워..」

엄마가 자리에서 일어나 카페 밖으로 나간다.
초롱은 힘없이 천천히 자리에서 일어난다.
초롱는 간호사가 앉아 있는 테이블로 가서 앉는다.

초롱 「저.. 낙태하려고 왔어요..」
간호사 「여기 수술 동의서 써 주세요.」

간호사가 자리에서 일어난다.
그 자리에 석태가 심각한 표정으로 앉는다.

초롱「엄마가..... 억지로 낙태시켰어.. 미안해 석태야..」
석태「....내 아이를 죽였어..」
초롱「아니야, 그렇지 않아.. 석태야, 너무 미안해..」

석태는 절망스러운 표정으로 자리에서 일어난다.
석태는 카페 구석에 있는 장식용 집으로 걸어간다.
그는 주머니에서 라이터를 꺼내 집에 불을 붙인다.
카페에 있는 사람들이 불이 났다고 소리치며 밖으로 나간다.
석태는 힘없이 천천히 카페 밖으로 나간다.
겁에 질린 표정의 초롱과 슬픔에 잠긴 외할머니가
검은 상복을 입고 카페에 들어와서 앉는다.

초롱「할미.. 내가... 엄마를 죽였어..」
할머니「초롱아, 그게 무슨 말이냐..」

초롱이 눈물을 뚝뚝 흘린다.
찻잔을 잡고 있는 손이 떨린다.

초롱「할미, 내가 낙태한 건데.. 내가 낙태한 건데... 내가 내 발로 산

부인과 가서 낙태한 건데... 내가 석태한테 엄마가 억지로 시켰다고 거짓말했어... 그래서 석태가 화나서 엄마 집에 불 지른 거야... 할미.. 내가 낙태했다고 하면 석태가 떠날 것 같았어... 그래서 거짓말한 건데.. 석태가 불을 질렀어... 엄마가 아기를 죽였다고 말하면서.. 석태는 엄마가 죽을 거라고 생각 못 했대.. 나 어떡해 할미...」

　할미가 손녀의 떨리는 손을 잡으며 눈물을 흘린다.

　할머니 「초롱아.. 아가.... 네가 임신한 것도 그래서 낙태한 것도, 석태한테 미안해서 거짓말한 것도, 석태가 화나서 불 지른 것도, 엄마가 죽은 것도 네 잘못이 아니니 죄책감일랑 갖지 말거라.. 누구나 처음 사는 인생 실수투성이지. 이 할미도 내 딸도 석태도 그냥 그렇게 된 거여... 살다 보니 그렇게 된 것뿐이여... 누구를 원망할 것도 자책할 것도 없다.」

　외할머니와 초롱이 힘없이 자리에서 일어나 밖으로 나간다.
　석태가 죄수복을 입고 카페로 들어온다.
　석태가 입은 죄수복을 보고 사람들이 숙덕거리며 쳐다본다.
　석태가 고개를 떨구며 자리에 앉는다.
　초롱이 카페로 들어와서 석태 맞은편 자리에 앉는다.

　초롱 「얼굴이 편해 보이네..」
　석태 「벌써 여기 온 지 오 년이야.. 초롱이 너도 이제 면회 그만 와..」

요정할미

초롱「석태야.. 나 오늘 너한테 할 말 있어..」

석태「뭔데?」

초롱「사실.. 엄마가 억지로 낙태시킨 게 아니라 내가 낙태한 거야. 엄마는 낳아서 잘 키우라고 했었어. 거짓말해서 미안해..」

석태「왜 그랬어? 왜! 도대체 왜!」

초롱「임신은 다시 하면 된다고 생각했어.. 나, 할머니 손에 십 년 넘게 큰 거 알잖아. 그래서 무서웠어. 나도 엄마처럼 아이 낳고 벌받는 것 같을까 봐. 넌 군대에 있었잖아.. 나 혼자 얼마나 무서웠는지 알아? 엄마랑 함께 살고 있는데도 늘 불안했어..」

석태「어떻게 나와 한마디 상의 없이 결정할 수 있어!」

초롱「네가 내 마음을 어떻게 알겠어..지금도 이렇게 화내잖아. 너에게 정말 미안해...그래서 내가 하고 싶은 말은 우리 둘 다 잘못했어.. 난 지금도 어떻게 감당해야 할지 모르겠어.. 엄마가 죽은 것도.. 네가 감옥에 있는 것도...」

석태「난 어머니를 위해 기도하면서 봉사하면서 살려고 해.. 사람을 살리는 일을 하고 싶어...어머니의 죽음이 헛되지 않도록.. 평생 사죄하면서 그렇게.. 그러니까 초롱이 너도...」

초롱「나 곧 결혼해..」

석태「그래.. 초롱아..나 잊고 잘 살아..」

초롱「면회 또 올게.」

석태가 천천히 자리에서 일어난다.

죄수복을 입은 석태가 지나가자 사람들이 쳐다본다.

석태가 카페에서 나간다.

양복을 입은 석태가 카페로 들어온다.

초롱을 보고 웃으면서 손을 든다.

석태가 자리에 앉는다.

초롱「석태야.. 이게 얼마 만이야.. 언제 출소한 거야?」

석태「일 년 전에..」

초롱「잘 지내고 있었지? 하는 일은 잘돼?」

석태「보험이 잘 팔려. 바빠서 정신이 없어. 너는 요즘 뭐 해?」

초롱「난 할머니랑 반찬 가게 같이 하고 있어..」

석태「남편이랑 내려온 거야?」

초롱「아니, 나 이혼했어 석태야. 석태야, 넌 괜찮은 거지?」

석태「나 걱정하지 마, 나 정말 괜찮아.. 너만 생각해.」

초롱「넌 나 떠나지 마.. 언제고 우리 이렇게 만나자..」

석태「너 나 만나면 엄마 생각나고 그러잖아..」

초롱「난 할미랑 있었던 일들은 기억나는데 이상하게 엄마는 기억이 아무것도 안 나.. 엄마랑은 좋은 기억이 없어.. 괜찮아, 정말이야. 그냥 가끔 널 생각하면 그때 아이를 낳았으면 지금쯤 우린 어땠을까? 하는 생각은 해.. 넌 아이를 정말 끔찍이 사랑하는 아빠가 되었을 것 같아..」

석태「초롱아....우리... 다시 만날까?」

초롱「...」

요정할미

석태가 자리에서 일어나 밖으로 나간다.
그 자리에 초롱의 외할머니가 앉는다.

초롱「할미..나 석태랑 다시 만나기 시작했어.」
할머니「그래, 잘했어. 다 잊고 행복하게 살아.」
초롱「할미, 어떻게 잊을 수 있어.. 그냥 안고 살아야 돼.. 세상 사람들이 알면 자기 애미 죽인 남자랑 사는 나쁜 년이겠지..」
할머니「너희 이모도, 할아버지도 모르게 할 테니까, 넌 행복하게 살아서 할미한테 효도해.」
초롱「할미, 정말 할미 떠나기 싫어.. 할미랑 석태랑 품이랑 여기서 함께 살면 얼마나 좋을까..」
할머니「너만 행복하면 돼.. 그걸로 됐어..」

할머니는 힘겹게 자리에서 일어나 밖으로 나간다.
초롱의 아들 정품과 석태가 카페에 들어와 자리에 앉는다.

초롱「정품아, 엄마 고향 친구야.」
아들「안..녕하세요.」
석태「안녕, 정품아. 엄마를 많이 닮았구나. 눈하고 코하고.」
아들「엄마 아들이니까 닮았죠. 아저씨도 엄마 닮았어요?」
석태「나는 아빠 닮았어. 완전 판박이야.」
아들「엄마랑 아저씨는 언제부터 친구야?」
초롱「중학교 때부터 친구야. 사실은 엄마 예전 남자친구야.」

아들「정말 오래됐구나. 엄마 결혼해?」
초롱「아저씨가 같이 살자고 하는데 정품이는 어때?」
아들「엄마 웃는 거 보니까, 같이 살아야겠네.」
초롱「정품아, 우리 이사 갈 거야. 바닷가가 보이는 마을로..」
아들「우와, 그런데 친구들이랑 또 헤어져야 하네... 그건 싫은데 바닷가는 재밌겠다.」
초롱「친구들도 놀러 오라고 하고 그곳에서 다시 사귀면 되지.」
석태「삼촌들도 함께 살 거야.」

남자 두 명이 카페에 들어오더니 석태 옆에 나란히 앉는다.

석태「여기는 앞으로 우리와 함께 살게 될 삼촌들이야 인사해.」
남자1「안녕하세요, 형수님! 안녕, 너 이름이 뭐니?」
아들「정품이라고 합니다.」
남자1「그래 안녕, 정품아! 이름이 멋있구나. 가품이 아니고 정품! 사람은 자고로 정품을 써야재.」
남자2「안녕하세요, 형수님! 정품아, 반가워. 나이스투미츄.」
석태「우리 바닷가에 내려가서 힘 합쳐서 뭐라도 하기로 했어. 일단 피서객이나 관광객들 상대로 트럭에서 하는 장사를 하려고.」
남자1「형수님, 또 제가 장사 경력 십오 년입니다. 믿어만 주이소.」

석태와 삼촌들, 아들 정품과 초롱이 웃으면서 대화를 나눈다.
앞 테이블의 남자와 여자는 아직도 기나긴 대화를 나누고 있다.

여자「바닷가에서 석태 아저씨하고 삼촌들하고 뭐 했어?」
남자「바닷가에서 수영도 자주 하고 낚시도 하고 너무 재밌었어, 하루하루.」
여자「어머니가 오빠 고등학교 때 돌아가셨다고 했나?」
남자「응.. 나 고등학교 2학년 여름에. 아저씨 한창 바빠서 집에 없을 때, 나도 친구들이랑 축구하고 있을 때... 그때.. 우리 엄마 자살했어..」
여자「뭐? 자살? 갑자기 왜 그러신 거야?」
남자「나중에 듣기로는 엄마 이모가 엄마랑 아저씨가 결혼한 걸 알게 돼서 집에 찾아왔었대..」

옆 테이블에 초롱이 앉아 있다.
엄마의 여동생인 초롱의 이모가 화난 얼굴로 자리에 앉는다.

이모「초롱이 너 제정신이니? 어디 이런 미친년이 다 있어?」
초롱「...」
이모「언니 집에 불 지르고, 언니 죽인 놈이랑 사는 네가... 딸이야?」
초롱「이모, 그건 그냥 사고였어. 내가 석태한테 물어보지도 않고 낙태했는데 석태가 이 사실 알면 나 떠날까 봐.. 엄마가 억지로 낙태시켰다고 거짓말했더니 석태가 화나서 불 지른 거야.. 석태도 엄마가 돌아가실 줄은 몰랐다고 했고.. 석태 화나게 한 건 나니까 다 내 잘못이야.. 날 욕해...」

이모「헤어져, 헤어져! 우리 언니 내놔, 우리 언니 살려내! 언니가 널 어떻게 키웠는데, 네가 이러면 안 되지! 불쌍한 우리 언니.. 언니.. 흐흑」

초롱「이모, 엄마가 무슨 날 키워... 할미가 키웠지..」

이모「언니가 너 세 살 때까지 혼자 키웠어.. 나도 가끔 널 돌봐 줬고. 언니가 너 임신하고 어떤 말까지 들었는데.. 남자친구도 언니한테 결혼할 여자는 아니었다는 말까지 하고 남자애 가족들까지 찾아와서 낙태하라고 나중에 아이 핑계로 돈 뜯어내려고 하는 거 아니냐고 온갖 악담을 퍼붓고 가더라.. 그래도 너 낳겠다고, 아이 스트레스받으면 안 된다고 말했던 사람이야. 그렇게 어려운 상황에서 태어난 게 너야. 그런데 너 낳고 키우면서 언니 우울증이 점점 심해졌어. 보다 못한 할머니가 너를 돌봐 주시겠다고 했던 거야.. 십 년 넘게 널 키우지는 못했지만 나중에 결혼하고 엄마 노릇 한다고 너랑 살았잖아. 이십 년 중에 육 년만 키웠다고 널 키우지 않았다고 말할 수 있니? 어쩔 수 없었던 거야. 그랬던 상황이야..」

초롱「이모, 내가 정말 잘못했어. 용서해 줘... 미안해, 정말 미안해.. 흐윽.. 이모.. 나도 석태랑 헤어지려고 했어.. 그런데 안 돼. 석태 없으면 안 되는 걸 어떡해..」

이모가 눈물을 흘리며 카페 밖으로 나간다.
초롱이 풀린 눈으로 비어 있는 의자를 바라보며 말한다.

초롱「제가 죽어 이 세상에서 사라지면 저의 죄도 사라질까요.. 목숨을 희생 삼아 없어질 잘못이라면 지금이라도 당장 죽고 싶어.. 그런데 죽어도 사라지지 않으면요, 저를 옥죄어 오던 죄책감이 저를 끈질기게 뒤쫓아 오면요.. 그래서 도망쳐도 앞서가서 저를 기다리면요? 그가 노려보고 추궁하면 저는 어디로 가야 할까요? 저는 스스로 목숨을 끊었으니 용서해 주면 안 되겠냐고 말했죠. 하지만 그는 말했어요. '난 너의 죗값을 너의 목숨으로 용서해 준다고 말한 적 없어. 네가 죽은 건 그냥 도망치고 싶었던 거잖아, 아니야?' 저는 아이를 낙태했습니다. 하지만 저에게 사람을 죽였다고 말하는 사람은 없어요. 하지만 석태는 낙태한 저에게 '자신의 아기를 죽였다'고 말합니다. 하지만 저는 감옥에 가지 않았어요. 석태는 집에 불을 질렀고 엄마가 돌아가셨습니다. 사람들은 석태에게 살인자라고 말해요. 여자친구의 엄마를 죽인 사람. 석태는 십오 년 동안 감옥에 있었습니다. 그는 충분히 죗값을 받았습니다. 하지만 사람들은 여전히 석태가 불행하길 원합니다. 그가 어떻게 되길 바라는 걸까요? 사랑하는 사람들을 떠나 홀로 죽음의 문턱으로 걸어가길 바라는 걸까요? 그가 어떻게 되길 바라는 걸까요? 스스로를 자해하며 매일 울고 고통 속에서 몸부림치길 바라는 걸까요? 인생은 무엇일까요? 실수하지 않고 티끌 없이 완벽한 사람들이 서로의 무고함을 뽐내며 타인의 멸망을 바라는 걸까요? 저는 어떻게 해야 할까요? 저와 석태는 앞으로 어떻게 살아야 할까요? 누가 알려 주세요. 저에게 제발 말해 주세요.」

초롱은 의자에서 일어나 테이블 위로 올라간다.
스스로 목을 조르고 테이블 위에 눕는다.

할머니가 들어와서 눈물을 흘리며 대성통곡한다.

할머니 「아이고, 내 손녀 초롱아. 초롱아, 죽으면 안 된다. 너마저 떠나면 이 할미는 어떻게 살라는 거냐. 초롱아, 초롱아 안 된다. 아가야, 안 된다. 이리 가면 안 된다. 나도 같이 가야 한다.」

할머니는 울다 지쳐 곡하듯 낮게 읊조린다.

할머니 「초롱아..기억나냐? 할미가 너 요정 해 준다고 했잖여. 네가 그랬잖여 요정들은 소원도 들어주고 못하는 게 없다며. 이 할미가 우리 초롱이 살려 줄게. 이 할미만 믿어.. 우리 초롱이는 잘못한 게 없습니다. 바람피운 초롱이 남편도 잘못한 게 없습니다. 불 지른 석태도 잘못한 게 없습니다. 자식 못 키운 우리 딸도 잘못한 게 없습니다. 우리 딸이랑 결혼 안 해 준 초롱 아빠도 잘못한 게 없습니다. 하느님, 저도 석태 용서하겠습니다. 아니, 용서할 일도 아니지요. 원망하지 않을 테니 우리 초롱이도 원망받지 않게 해 주세요. 부처님, 저는 파리를 때려잡고 닭을 잡아서 삼계탕을 해 먹습니다. 살아 있는 생명은 귀하지 않습니까. 초롱이가 낙태해서 죄인이면 저도 피장파장 죄인입니다. 부처님, 저는 저번에 오토바이를 타고 가다가 모르고 개구리를 밟았습니다. 우리 딸도 그렇게 실수로 죽은 것 아닙니까. 우리는 모두 죄인입니다. 하느님 부처님, 저희 초롱이를 지켜 주세요. 초롱이는 이미 이십 년 전에 엄마와 함께 죽은 겁니다. 이미 죽어 있는 아이였습니다. 살아 있어도 산 게 아니지요. 목숨이 붙어 있다고 다 살아 있는 생명입니까? 그렇지 않습니다. 지금까지 죽어 있던 우리 초롱이 이제 살려 주세요. 그동안 충분히 괴로워하고 아파했습니다. 그러니까 부디 이제 다 잊고... 행복하게 해 주세요. 어여쁜 내 손녀 행복하게 해 주세요. 보호해 주세요. 비나이다 비나이다 비나이다 비나이다.」

테이블에 누워 있던 초롱이 일어난다.
할머니는 초롱이 일어난지 모르고 계속 기도한다.
초롱이 카페 구석에 있는 서랍을 열어 앨범을 꺼낸다.
자리로 돌아와서 앨범을 열어 본다.
앨범에는 초롱의 아기 때 사진과 엄마의 일기가 들어 있다.
초롱은 일기를 읽으며 눈물을 흘린다.
옆 테이블에는 엄마가 아기 초롱을 안고 앉아 있다.

엄마 「초롱아, 엄마 해 봐 엄마!」
초롱 「엄..마?」
엄마 「나 누구라고?」
초롱 「엄..마? 맘..?」
엄마 「우리 딸 완전 천재네. 하나를 알려 주면 둘을 안다니까.」

엄마가 행복하게 웃고 아기도 웃는다.
초롱이 아기와 엄마를 바라보며 눈물을 흘린다.
초롱은 엄마에게 다가가 엄마를 꼭 안아 준다.
전남편을 안아 준다. 석태를 안아 준다.

한 번도 만난 적 없는 아빠도 안아 준다.
마지막으로 울고 있는 할머니 곁으로 가서
할머니의 눈물을 닦아 주고 할머니를 꼭 안아 준다.

모두 한자리에 앉아 잔을 들고 건배한다.
석태와 엄마, 초롱은 어깨동무를 하고 함께 노래 부른다.
정품은 아빠와 춤을 춘다.
삼촌들은 탬버린과 피아노를 친다.
할미는 꽃잎을 뿌린다.

예쁨주의

눈을 감고 마음의 소리를 듣기 시작했을 때,
심장은 생소한 혼란을 느꼈다. 나는 누구지? 너 누구니?

1
재미 이야기

#1 미美의 탄생

초등학교 때 인기 많았던 친구들은 당연히 잘생기고 예쁜 아이들이었다. 나도 당시에 상록이라는 아이를 좋아했다. 똘똘해 보이는 눈망울과 하얀 피부, 공부면 공부 운동이면 운동 못하는 게 없었다. 그런데 상록이는 우리 반에서 가장 예뻤던 초희를 좋아했다. 초희를 좋아한다고 당당하게 말하는 상록이를 보며 나도 초희처럼 상록이의 관심을 받고 싶었다. 초희처럼 예뻐지고 싶었다. 나는 매일 밤마다 두 손 모으고 기도했다.

재미「하느님, 계시다면 저의 소원을 들어주세요. 예뻐지고 싶어요.」

단짝 혜원이가 밥 먹기 전에 기도하는 모습을 보고 흉내 낸 것이다. 교회 근처에 가 본 적도 없는데 얼마나 간절했으면 그랬을까 싶다. 무모하리만치 순진하게 기도하던 어느 날 꿈에서 천사를 만났다. 천사는 피곤한지 연신 하품을 하며 말했다.

천사「하 졸려, 계속 부르니 안 만나 줄 수가 없네. 하느님이 아이들한테 약하셔서.. 그래 재미야, 예뻐지게 해 줄게. 그런데 이게 너한테 선물이 될지 모르겠어. 미인박명, 경국지색이다 너.」

그러던 어느 날, 나는 정말 예뻐졌다. 하느님이 내 소원을 들어주신 거다. 하느님은 틀림없이 계신 것 같다. 교회에 한 번도 안 간 내 소원도 들어주시는 하느님인데 교회 같은 곳은 안 가도 되는 것 같다. 언니의 말로는 내 외모가 열한 살 때부터 달라졌다고 했다. 가족들은 내 얼굴을 보며 한마디씩 했다.

언니「이재미, 갑자기 왜 이뻐졌냐. 큰고모 얼굴이 보인다.」
아빠「무슨 소리야, 우리 딸 원래 예뻤지. 눈 예뻤잖아.」
엄마「얘가 방학 때 키가 확 크더니 살 빠지면서 코도 오똑해지고 눈도 커진 것 같아.」

거울 속 내 얼굴은 성숙해 보이고 예뻤다. 장난기 넘치는 눈빛의 볼살이 통통했던 여자아이는 마지막 인사도 없이 떠나갔고 나는 내가 그토록 원했던 예쁜 얼굴의 요조숙녀가 되어 있었다. 어느 날 우연히 복도에서 상록이와 마주쳤다. 상록이는 나에게서 눈을 떼지 못했고 나는 상록이에게 인사했다.

재미「상록아, 안녕!」

그런데 상록이는 놀란 표정으로 나에게 아무 말도 하지 않았다. 그렇게 우리는 멀어졌다. 내가 원했던 건 이게 아니었다. 다정한 인사를 하길 원했는데.. 쥐구멍으로 들어가고 싶었다.

#2 고운 꽃이 먼저 꺾인다

나의 열한 살 이전의 기억들은 꽤 단순하고 순박했다. '친구들과 놀이터에서 그네를 탔다.' '수영장에서 수영을 배웠다.' '점심이 너무 맛있었다.' '고무줄놀이를 했다.' 이러한 일련의 단조로운 일상들은 마치 내 삶에 아무런 영양분을 주지 않은 것처럼 느껴지기도 한다. 하지만 분명 나는 친구들과 우정을 나누었고 미소를 지었으며 소소하지만 행복한 나날들로 구슬을 하나씩 꿰고 있었다.

열한 살이 되고 삼월에 새 학기가 시작되었을 때다. 아직도 기억난다. 친구들과 친해지지 않아 낯설었던 교실의 공기가. 아침 자습 시간이었는데, 나는 남자애들이 하는 얘기를 들었다. 아니, 듣고 싶지 않았는데 그냥 들렸다. 그 멍청이들의 대화 소리가.

이야기를 하기에 앞서 나는 나의 신체적 능력을 설명해야 할 것 같다. 난 유난히 귀가 밝았다. 작은 소리도 놓치지 않아서 언니의 비밀을 여러 개 알아냈을 정도로. 언니가 옆집 오빠를 좋아한다는 사실과 산 지 얼마 되지 않은 우산을 또 잃어버린 것도 알고 있었다. 언니가 알면 까무러칠 것이다. 난 절대 음감이 아니라 절대 청감이었다.

분명 그 남자애들은 자기들 목소리가 절대 안 들린다고 생각했을 것이다. 내가 버젓이 듣고 있는 줄도 모르고. 나중에 그 남자애들의 이름을 알았다. 문성훈이랑 김철민. 얘네가 했던 대화는 이랬다.

철민「야, 우리 반에서 이재미, 전효진, 최진아가 예쁘지 않냐?」
성훈「전효진이 제일 예뻐.」
철민「이재미가 더 예뻐.」
성훈「이재미는 약간 귀염상이고, 효진이가 예쁘지. 너 이재미 좋아하냐?」
철민「아니, 예쁘다고.」
성훈「우리 내기할래? 누가 먼저 이재미 꼬시나?」
철민「그래.」

조용한 교실 안에서 몰래 듣는 그 애들의 대화는 소름 끼치도록 스릴 있고 무서웠다. 쌍노무새끼들. 그런데 하느님도 무심하시지 나는 내가 엿들은 이 엄청난 비밀을 며칠이 지나고서야 까먹어 버렸다. 금세 삼총사인 단짝 친구들이 생겨 온 동네를 인라인을 타고 쏘다니느라 그놈들을 생각할 겨를이 없었던 것이다. 생각할 가치가 없는 녀석들이라 내 두뇌에서 자동 세척되어 사라진 것일지도 모르겠다. 하느님은 공평하시다. 절대 청감을 주시고 그 능력으로 알게 된 비밀을 잊어 먹으라고 건망증도 주셨으니.

그러던 어느 날 김철민이가 나에게 쪽지를 보냈다. 편지에는 '재미야, 나 너 좋아해'라고 쓰여 있었다. 내 반응이 어땠는지 아는가? 날 좋아한다는 고백을 처음 들어 봐서 흰 이빨을 드러내며 씩 웃었다. 그리고 문성훈이 나에게 지나가는 말로 좋아한다고 했을 때도 기분이 좋아서 실실거렸다.

그런데 얼마 후, 끔찍한 일이 벌어졌다. 문성훈이 전효민이랑 사귄다는 것이다. 그리고 김철민은 자신의 짝이었던 최연서와 사귄다고 했다. 난 어안이 벙벙했다. 분명 며칠 전에 나한테 고백했던 애들이 다른 여자애들과 사귄다는 것이다. 그러다가 내가 엿들은 비밀이 떠올랐다.

'아, 맞다. 얘네들 나 가지고 내기했지.'

그런데 내가 그 애들이 원하는 별다른 반응이 없었던 것이다. 내가 지들이 고백하면 좋아서 고백이라도 할 줄 알았나? 예상컨대 내기의 타깃이 다른 여자애들로 바뀐 것 같았다. 사귀는 게 내기였다면 둘

다 성공한 것이다. 난 점점 화가 나기 시작했다. 머리에서는 불이 났다.

지금 생각하면 열한 살 남자애들이 동네 양아치 형들한테 배운 것인지 뭔지 모르겠지만 참 조잡하고 비열했다. 여자를 자신의 물건으로 취급하고 농락한 것이다. 도저히 분에 못 이겨서 나는 김철민에게 편지를 썼다. 내가 아는 욕이란 욕은 전부 넣은 '욕 폭탄 편지'였다. 편지에 적은 글을 그대로 옮기지는 못하겠다. 강아지들, 병에 걸린 신, 열여덟 살 아이들, 신발, 미친 아이들과 같은 내용이었다. 편지를 보내고 나서 얼마나 시원하던지. 그 편지를 받아 읽은 김철민은 쪼르르 문성훈에게 가더니 물었다.

철민 「야, 네가 이재미한테 얘기했어?」
성훈 「뭘?」
철민 「이재미가 나한테 욕 써서 편지 보냈어. 네가 말한 거 아니야?」
성훈 「나 말 안 했는데.. 어떻게 알았지?」

도둑이 제 발 저린다고 멍청이들이다. 자신들이 얼마나 떳떳하지 못하고 창피했으면 내가 그렇게 모욕적인 욕을 했는데도 한마디 말도 없다. 나는 편지를 보내고 통쾌했지만 저런 아이들과 사귄다는 여자애들이 참 걱정되었다. 그리고 두 달 후, 문성훈과 전효민은 헤어졌다.

그런데 그 후, 전효민은 세상에서 가장 불행한 여자처럼 보였다. 문성훈과 둘 사이에 무슨 일이 있었는지 나는 알지 못한다. 하지만 문성훈이 비열한 애였기 때문에 효민이가 상처받지 않았을까 하고 혼자 상상했다. 효민이는 우리 반에서 가장 예쁜 친구였다. 문성훈은 예쁜 여자랑 사귀면 자신의 서열이 올라간다고 생각했을까? 단지 예쁘니까 좋아서 사귀고 싶었던 걸까?

푸른 풀밭에 튤립 한 송이가 있었다. 지나가는 제비가「꽃아, 넌 정말 아름답구나! 난 널 좋아해.」하고 말했다. 하지만 튤립은 풀들과 노느라 제비의 말에 귀 기울이지 않았다. 그러자 제비는 그 옆에 있는 백합에게 갔다.「와 꽃아, 넌 정말 아름답구나. 난 널 좋아해.」하자 백합꽃이 대답했다.「나도.」그러자 제비는 백합을 꺾어 둥지로 가지고 갔다.

내가 예뻐지지 않았다면 나에게 이런 일은 일어나지 않았을 것이다. 눈에 띄는 꽃은 누군가의 승부욕과 정복욕을 채워 주는 도구가 될 수도 있다. 그래서 눈 부릅뜨고 허영심 많은 사기꾼을 조심해야겠다고 다짐했다. 생각만 하면 무슨 소용이야, 금방 잊어버릴 텐데. 그리고 초등학교 사 학년이 사귀고 말고 할 게 뭐가 있어, 모두 친구인 것인데. '사귄다'는 표현은 꼭 어른들을 흉내 내는 흉내쟁이들처럼 보였다.

#3 미美의 전쟁

　육 학년이 되어 새로운 친구들을 사귀었다. 나는 얼굴이 예뻤던 혜연이와 짝꿍이 되었고 곧 단짝이 되었다. 혜연이는 도시적인 얼굴에 표정은 항상 도도했다. 나중에 알게 되었지만 학기 초에 반 남자아이들이 혜연이를 남몰래 좋아했었다고 한다. 하지만 시간이 흘러, 혜연이의 성격을 알고는 관심 없어졌다는 이야기도 들었다. 내가 혜연이의 이야기를 할 수밖에 없는 것은 육 학년 때의 일들이 지금의 나를 있게 하지 않았을까 해서다. 지금 생각하면 어정쩡하게 마음이 불편하기만 한 이야기다. 혜연이는 어느 날 갑자기 나에게 말했다.

　혜연「나 유현이 좋아해.」

　그런데 내 짐작으로는 유현이라는 아이가 나를 좋아하는 것 같았다. 당시에는 직감보다 확실한 것만 믿는 나였기 때문에 단지 유현이가 '나를 자주 쳐다보네' 하고 생각했다. 그리고 설사 유현이가 나를 좋아한다고 말했어도 달라지는 건 없었다. 나는 유현이에게 관심이 없었다.

　혜연이와 학교 장기 자랑을 준비할 때였다. 우리는 다섯 명의 친구들과 함께 춤을 연습했다. 유명한 여자 아이돌의 노래를 들으며 춤을 추다가, 노래가 끝나면 테이프를 되감기 해서 다시 춤추기를 반복했다. 연습할 때 들었던 노래 테이프는 혜연이의 것이었는데 어느 날 테이프가 없어졌고 혜연이는 곧바로 나를 의심했다.

혜연「야, 이재미 네가 테이프 가져간 거 아니야?」
재미「내가 왜 가져가?」

혜연이의 어두운 물음에 나는 순진한 표정으로 대답했는데 혜연이는 함께 연습했던 다른 친구들에게 내가 '가져간 것 같다'고 말하며 나를 몰아세웠다.

혜연「이재미, 진짜 네가 가져간 거 아니야?」
재미「나 테이프 집에 많아. 내가 왜 가져가?」
혜연「내가 분명 여기다 뒀는데 없어졌단 말이야.」
재미「나 안 가져갔다고.」

이후 혜연이는 함께 연습했던 다른 친구들에게 내 흉을 봤고 나에게 화를 내며 '나를 따돌렸다. 나중에는 친구들을 앞세워 나에게 화를 내니 어쩔 도리가 없었다. 너무 억울해서 눈물이 났다. 아파도 잘 울지 않는 나인데 억울하면 운다는 걸 알게 되었다.

나는 학교에서 순식간에 왕따가 되었다. 다른 친구를 사귀어도 됐지만 용기가 나지 않았다. 그러던 중 유현이가 유독 나에게 말을 많이 걸었다. 유현이와 이야기를 나눌 때면 유독 혜연이가 심술 난 표정으로 나를 쳐다봤는데 혜연이와 친해진 다른 여자 친구들은 나와 유현이를 보며 말했다.

「이재미가 예쁘니까 유현이가 좋아하나 보다.」

눈치가 안드로메다에 있던 나는 그날 모든 사실을 깨닫게 되었다. 혜연이가 유현이를 좋아하는데 유현이가 나를 좋아해서 혜연이가 질투했구나 하고 말이다. 나는 학교를 마치고 풀이 죽은 얼굴로 중학교 교문 앞에서 언니를 기다렸다. 언니는 멀리서 나를 보며 웃으며 외쳤다.

언니「이재미!」
재미「언니!」
언니「여기서 뭐 해?」
재미「언니 기다렸지.」
언니「너 표정이 왜 그래? 무슨 일 있어?」
재미「언..니...흑흑.」
언니「재미야, 왜 울어?」
재미「혜연이가 내가 테이프 훔치지도 않았는데 훔쳤다..고 말하고 다니..면서 내 욕하고 다녀. 내가 테이프 훔친 거.. 본 적도 없으면서. 나 정말 억울..해.」
언니「뭐 그런 애가 다 있어? 언니가 혼내 줄게, 울지 마. 그런 애들 상종도 하지 마. 너 오늘 친구들이랑 수학 공부하는 날이잖아. 나도 학원 가야 돼. 이따가 집에서 얘기하자.」

재미 「응...」

그날 저녁 이불을 뒤집어쓰고 언니와 이야기했다.

재미 「혜연이 걔가 유현이라는 남자애를 좋아하는데 유현이가 나를 좋아하거든. 그래서 혜연이가 질투 나서 저러는 것 같아.」
언니 「유현이가 널 좋아하는지 어떻게 알았어?」
재미 「걔가 나 맨날 쳐다보고 말 걸고 그러는데, 오늘 어떤 여자애가 '내가 예뻐서 김유현이 나 좋아한다'고 하는 거야. 그래서 알게 됐어. 내가 봐도 그런 것 같기도 하고, 모르겠어.」
언니 「혜연이 걔 정말 나빴다. 재미야, 혜연이랑 이야기해 보는 건 어때? 더는 그렇게 행동하지 못하게 말이야.」
재미 「나도 말하고 싶은데 걔가 하도 뭉쳐 다니니까, 애들이 무서워서 말을 못 하겠어.」
언니 「걔는 얼굴은 예쁘게 생겨 가지고. 재미야, 너 어떡하냐.. 정 힘들면 담임 선생님께 말씀드려 봐. 계속 이러면 학교 다니기 정말 힘들 것 같아.」
재미 「에휴, 아까 수학 공부 같이 하는 지영이랑 주현이가 교실에 와서 도와주겠다고는 했어.」
언니 「정말? 잘됐네. 지영이 걔 똑 부러지잖아.」

다음 날 학교 점심시간에 지영이랑 주현이가 교실로 왔다.
우리는 혜연이를 불렀다.

지영「네가 재미가 테이프 훔쳤다고 말하고 다닌다며? 왜 거짓말하고 다녀?」

혜연「거짓말 아니고 진짠데?」

지영「너 재미가 테이프 훔치는 거 봤어? 왜 증거도 없으면서 재미한테만 그러냐고. 다른 애들이 훔쳐 갔을 수도 있잖아.」

혜연「가져가는 거 내가 봤어.」

재미「가져간 적이 없는데 어떻게 봐? 너 계속 나 의심만 했잖아.」

혜연「봤다고, 네가 그때 가방에 넣은 거 분명 내 테이프야.」

어느새 반 아이들이 우리 주변으로 몰려왔다.

지영「너 재미 집에 음악 테이프가 얼마나 많은 줄 알아? 재미 아버지가 음악 좋아하셔서 수집하시거든. 그래서 재미한테도 테이프 많이 사 주셨어. 재미가 뭐가 아쉬워서 테이프를 훔치겠어, 안 그래? 집에 굴러다니는 게 테이프야.」

혜연「……. 봤다니까.」

지영「거짓말하지 마. 그리고 확실하지도 않은데 반 애들한테 말하고 다니지 마. 너 듣자 하니 재미 좋아하는 남자애를 네가 좋아한다면서? 그래서 질투 나서 그러는 거 아니야?」

그러자 혜연이 옆에 있던 다른 여자애가 끼어든다.

여자애1 「혜연이도 예뻐서 남자애들한테 인기 많아.」

지영 「그런데 예쁜 혜연이가 좋아하는 남자애가 재미를 좋아하니까 질투할 수 있지. 이런 식으로 김혜연 말만 듣고 재미한테 그러지 않았으면 좋겠어.」

여자애2 「우리가 뭐 어쨌다고 그래.」

재미 「나 안 훔쳤어. 혜연이가 거짓말하는 거야.」

지영 「점심시간 이제 끝나니까 갈 건데, 야 김혜연 계속 그런 식으로 하고 다니면 나도 가만 있지 않을 거야. 가자 주현아.」

며칠이 지난 뒤, 지영이와 주현이네 집에서 만났다.

지영 「재미야, 괜찮아?」

재미 「안 괜찮아. 빨리 겨울 방학해서 학교 안 갔으면 좋겠어. 예전에는 혜연이가 거짓말하고 다녀서 나를 싫어한다고 생각했는데 요즘은 애들이 그냥 나를 싫어하는 것 같아. 내가 왜 싫어? 난 나 좋은데.」

주현 「요즘도 혜연이가 너 심술 나서 쳐다봐?」

재미 「응.」

주현 「그 남자애 잘생겼어?」

재미 「음.....괜찮게 생겼어. 잘생겼나? 난 상록이 같은 얼굴이 좋더라.」

주현 「걔 이름이 뭐야?」

재미 「유현이」

주현「최유현?」

재미「응, 너도 유현이 알아?」

주현「재미야.. 넌 공공의 적이야.」

재미「왜?」

주현「걔는 만인의 연인이기 때문이지.」

재미「걔가 왜 만인의 연인이야?」

주현「재미야, 왜 저번에 말할 때 남자애 이름은 말 안 했어?」

재미「굳이 이름을 뭐 하러 말해. 내 얘기만 해도 정신없고 억울한데.」

지영「최유현이 누군데?」

주현「재작년에 전학 온 애라서 유명하진 않은데 여자애들이 엄청 좋아한다고 들었어. 설마 걔인 줄은 몰랐지. 난 재미가 그렇게 예쁘다는 생각을 안 했거든. 뭔가 귀엽게 생겼지. 설마설마했는데.」

지영「그럼 반 여자애들이 짝사랑하는 애가 재미를 좋아하는 거네. 야, 이재미 이제야 애들이 왜 그러는지 알겠다. 눈치도 없는 이재미, 주현이가 몰랐어 봐. 계속 '애들이 왜 저러지?'하면서 훌쩍거리고 있었겠네.」

재미「그럼 주현이 네 말대로라면 인기 많은 최유현이 나를 좋아하는데 나를 좋아하는 이유가 이뻐서... 그럼 내가 지금 학교에서 왕따를 당하는 이유는 내가 이뻐서?」

지영「그렇지. 너 걔가 학기 초부터 쳐다봤다며.」

재미「응.」

지영「그럼 너한테 첫눈에 반한 거야.」

재미「못생기게 하고 다니면 최유현이 나를 안 좋아하게 될 거고 그럼 여자애들이 나랑 놀아 줄까?」

지영「재미야, 그건 좀.. 너희 반 여자애들 인성에 문제가 있는 것 같아.」

주현「재미야, 힘내. 조금 있으면 방학이잖아.」

재미「그 조금이 한 달이나 되잖아. 내가 너희 만나서 반가워서 웃고 있는데 학교에서는 얼마나 애들 눈치를 보고 있는데.. 상록이한테 잘 보이려고 예뻐지고 싶었는데 상록이는 나를 거들떠도 안 보고 엉뚱한 애들이 좋아하기나 하고. 나 정말 조금만 참으면 되겠지? 유현이가 학교에서 계속 말 걸고 그러는데 어떡하지?」

주현「글쎄...걔도 네가 많이 좋은가 봐.」

재미「내가 최유현한테 너무 잘해주나 봐. 좀 쌀쌀맞게 대하면 최유현이 나 싫어하지 않을까? 그러면 여자애들도 질투 그만할 거고.」

나는 다음 날 유현이에게 일부러 차갑게 대했다. 무엇을 물어보면 단답형으로 대답하고 딱딱한 고목나무처럼 고개를 빳빳이 들고 거만한 척 연기를 했다. 속으로 원망을 많이 해서 어쩌면 연기는 아니었을 것이다.

'너 때문에 내가 이렇게 된 거야.'

이러면 분명 유현이가 나를 좋아하지 않을 것이고 반 여자애들에게 질투받지 않을 거라고 생각했다. 그런데-

여자애1 「이재미 봐 봐. 어떻게 유현이가 자기 좋아하는 거 알면서 저렇게 행동하냐? 유현이 불쌍하다.」
여자애2 「이재미, 인성 봐. 저질이야.」

나는 점점 고립되고 있었다. 나는 정말 유현이의 마음에 크나큰 상처를 준 것일까? 유현이는 나를 정말 좋아하고 있을까? 나를 좋아하는 애에게 내가 너무 잔인한 건가? 나는 정말 나쁜 사람일까? 내가 예쁘지 않았다면 유현이는 나를 정말 좋아했을까? 유현이는 내 얼굴을 감상하듯 바라보곤 했다. 걔는 내 얼굴을 좋아할 뿐인데- 다시 억울해졌다. 절망의 소용돌이를 휘휘 도니 겨울 방학이 시작되었다. 나는 이불을 뒤집어쓰고 언니와 대화를 나눴다.

재미 「언니... 나 좋아하는 애한테 나 안 좋아하게 하려고 쌀쌀맞게 대했는데 반 여자애들한테 욕먹었어. 내가 잘못한 것 같아. 그렇지만 나도 억울해... 유현이는 단지 내가 예뻐서 좋아하는 건데..」
언니 「남자애가 네 얼굴이 예뻐서 좋아할 수도 있는 건데 그렇다고 그렇게 하지는 말지 그랬어. 상처받았겠다.」
재미 「나도 지금은 유현이한테 미안해... 후회 중이야. 상록이는 나한테 관심도 없는데 괜히 예뻐졌어. 다시 원래대로 돌아갔으면 좋겠다.」
언니 「너도 많이 힘들었겠다. 예뻐서 힘들 수가 있다니 놀라워라.」
재미 「나 결심했어. 중학교 가면 못생기게 하고 다닐 거야.」

#4 호박의 저주

다행히 중학교는 함께 초등학교를 다녔던 친구들이 거의 없는 곳으로 배정되었다. 엄마와 교복을 사러 교복 가게에 갔다가 시력이 나빠진 척 연기를 했다. 나는 연기력이 점점 늘고 있었다. 생활 밀착형 연기의 달인 이재미.

재미「엄마, 나 요즘 간판 글씨도 잘 안 보이고 시력 검사를 해야 할 것 같아.」

그렇게 장만한 촌스러운 뿔테 안경. 짧은 단발머리에 안경을 낀 나는 누가 봐도 안 예뻤다. 나는 자유를 꿈꿨다. 눈부신 외모를 보고 첫눈에 반한 표정도 경계하는 눈초리도 이제 안녕. 그렇게 나만의 안전장치를 장착하고 학교에 갔다. 그런데 이제는 다른 차원의 고난들이 나를 기다리고 있었다. 학교에서 선생님이 짝꿍과 함께 하는 숙제를 내주셔서 해야 했는데 짝꿍이 조금 이상했다. 뭐랄까, 먹기 싫은 음식을 입에 넣고는 뱉지도 못하고 먹지도 못하는 그런 어정쩡한 표정이었다. 나는 어찌 됐든 숙제는 해야 해서 말했다.

재미「나눠서 조사하는 건 어때?」

그런데 짝꿍이 하는 말이 기가 막혔다.
그의 표정은 한껏 거만했다.

짝꿍「네가 원하는 게 뭐야?」

황당했다. 그는 이렇게 어처구니없는 말을 뱉어 버리고 곧장 교실 밖으로 나갔다. 난 거부당했다는 기분이 들었다. 그리고 그게 시작이었다. 체육 시간에는 내게 심한 욕설을 하는 남자애들도 있었다.

남학생1「떨해 보인다.」
남학생2「존나 찐따 같아.」

치욕스러웠다. 얼마나 무시를 하던지 안경을 벗어 버리고 싶었다. 그럼 '이 남자애들이 나를 대하는 태도가 달라지겠지' 하고 생각했다. 하지만 이내 6학년 때의 일들을 떠올리며 생각을 고쳐먹었다.

나에겐 키가 작고 조용한 '선희'라는 친구가 생겼다. 지금 돌이켜 생각해 보면 선희는 초등학교 때까지 내가 사귀었던 다른 단짝들과는 달랐다. 외향적이고 활동적인 나와는 달리 선희는 꿈이 '집에서 하루 종일 책을 읽는 것'이라고 할 정도로 내향적이고 얌전했다. 당시에는 나의 답답함이 단지 내가 쓴 안경 때문이라고 생각했지만 나의 답답함의 이유는 선희였다. 선희는 무언가 함께 하려고 하면 소극적이었고 그리고 우린 즐겁지 않았다. 선희와 하는 모든 시간이 고루하고 지루할 뿐이었다. 나중에 알았지만 선희는 우울했고 그 우울함은 나에게도 퍼지고 있었다.

언젠가는 선희가 쉬는 시간에 사라져서 다음 수업 시간에도 교실에 들어오지 않은 적이 있다. 나는 점심시간에 밥을 먹지 않고 선희를 찾아 나섰다. 선희는 우리가 자주 가는 공원 의자에 앉아 있었다. 선희에게 왜 이곳에 앉아 있는지 물었지만 선희는 한참이 지나도 대답하지 않았다.

선희「내 뒤에 있는 남자애들이 놀리고 비웃어서.. 앉아 있을 수가 없었어..」
재미「너를 왜 놀리고 비웃는데..?」
선희「몰라.. 내가 움직일 때마다 속닥거리면서 비웃더라고..」

선희는 눈물을 흘렸다. 나는 선희를 보며 생각했다. 선희가 뚱뚱하기 때문에 아이들이 선희를 조롱거리로 삼았다고 말이다. 선희가 한 번도 나에게 자신의 외모에 대해 이야기한 적 없지만 나는 선희의 기분을 알 것만 같았다. 선희는 얼마나 힘들었을까. 선희를 그냥 말없이 안아줄걸 그랬나 보다. 언젠가 버스를 타고 집에 가는데 버스 맨 뒷자리에 나란히 앉은 남자아이들의 대화 소리가 들렸다.

남학생1「난 예쁜 여자애들이 좋아.」
남학생2「못생긴 애들은 우울해서 싫어.」
남학생1「맞아.」
남학생2「그런데 우리 반에 유채민 예쁘긴 한데 성격 안 좋잖아.」

남학생1「그래도 우울한 것보다는 낫잖아.」

나는 창가를 보며 무심코 생각했다.
선희는 못생겨서 우울한 걸까?
선희의 외모가 선희를 소심하고 우울하게 만들었을까?
아니면 우울해진 선희의 성격이 선희를 못나게 만들었을까?
선희가 예뻐진다면 선희는 밝아질까?
선희가 밝아진다면 선희는 예뻐질까?

#5 외모 성적표

이 학년이 되어 나는 결국 아이들의 은근한 무시와 따돌림을 견디지 못하고 안경을 벗었다. 남자아이들은 더 이상 나에게 욕설을 하거나 무례하게 굴지 않았고 여자아이들은 나에게 다정하게 말을 걸었다.

'나는 외모 때문에 대접받는구나.'

친구들의 선의를 순수하게 받아들이지 못해 친해질 수 없었다. 작은 사회였던 학교에서 난 친구들과 다른 생각을 하고 있었고 이러한 나의 생각을 아무한테도 말할 수 없었다. 언니에게도 엄마에게도 말이다. 모두 나를 이상하게 여길 게 분명하다고 생각했다. 언니는 고민할 걸 고민하라고 했을 것이다.

얼마 안 가서 우리 반에는 나를 좋아하는 남자애들이 생겼고 어떤 여자애는 내가 예쁘기 때문에 남자애들이 좋아하는 거라고 말하고 다녔다. 점심시간에 한번은 선배 오빠들 앞을 지나간 적이 있는데 내 외모를 보며 점수를 매겼다.

선배1 「저 정도면 A+ 아니냐?」
선배2 「그러네, 전학 왔나? 처음 봤어.」
선배3 「무슨 소리야 S급이지. 진짜 예쁘다.」

그 선배들은 마치 미인 경연 대회의 고리타분한 심사위원들 같았다. 난 무표정한 얼굴로 그들 앞을 유유히 지나갔지만 평가를 떠나 무언가 침해받았다는 기분을 지울 수 없었다. 그리고 기억해 보건대 한참 안경을 끼고 다닌 일 학년 때는 남자 짝꿍에게 「너 정도면 D+ 정도 되는 것 같다.」는 말을 들었다. 생각해 보니 너무 열불이 나서 딱밤을 한 대 때려 주고 싶네.

그리고 일 학년 때 같은 반이었다가 이 학년 때 같은 반이 된 어떤 남자애가 「이재미, 일 학년 때 찐따였어.」하고 말하고 다녔는데 우리 반 그 누구도 그의 말을 믿지 않았다. 혼란스러운 마음을 떠나 나는 나를 좋아하는 혹은 내 외모를 좋아하는 남자애들에게 최대한 친절하려고 노력했는데 그것은 전적으로 나를 위해서였다. 그들에게 상처 주면 나쁜 애가 된다는 걸 육 학년 때 경험을 통해 알았기 때문이다.

그렇게 나는 중학교를 졸업할 때까지 여자 친구들의 잦은 부러움과 함께 때론 착한 질투를, 때론 나쁜 질투를 받았고 남자 친구들에게는 외모 예찬과 호감을 받았다. 힘들었던 일 학년 때를 생각하면 학교생활은 나쁘지 않았다. 아니, 나는 즐기고 있었다. 나를 쳐다보는 시선과 호감의 표현들을. 운 좋게 태어나서 거저 얻어진, 부모님이 물려주신 혹은 하느님이 들어주신 소원으로 이룩한 호감이었고 믿을 수 없는 애정이었으며 경멸의 시간들보다는 훨씬 나은 시무룩한 평화였다.

#6 배부른 외로움

고등학교에 입학했고 친구들은 나에게 말했다.

「넌 좋겠다. 예뻐서 인기도 많고.」
「네가 너무 부러워.」

길거리를 지나가는 사람들은 나를 보며 예쁘다고 했고 우리 반에서 가장 잘생긴 박인호도 나를 좋아했지만 난 기쁘지 않았다. 나를 미술품 감상하듯 예쁘다고 하는 감탄사와 눈망울들은 마치 내가 그들의 눈에 콩깍지를 씌운 듯 부담스럽고 거짓되게 느껴졌다. 박인호는 지가 좋아하면 그냥 혼자 좋아했으면 좋겠는데 온 동네에 소문을 내고 다녀서 내가 어쩔 도리가 없었다. 일방적으로 던져진 시선. 우리는 서로 어떠한 영혼의 교감도 생기지 않았다.

반 친구들은 나를 보며 「인호가 재미 많이 좋아하나 봐, 친하게 지내.」「인호 어떻게 생각해? 인호가 저렇게 좋아하는데 사귀어.」라고 말했다. 교실에서는 한시도 편한 날이 없었다. 난 사생활이 없었다. 내 일거수일투족은 박인호의 손바닥 위에 있었고, 반 아이들을 총동원해서 나랑 사귈 작정이었는지 애들은 우리 둘이 있도록 자리를 항상 비켜 주었다. 나중에는 둘이 사귀라며 노래를 부르고 박수를 쳤다.

「사귀어라, 사귀어라.」

그러던 어느 날, 나를 찾아온 낯선 감정과 마주 섰다. 처음에는 그의 이름을 알 수 없었다. 알고 있었지만 애써 외면했는지 모르겠다. 그건 외로움이었다. 내가 나 자신에게 솔직하지 못해서 찾아온 친구. 학교 친구들에게 잘 보이고 싶어서 만든 나만의 동굴이었다. 하소연하고 싶었던 것이다. 따지고 싶었던 것이다. 화내고 싶었던 것이다. 박인호에게 이렇게 말하고 싶었다.

「넌 나를 좋아하는 게 아니라 그냥 가지고 싶은 거야. 네가 나를 좋아한다고? 개풀 뜯어먹는 소리 하고 있네. 내가 너였다면 다정하게 말을 걸고 대화를 했을 거야. 주변 애들한테 다 말해서 이렇게 괴롭히지는 않았을 거라고. 너같이 허세 부리는 애들, 내가 제일 싫어하는 타입이니까 제발 꺼지라고.」

반 아이들에게는 이렇게 말하고 싶었다.

「내 일거수일투족을 박인호에게 전달하지 않았으면 좋겠어. 내가 마치 실험용 쥐가 된 기분이거든. 이런 상황이 정당하다고 생각해? 누군가 날 좋아한다는 이유로 내가 마땅히 누려야 할 평범한 학교 생활을 박탈할 자격은 없어. 내가 왜 박인호랑 사귀어야 해? 박인호가 날 좋아한다는 이유 하나로 박인호는 약자고 관심 없는 나는 강자가 되는 거야? 내가 끝까지 박인호를 안 좋아하면 박인호는 불쌍해지는 거야? 그래서 강자인 내가 이 모든 걸 다 인내하고 받아 주고 참아 줘야 하는 거야? 나는 마냥 행복할 것 같아? 나도 너무 괴로워. 난 박인호가 마치 거대한 악을 만들어서 나를 괴롭히기로 작정한 애 같아. 그러니까 더 이상 그 선의를 가장한 오지랖 좀 그만둬. 너희 때문에 가뜩이나 외로움에 사무치니까.」

#7 예쁜 죄

거대한 외로움이 내 안에 자리 잡기 시작했을 때, 난 이상하리만치 점점 예뻐졌다. 언젠가 복도를 지나가는데 우리 학교에서 꽤 유명한 커플이 복도 맞은편에서 걸어오는 게 보였다. 그런데 남자애가 여자친구 앞에서 나를 뚫어져라 쳐다보는 것이다. 그 모습을 본 여자친구는 기분이 나쁜지 남자친구에게 화를 냈고 그 두 사람은 내 앞에서 말다툼을 했다.

평화로운 저 두 사람을 갈라놓았다는 죄책감이라고 해야 하나. 그들만의 세상에 내가 끼어 '불쾌했다'는 말이 맞을지도 모르겠다. 민망하고 도망가고 싶고 그랬다. 이와 비슷한 상황은 이따금씩 있었는데 나는 그때마다 괴로웠다.

하지만 이런 나의 마음과는 별개로 어떤 여자친구는 남자친구에게서 나를 경계했는지 매번 째려보며 심술이 나서는 친한 친구들과 내 얼굴을 뜯어보며 「코 성형한 것 같다.」고 신나게 말하고 다녔다.

나는 반에서 점점 소외되었고 그녀는 언젠가 화장실에서 만난 나에게 「이재미 공주병」하며 지나갔다. 나는 그녀들의 표정과 비웃음을 아직도 잊지 못한다. 당시에는 나만의 외로움에 빠져 애써 무시했지만 생각할수록 열불이 난다.

#8 시들어 버린 꽃

그때는 몰랐다. 십 대에 겪었던 일련의 일들에 대해 어떻게 생각하고 행동해야 하는지 몰랐다. 애써 나를 다독이며 견뎌 왔던 것이다. 나는 점점 메마르고 있었는데 나에게 물을 좀 줘야 했는데 말이다. 힘들다고 토로하면 맛있는 옥수수 수프를 앞에 두고 맛없다고 투정 부리는 아이 취급당할 거라 지레짐작했다. 예뻐지고 싶어 하는 친구들에게 나의 고민은 그저 남루하게 느껴질 거라 생각하며 입을 꼭 다물었다. 상처받았다고 말하면 분에 넘치는 상처라고 여길 거라 생각했다. 나는 점점 혼자만의 세계에 고립되어 외로움과 고군분투했다.

고등학교 삼 학년 여름, 아빠가 갑자기 돌아가셨다. 사치 같기만 했던 나의 괴로움도 한순간에 잊었다. 아빠가 남기고 간 사랑을 떠올리며 몇 날 며칠을 울기만 했다. 갑작스럽게 찾아온 이별을 믿을 수 없었다. 아빠가 너무 보고 싶었다. 내 심장은 사막이 되었고 오아시스도 선인장도 찾아볼 수 없는 바싹 마른 모래 더미 위에 누워, 마치 모래가 나이고 내가 모래가 되어 버린 것만 같았다. 아무것도 하고 싶지 않았고 학교에도 가지 않았다. 혼자 있고 싶었다.

#9 아름다운 바다

수능 시험이 얼마 남지 않았다.

엄마는 저녁 식사를 하며 물었다.

엄마「재미야, 너 시험은 보는 거지?」
재미「아니, 안 보려고...」
엄마「어떻게 하려고 그래? 아빠가 돌아가신 건 엄마도 슬퍼. 보고 싶고. 그러니까..」
재미「아빠 때문에 그러는 거 아니야. 생각해 봤는데 대학교 가기 싫어. 대학 가서 하고 싶은 게 없네.」
엄마「언니는 뭐 하고 싶은 게 있어서 대학 갔니? 졸업하고 일해서 먹고는 살아야 할 거 아니야.」
재미「천천히 생각하면 안 돼? 아빠가 재밌게 살라고 내 이름 이재미로 지었잖아. 어떻게 하면 재밌게 살지 고민해 볼래.」
엄마「나중에 후회하지 말고 지금부터라도 마음 다잡고 공부해서 시험 봐.」
재미「아니, 시험은 안 봐. 나 방학 때 외할머니 댁에 다녀와도 돼?」
엄마「안 돼.」
재미「그래도 갈 거야.」

내가 여덟 살 때였나. 아빠는 태어나서 얼굴 한 번 본 적 없는 외할머니 집에 가야 한다고 했다. 할머니는 부모님이 결혼하실 때 완강히 반대하셔서 결혼식에도 오지 않으셨다고 한다. 난 할머니가 돌아가셨다고 생각할 정도로 할머니를 잊고 살았는데 만나러 간다고 하니 그 낯선 느낌이 불편했다. 그렇게 자동차를 타고 할머니네 도착해서 차에서 내렸는데- 파도 소리가 들렸다. 나는 파도가 이끄는 대로 걸음을 옮겼다. 그곳엔 에메랄드빛 바다가 있었다.

아름답다.
반했다.
눈을 뗄 수 없었다.

나는 마냥 그곳에 서서 바다를 바라만 보고 싶었다. 바다는 무수한 세월 동안 변함없이 아름다웠을까. 나를 이끈 건 무엇이었을까. 흩어져 있던 마음들이 바다를 보게 된 순간 간절한 소중함을 품고 있었다. 나를 끌어당긴 건 무엇이었을까. 나를 멈추게 한 것은, 나에게 희망을 주고 용기를 불어넣어 준 건 무엇이었을까. 넘실거리는 소금물과 검은 돌들의 고독은 사뭇 진지해 보였지만 여덟 살의 나는 아직 그들의 존재를 눈치채지 못했다.

내가 그렇게 좋아했던 바다-오래간만에 그 바다가 보고 싶었다. 버스를 타고 할머니 댁에 도착하여 할머니께 인사드리고 바닷가로 뛰어갔다. 바다 앞 벤치에 앉아 바다를 바라보았다. 마치 이 세상에 바다와 나만 있는 것 같았다. 그리고 지그시 눈을 감고 파도 소리를 들었다. 시원했다. 겨울이 참 시원했다. 집에서 가져온 카세트를 꺼내 이어폰을 끼고 재생 버튼을 눌렀다. 이 테이프에는 내가 한 살 때 아빠가 불러 준 자장가가 녹음되어 있다.

잘 자라 우리 아기.
사랑해, 우리 딸.
재미있게 살아라.

흐르는 눈물을 닦으며 바다를 바라봤다.

「아빠, 나 너무 지친다. 앞으로 나갈 용기가 없어. 앞으로 어떻게 될지 안 봐도 비디오야. 계속 이렇게 예뻐서 생기는 일들에 둘러싸여 살 순 없어. 아빠, 사람을 때리면 경찰서에 가잖아. 그런데 왜 마음에 상처를 준 사람들은 아무 벌도 받지 않는 거야? 눈에 보이지 않는다고 무시하는 거야? 사람들은 보이는 건 열렬히 환호하면서 보이지 않는 건 왜 애써 모른 척하는 거야? 나도 마음이 하는 말을 애써 무시했어. 보이지 않아서 없다고 생각했거든. 점점 파래지는 것도 모르고. 세상에 좋은 사람도 많다는 거 알고 있어. 상처받은 기억에 파묻혀서 살고 싶지도 않아. 행복과 상처를 받아들이는 법을 안다면 나는 성장한 걸까? 아빠는 매번 나에게 측은하게 생각하라고 했잖아. 그럼 미워지는 사람이 없을 거라고. 나쁜 건 나쁜 거지 왜 측은하게 생각해야 하는지 아직도 모르겠어. 내 머릿속에 공기 청정기가 있다면 나쁜 기억이 들어가서 맑은 기억으로 나왔으면 좋겠다. 아빠, 엄마가 나한테 먹고살 걱정하래. 그래서 내가 아빠가 재밌게 살라고 했으니까 재밌게 살 걱정하겠다고 했지. 엄마는 맨날 나만 보면 한숨 일색이야. 무슨 걱정을 저렇게 선불로 하는지. 엄마 월급으로 나 대학 가는 건 어림없고 나도 다행히 대학 가기 싫어. 바다가 다정하게 느껴져서 오늘 바다를 사랑하게 된 것 같아. 정말 아름다워. 난 아름다운 바다를 사랑하지만 그렇다고 바닷속에 들어가고 싶거나 소유하고 싶지 않아. 등급을 매기고 싶지도 않고. 누군가 바다를 아름답다고 말해도 질투하지 않을 거야. 혹시나 나중에 바다가 추해져도 비난하거나 무시하지 않을 거야. 지금처럼 이렇게 있고만 싶어. 백만 년 만에 느끼는 평화야. 아빠, 잘 있어. 나 배고파서 할머니 식당에 갈래. 바다야, 내일 보자.」

그 순간 나는 외롭지 않았다.
텅텅 비었던 내 마음에 아빠와 바다가 있었다.
나는 사랑하는 법을 배운 걸까.

할머니 식당에 들어가자 해물탕 냄새가 가득했다.
난 해물탕을 한 그릇 뚝딱 먹고 할머니한테 말했다.

「할머니! 나 여기서 일하면 안 돼?」

2
의미 이야기

#1 그녀의 생존 전략

   더운 여름날 외할머니 댁에서 엄마와 할머니, 재미와 함께 뉴스를 보며 과일을 먹었다. 엄마는 저녁 식사 내내 내게 물어보고 싶었지만 꾹꾹 참았던 그 말을 꺼냈다.

  엄마 「의미야, 결과는 나왔어? 어떻게 됐어?」
  의미 「떨어졌어... 나 뭐 먹고살지? 지쳐서 아르바이트도 이제 못 하겠어.」
  재미 「아쉽다..언니.. 힘내.」
  의미 「이게 다 내가 못생겨서야. 뉴스 어디를 봐도 아나운서는 다 예쁘잖아. 성형 수술부터 할걸 그랬나 봐.」

할머니 「안 못생겼어. 성형 수술 그런 걸 왜 하노 예쁜데.」

엄마 「그래, 굳이 성형 수술까지 할 필요는 없어.」

재미 「얼굴도 예쁜데 실력이 있으니까 됐겠지. 얼굴만 예쁘다고 아나운서 하겠어?」

의미 「저기 방송국 사장이 얼굴 예쁜 애들을 그렇게 좋아한대.」

재미 「언니가 하는 말 들으면, 아나운서 되는데 얼굴만 보는 줄 알겠다. 저거 봐 저거 봐 잘하기만 하는구만.」

의미 「실력 있는 애들 중에 예쁜 애들을 고르겠지. 그러니 결국 얼굴이 중요한 거야.」

재미 「예쁜 걸 좋아하는 게 나쁜 거야?」

의미 「나쁜 건 아니지, 예쁜 게 잘못도 아니고. 다만 불공평하다고 생각하는 거지. 부모님이 물려주신 재산처럼 거저 얻어진 외모로 유리한 고지를 선점하는 게 억울한 거지. 아나운서 뽑는데 왜 얼굴을 봐?」

재미 「혹시 우리가 오해하는 것일 수도 있잖아. 실력이 좋은데 우연히 얼굴이 예쁠 수도 있는 거잖아. 옆에 있는 남자 아나운서 봐 봐. 평범한 외모에 아무런 선입견 없이 보잖아. 그런데 단지 아나운서가 예쁘다는 이유로 선입견을 갖는 거잖아. 예쁘다는 이유로 실력까지 은근히 폄훼하잖아 비꼬고. 저 사람이 저 자리까지 가는데 얼마나 많은 노력을 했는지 생각은 안 하고. 단지 들리는 소문에 '사장이 얼굴 예쁜 애들을 좋아한대.'라는 말로 진실을 가리잖아.」

의미 「이재미, 쟤 왜 저래. 별것도 아닌 걸로 흥분하셨어.」

이후 아나운서 지원서만 서른 곳에 넣었지만 다 떨어졌고 나는 성형 수술을 하기로 결심했다. 성형 수술 후, 내 눈은 보란 듯이 커졌다. 나는 예뻐졌고 자신감이 생겼다. 계절이 몇 번 바뀌고 나는 한 방송국의 기자로 취업할 수 있었다. 내가 하고 싶었던 아나운서는 아니었지만 기자를 하다가 아나운서를 해도 좋다고 생각했다. 취업이 되고 나서도 얼굴을 조금씩 고치긴 했다. 그렇게 취재의 보람과 기쁨을 느끼던 어느 날, 내 인생 첫 남자친구가 생겼다. 그는 직장 선배였는데 자상하고 듬직했다. 무엇보다 그는 참 잘생겼다.

#2 주저앉은 심장

우리의 만남은 이것으로 끝났다.
더 이상 그를 만날 수 없다.
아니, 만나기 싫다.

헤어졌다는 사실보다 나를 절망하게 했던 건, 사랑의 낭떠러지 앞에서 뛰어내리며 느꼈던 허무함과 마음의 빈곤함이었다. 그는 내 전부였다. 너무 소중해서 누구와도 바꿀 수 없는 사람이었다. 그런데 이제 그를 위해 내어 줄 수 있는 마음이 쌀 한 톨도 남아 있지 않다. 손바닥 뒤집듯 이리 쉬이 뒤집을 수 있는 마음이라면 애초에 사랑을 한다는 게 참 바보스럽고 하찮게 느껴졌다.

삶을 긍정하며 불렀던 콧노래가 이제는 죽음과 더 가까운 곡소리가 되었다. 속이 시커먼 어느 동굴에서 사나운 이리를 만나 온몸에 생채기가 나서는, 신발 한 짝이 벗겨진 채로 뛰쳐나온 기분이었다. 난 왜 항상 이 모양이지. 제대로 되는 일이 없다. 어디서부터 잘못된 걸까? 어제저녁에 집 앞 공원에서 음악을 들으며 산책하다가 메마른 줄 알았던 눈물이 펑펑 쏟아져 주저앉고 말았다. 위로받고 싶지 않았다. 너무 창피해서 관람객은 나 혼자이길 바랐다.

난 왜 그를 사랑하게 되었을까?

난 아직도 그가 어떤 사람인지 잘 모르겠다. 헤어지는 날 보았던 그의 얼굴은 처음 보는 사람처럼 낯설고 무서웠다. 그날 알았다. 지금까지 내가 그의 껍데기를 사랑했구나 하고. 난 그의 큰 키를 사랑했고 단정한 옷차림을 사랑했고 그의 잘생긴 얼굴을 사랑했다. 나는 장님이 되어 그의 거칠고 비뚤어진 면을 보지 못했고 나에 대한 그의 관심과 다정함만을 기억했다. 우리의 대화는 얄팍하고 옹색했다. 그는 자신의 외모와 옷차림에 지나치게 집착했다. 화려하지는 않았지만 지나친 깔끔함은 그와 다른 모든 것을 부정하고 모욕하고 있었다. 타인을 바라보는 그의 눈빛과 말투는 침묵 속에 외치고 있었다. '너의 옷은 참 보잘것없구나.' 하고 말이다. 난 이제야 그의 진면목을 마주할 수 있었다.

그와 함께했던 시간들을 되돌리고 싶다. 내 인생이 담긴 책의 소중한 한 페이지가 될 줄 알았는데 이제는 파쇄해 버리고 싶다. 아니 가루로 만들고 싶다. 가루로 만들어서 명왕성으로 쏘아 버리고 싶다. 사랑하는 바다와 흙에 뿌리는 것도 해로운 가루다. 나의 창피한 기억을 소중한 지구에 옮길 수는 없으니까.

#3 아름다운 인터뷰

도망치듯 방송국을 그만두었고 몇 달 동안 머리는 산발을 한 채 집에만 있었다. 엄마의 늘어나는 한숨 소리에 심장이 콩닥콩닥해질 즈음 친구 유경이와 카페에서 만났다.

유경「무슨 일 있어? 얼굴이 많이 상했네.」
의미「몸이 안 좋네. 백조가 집에서 뭐 하겠냐..」
유경「잘 다니던 직장은 왜 나왔어? TV에 환하게 웃으면서 예쁘게 나오더만..」
의미「... 너 다니는 신문사는 어때? 다닐 만해?」
유경「그럭저럭.. 생긴 지 얼마 안 돼서 엉망진창이지 뭐... 맞다 너 우리 신문사에 글 연재하는 거 어때? 너 방송국에서 일도 했었고 워낙 영세해서 돈은 많이 못 주는데..」
의미「회사 구할 때까지만 해 보지 뭐. 마침 잘됐네, 고마워.」
유경「고맙기는... 오 예상과는 다르게 덥석 받는데? 뭐 쓰고 싶은 주제가 있어?」

의미 「한 주제에 대해 사람들을 인터뷰하고 생각을 들어 보고 싶어. 지금 하고 싶은 건.. 외모에 대해서야. 요즘 생각이 많네. 결국 나를 위한 인터뷰가 될 것 같아.」

나는 평소에 관심 있었던 사람들에게 인터뷰 요청을 했다. 어떤 이들은 귀찮았는지 바쁘다는 핑계로 인터뷰를 거절했고 어떤 이들은 답장조차 하지 않았다. 하지만 어떤 이들은 기꺼이 시간을 내주었고 글자가 가득 찬 메일을 보내 주었다.

첫 번째 인터뷰_ 플로리스트 서유하

의미 「안녕하세요, 서유하 님이시죠?」
서유하 「네, 안녕하세요!」
의미 「인터뷰에 응해 주셔서 감사해요. 녹음기 틀어 놓고 진행할게요.」
서유하 「네, 편하게 질문하세요.」
의미 「인터뷰 주제는 저번에 말씀드린 것처럼 외모에 관해서예요. 첫 번째 질문이에요. 잘생긴 남자를 좋아한 적 있으세요?」
서유하 「음... 잘생긴 남자를 만난 적은 없는 것 같아요. 그러네요. 초등학교 때도 없었고 여자 중고등학교를 나와서 이성 친구들을 많이 못 만났어요. 아, 저는 좋아하는 남자 아이돌은 있어서 콘서트에 자주 가요.」
의미 「그렇군요. 만약에 좋아하는 아이돌이 평범하게 생겼다면 좋아했을까요?」

서유하 「글쎄요, 평범함의 기준이 모호하지만 좋아하지는 않았을 거예요. 저는 잘생긴 얼굴을 좋아하거든요.」

의미 「잘생긴 얼굴을 보면 어떤 생각을 하나요?」

서유하 「멋있다고 생각하고 볼 때마다 기분이 좋아요. 삶의 활력소예요. 아이돌 없는 삶은 생각조차 하기 싫어요.」

의미 「사람들이 외모로 차별하는 것을 어떻게 생각하세요? 외모로 사회 안에서 차별받는 것에는 어떤 마음이 드시나요?」

서유하 「음.. 누군가를 좋아하는 것은 설레는 일이지만 그와 반대로 외모로 누군가를 비난하거나 차별하는 것은 잘못됐다고 생각해요. 또 사회에서도 외모로 차별받지 않게 노력해야 하고요.」

의미 「자신의 외모에 대해서는 어떻게 생각하세요?」

서유하 「저는 제 얼굴이 좋아요. 객관적으로 예쁘지는 않지만 예뻐지려고 노력하는 형에 속해요. 예쁨을 지향하고 있어요. 아름다워지고 싶은 욕구가 크고 그래서 플로리스트를 하고 있는 것 같아요. 꽃을 보면 기분이 좋거든요.」

의미 「아까 외모로 누군가를 비난하거나 차별하는 것은 잘못됐다고 하셨는데- 그런 생각을 했던 계기가 있었나요?」

서유하 「친구가 스무 살이 돼서 성형을 많이 했어요. 그런데 SNS에서 악의적인 댓글들을 많이 받았거든요. 성형 괴물이라고 하기도 했고 외모를 비하하는 글들이 많았어요. 친구는 어릴 때 부모님과 헤어져서 할머니와 둘이 살았거든요. 할머니가 친구를 많이 사랑하셨지만 친구는 항상 사랑과 관심에 목말라했어요. 상처를 받아도 SNS를 포기하지 못하더라고요. 많이 우울해했어요.」

의미「많이 상처받았겠네요.. 저는 처음엔 취업하려고 성형 수술했어요. 면접에 합격하려면 필요하다고 생각했거든요. 몇 년간 기자 생활하면서 화면에 예쁘게 나오고 싶은 욕심에 성형외과를 찾게 되더라고요. 그런데 한번은 누군가 댓글에 제가 어디 어디를 성형했는지 조목조목 써 놓았는데 기분이 상했어요. 저도 그때 상처받았던 것 같아요.」

서유하「성형한 게 잘못은 아니잖아요. 우리는 모두 예뻐지고 싶은 욕구가 있고요.」

의미「그렇죠. 아름다운 것을 좋아하는 건 본능이라고 생각해요. 지금 생각하면 상처받을 일이 아닌 것 같아요. 제가 잘못한 게 아니니까요. 궁금한 게 있어요. 제 인터뷰에 흔쾌히 응해 주신 이유를 알고 싶어요.」

서유하「음...... 아까 말했던 친구가 두 달 전에 하늘...나라에 갔어요. 요 근래 참 혼란스러운 시간을 보내고 있어요. 저도 친구한테 성형을 부추기는 말을 많이 했거든요. 혹시 제가 친구를 그렇게 만들었나 하는 죄책감이 있어요. 사람들은 예쁘고 잘생긴 것에 열광하지만 못생기거나 뚱뚱한 사람들, 성형했는데 예뻐지지 않은 사람들에게는 그만큼의 무시와 비난이 쏟아지는 것을 보고 무섭다는 생각이 들었거든요. 혹시나 나도 그러지 않았나.. 그리고 오로지 내 시선에서 친구에게 말해줄걸... 하고 뒤늦게 후회했어요. 사회의 시선과 잣대로 친구를 바라봤거든요. 전 친구가 성형하지 않아도 예뻤는데... '성형하지 않아도 충분히 예쁘다'고 말해줄걸 그랬어요. '성형해서 자신감이 생긴다면 좋을 수도 있어.'라고 말하며 친구가 성형을 하면 남자친구도 사귀고 사회생활에 유리하다고 생각했거든요. 그냥.. 친구의 있는 그대로를 좋아해 주는 사람들을 만나라고 할걸 그랬나 봐요...」

의미「여기 휴지요. 성형한다고 모두 유하 씨 친구처럼 되지는 않잖아요. 너무 죄책감 갖지 말아요. 좋은 외모를 선호하는 사회에서 어쩌면 모두가 그런 생각을 갖고 있는지도 몰라요. 저도 취업 준비하면서 생각이 그렇게 변했어요. 유하 씨도 성형했어요?」

서유하「아니요. 저는 제 얼굴이 좋아요. 그리고 자연스러운 아름다움을 선호하는 편이에요. 어쩌면 게으르다고 표현하는 편이 나을 것 같아요. 화장하고 적당히 예쁘게 지내자 주의거든요. 물론 가끔 여자 연예인들을 볼 때면 '나도 저렇게 태어나고 싶다'고 생각할 때가 있어요.」

의미「외모에 대한 타인의 편견과 비난이 사람들을 모두 성형외과로 가게 만드는 것 같아요. 저는 서유하 씨의 SNS 사진을 보면서 '예쁘지 않은데 예쁘다' 라는 생각을 했어요. 그래서 인터뷰를 요청한 거예요. 서유하 씨만의 예쁨에 반했거든요. 그녀가 어떤 생각을 갖고 사는지 궁금했어요.」

서유하「'예쁘지 않은데 예쁘다'라는 말 감사해요. 이 인터뷰가 저에게는 의미 있는 시간이었어요.」

두 번째 인터뷰_ 영화배우 백혜인

의미「안녕하세요.」

백혜인 「안녕하세요, 반가워요 기자님.」

의미 「인터뷰에 응해 주셔서 정말 감사합니다.」

백혜인 「아니에요, 기자님이 보내 주신 첫 번째 인터뷰를 읽고 만나고 싶었어요.」

의미 「그런 말들이 정말 힘이 돼요.」

백혜인 「너무 고마워하지 않으셔도 돼요. 도움이 되어야 할 텐데.. 괜히 저와 인터뷰하셔서 곤란해지시는 건 아니죠?」

의미 「괜찮아요. 그냥 편하게 저와 대화한다고 생각하시면 돼요. 인터뷰 시작할게요. 자신의 외모에 대해 어떤 생각을 갖고 있으신가요?」

백혜인 「음.. 어렸을 때부터 예쁘다는 이야기를 듣고 살았죠. 예전에는 거울 보면 매번 '예쁘다'고 생각했던 것 같아요. '나 정말 예쁘다' 하면서요. 그런데 요즘은 그렇지는 않아요. 화장 안 하면 너무 못생겼어요. 서른 넘으니까 제 얼굴도 수명이 다 된 것 같아요.」

의미 「얼굴이 못생겼다고 생각하면서 스트레스받거나 괴롭지는 않으세요?」

백혜인 「....솔직하게 말하면 괴로워요. 작년까지는 예쁘지 않으면 배우로서도 가치가 없다는 생각에 저의 존재의 의미가 부정당하는 것 같았어요. 그런데 지금은 저를 온전히 받아들이려 노력하고 있는 중이에요.」

의미 「제 동생도 예쁜데 스트레스받아 했어요. 혜인 씨도 그러셨나요?」

백혜인 「제가 예뻤기 때문에 배우라는 직업을 할 수 있었다고 생각해요. 어린 나이에 데뷔해서 관심을 받으니 저도 스트레스가 이만저만이 아니었어요. 자유가 없었죠. 모든 사람이 저를 감시하는 것 같았어요. 소속사에서 연애도 못 하게 했고 답답했어요. 새장에 갇힌 새 같다는 생각도 많이 했고요. 어떨 때는 예쁘게 태어나서 꼬였구나 하는 생각도 해요. 놓여 있는 상황이 싫었지 예쁘게 태어난 얼굴에 대해 불만은 없어요. 감사해야죠.」

의미「그런 상황에서 연애를 하셨잖아요. 힘든 상황이었겠네요.」

백혜인「그만이 저의 유일한 출구였죠. 하루하루 시들어 갔던 저에게 힘이 됐어요. 사랑했던 남자와 함께하기 위해 제가 정말 소중하게 생각했던 것들마저 버리고 그를 선택했는데 저에게 돌아온 건 이별이었어요. 그때 저의 모든 게 무너져 내렸죠. 처음 생각했어요. 그가 정말 나를 사랑했을까? 하고요. 마치 거액의 사기를 당한 기분이었죠. 그게 저의 첫 번째 연애였거든요. 남자를 믿지 못하는 계기가 됐어요. 어쩌면 그가 단지 저의 예쁜 외모를 좋아했는지 모르죠. 한동안은 어둠에서 빠져나올 수 없었어요. 그에게 처절하게 매달렸죠. 하지만 그는 너무 차가웠어요. 상처가 점점 깊어졌죠. 우울증이 심했어요.」

의미「... 솔직하게 말해 주셔서 감사해요. 저도 이별의 충격에서 헤어 나오기 쉽지 않았어요. 저는 잘생긴 남자를 만났거든요. 내가 타인의 겉모습에 너무 맹목적이었구나.. 알맹이보다 껍데기가 중요했던 사람이었구나 내가. 헤어지고 나서야 제가 보이더라고요. 충격이었어요. 제가 너무 초라했어요. 내가 겨우 이것밖에 안 되는 사람이구나 했어요.」

백혜인 「저도 그랬어요. 저를 온전히 보는 마법 같은 순간이었죠. 그때 잘 이겨냈더라면 외국 가서 마약에 손대지 않았을 거예요. 돌이켜 보면 참 외롭고 괴로웠어요.」

의미 「지금은 편안해 보이세요. 계기가 있으셨나요?」

백혜인 「사실은... 배우를 은퇴하려고 해요. 결정한 지는 얼마 안 됐어요. 작품을 오랫동안 안 하면 자연스럽게 은퇴하겠죠. 요즘 뭐 해서 먹고살까 하는 생각을 하는데 그냥 기분이 좋네요. 모든 걸 내려놓고 무대에서 내려온다고 생각하니까 편안해요.」

의미 「제 인터뷰가 은퇴 선언 기사가 되는 건 아니죠? 이러다가 제 기사가 유명해지겠어요.」

백혜인 「신경 쓰지 마요. 이제 저한테 아무도 관심 없어요.」

의미 「제가 생각했던 것보다 안정된 모습을 봐서 마음이 놓여요. 다음 질문할게요. 잘생긴 남자를 좋아한 적 있으세요?」

백혜인 「하하, 어릴 때는 그랬죠. 그런데 지금은 아니에요. 더 중요한 게 있다고 생각해요. 저는 좋아하는 아이돌도 없어요. 오히려 지금은 잘생긴 남자를 싫어하죠.」

의미 「또 다른 차별인가요? 하하.」

백혜인 「외모로 사람을 차별하면 안 되는데 잘생긴 남자를 별로 안 좋아해요. 촬영하면서 잘생긴 배우들을 정말 많이 만났거든요. 그래서 그런가 봐요. 내면을 보려고 노력하는데 남자를 만나는 거 자체가 쉽지가 않네요.」

의미 「잘생긴 남자 배우를 많이 만났는데 왜 싫어하세요?」

백혜인 「저만의 선입견일 수도 있는데 잘생긴 배우 주변에 여자가 너무 많아서 양다리, 세 다리에- 자기 잘난 맛에 사니까 겉멋만 들고.. 예전에 한번 관심 있던 잘생긴 남자 배우랑 영화 찍는다고 해서 정말 좋아했거든요. 그런데 영화 촬영 다 끝나고 나서 그 배우 안티가 됐어요.」

의미「그럼 뚱뚱하거나 못생긴 외모로 차별받는 사람들에게 어떤 생각을 갖고 있으세요?」

백혜인「전 그들의 외모는 축복이라고 생각해요. 저는 개성 있는 사람을 좋아하거든요. 그게 외모든 성향이든 말이에요. 뚱뚱하신 분들은 건강을 위해서 살을 빼는 게 좋다고 말하고 싶어요. 사람들이 외모로 그들을 비난한다면 비난한 사람이 문제인 거죠. 벌레 같은 사람들이 뇌가 없이 지껄이는 말과 편견에 신경 쓰지 말라고 말하고 싶어요.」

의미「참 명쾌하세요. 평소에도 생각을 많이 하고 계셨나 봐요.」

백혜인「아무래도 보여지는 직업이잖아요. 배우에게 관심을 갖는 건 일단 그가 잘생기고 예쁘고 난 다음인 것 같아요. 그러다 보니 성형은 필수고 가식적으로 행동하기 쉬워요. 내 행동 하나, 말 하나에 많은 사람들이 관심을 가지고 지켜보고 있잖아요. 그러다 보면 점점 자신을 잃을 수 있죠. 나중에는 내가 누구지? 하고 생각한다니까요. 보이는 나와 진짜 나 사이에서 방황하죠. 제가 그랬으니까요. 하지만 분명 배우로서 보람 있고 반짝이는 순간들이 있었어요. 그랬기에 오랜 시간 할 수 있었던 것 같아요. 불행했던 순간들도 있었지만… 전 분명 운이 좋은 사람이에요.」

의미「어떤 계기로 은퇴를 결심하셨나요?」

백혜인 「사회적으로 물의를 많이 일으켰죠. 사실 지금도 몸과 마음이 건강한 상황은 아니에요. 이런 상태로는 좋은 배우가 될 수 없다고 생각했어요. 모두를 위해 그게 나을 거라 생각해요. 오랫동안 저를 짓눌렀던 짐을 내려놓으니 마음이 편해요.」

의미 「저는 외모가 예전 같지 않아서 은퇴하시는 줄 알았어요.」

백혜인 「하하, 저는 지금의 제 얼굴도 얼마든지 사랑할 준비가 되어 있어요. 물론 작년에는 이런 상황을 받아들이기 힘들고 괴로웠지만요.」

의미 「제가 인터뷰 전에 생각했던 것보다 혜인 씨가 너무 솔직하게 말해 주셔서 당황했어요.」

백혜인 「저는 이제 무대에서 내려오는 사람이라 이렇게 얘기하는 거예요. 어느 상황에서나 진솔할 수 있는 배우와 뮤지션이 몇 명이나 될까요?」

의미 「어떻게 감사를 드려야 할지 모르겠어요.」

세 번째 인터뷰_ 대학생 서영주

의미 「안녕하세요? 반가워요.」
서영주 「안녕하세요, 기자님.」
의미 「인터뷰 요청에 응해 주셔서 다시 한번 감사드려요.」
서영주 「얼마든지 할 수 있어요. 처음 해 봐서 떨리네요.」
의미 「저와 대화한다고 생각하고 편하게 하세요. 제 인터뷰에 응해 주신 이유가 있나요?」

서영주 「영화배우 백혜인의 인터뷰를 보고 해야겠다고 생각했어요. 많은 감정들이 올라와서 짠했거든요. 글을 읽으면서 치유받는 경험을 했던 것 같아요.」

의미 「저는 서영주 씨의 블로그 글을 읽고 '꼭 만나고 싶다'고 생각했어요. 중학교 때 학교 남학생들과의 사건들이 충격적이었거든요. 자세하게 이야기해 주실 수 있으세요?」

서영주 「중학교 때 저는 지금보다 키도 작고 보시다시피 굉장히 못생겼었어요. 같은 반 남학생들, 소위 노는 애들이었죠. 그 애들은 반에서 가장 못생긴 여자애들의 순위를 정했어요. 저는 그중에서도 꼴찌였는데 저에게 사소한 심부름을 시키곤 했어요. '체육복 빌려 와라' '물 떠 와라.' 하면서요. 이름을 부른 적도 없어요. 제 별명은 난쟁이였어요. '야, 난쟁이 이거 해 와.' 말할 때마다 욕설은 기본이었고요. 다른 여자 친구의 별명은 '불독'이었는데요. 그 친구와 둘이 학교 끝나면 그 애들 욕을 많이 했어요. 너무 치욕스럽고 수치스러웠거든요. 그런 현실에 절망했죠. 자존감이 끝도 없이 바닥을 쳤어요. 저는 외모지상주의를 혐오해요. 그래서 이걸 깨부수는 잔다르크가 되고 싶어요.」

의미 「난쟁이라고 불렀던 그 친구들에게 지금 하고 싶은 말이 있나요?」

서영주 「너희들은 단지 외모로 나를 조롱하고 비웃음거리로 만들곤 했지. 너희들의 사악한 웃음소리는 내가 죽기 전까지 잊지 못할 거야. 어릴 때는 내 외모에 대한 콤플렉스로 한없이 자존심 상했고 못생긴 내 얼굴을 탓한 시절도 있었어. 그런데 지금은 아니야. 너희는 틀렸어. 너희는 사악해. 평생 많은 사람들의 저주를 받으며 살기를 바래.」

의미 「아까 전에 외모 지상주의를 비판하며 잔다르크가 되고 싶다고 했잖아요. 현재 어떤 활동을 하고 있나요?」

서영주 「제가 활동하고 있는 단체는 미스코리아 대회 폐지 운동을 하고 있고요. 블라인드 면접, 사진 없는 이력서에 목소리를 내면서 외모 때문에 부당하게 차별받는 분들을 위해 일하고 있어요.」

의미 「좋은 일을 하고 계시네요. 십 대 시절의 상처를 어떻게 이겨낼 수 있었는지 궁금해요.」

서영주 「음... 이런 활동을 하면서 힘을 내고 있는 것 같아요. 불의에 대해 저의 목소리를 내면서요. 아직도 트라우마는 남아 있죠. 그때 내가 왜 그 애들에게 화내지 못했을까. 왜 내가 생각하는 걸 말하지 못했을까 하는 후회를 이렇게 풀고 있는 것 같아요. 때린다고 폭력이 아니잖아요. 세 치 혀로 사람도 죽일 수 있어요. 사회적 인식이 바뀌면 그런 건 점차 바뀌고 줄어들 수 있다고 생각해요.」

의미 「그런 부당함이 영주 씨를 이끌고 있는 것 같아요. 저도 함께 활동하고 싶은데 가입해도 돼요?」

서영주 「그럼요, 들어오세요.」

의미 「잘 부탁할게요.」

네 번째 인터뷰_ 고등학생 ID:HOYA330

의미 : 채팅 인터뷰에 응해 주셔서 감사합니다.

HOYA330 : 저의 댓글에 관심 가지고 연락 주셔서 감사해요.

의미 : 첫 번째 질문할게요. 호야 님의 고등학교에서 벌어지고 있는 상황을 말해 주세요.

HOYA330 : 저희 반에 왕따는 아니지만 혼자 다니는 친구 한 명이 있어요. 반 친구들이 그 친구 앞에서 '못생겼다'하면서 그 아이의 행동 하나하나를 비웃을 때가 많아요. 그럼 한 무리의 친구들이 함께 웃는데 저도 그중에 한 명이에요.

의미 : 호야 님은 그 상황에서 어떤 기분을 느끼나요?

HOYA330 : 죄책감이요. 얼굴은 미소를 띠고 있지만 이건 아닌 것 같다는 생각을 많이 해요. 그래서 친구들에게 말하고 싶은데 그러면 갑자기 분위기가 진지해지고 그렇게 되면 어색해질까 봐, 그래서 말 못 하고 있어요. 결국 저를 위해서 말 못 하는 거죠.

의미 : 호야 님은 놀림당하는 친구의 입장에서 생각해 본 적 있나요?

HOYA330 : 마음이 아플 거라는 생각에 불쌍하다고 생각했어요.. 저는 어쩌면 좋을까요.. 지금도 고민이에요. 도저히 답이 안 나오네요.

의미 : 지금 호야 님이 고민하는 시간들은 분명 의미 있는 시간이 될 거예요. 그 친구에게 따뜻하게 말을 걸어 보는 건 어때요? 놀리는 친구들의 생각을 바꾸는 것보다 호야 님의 행동을 바꾸는 게 더 나은 방법일 수도 있어요..

HOYA330 : 그래야겠어요.. 그건 어렵지 않을 것 같아요.

의미 : 호야 님은 외모가 중요하다고 생각해요?

HOYA330 : 음... 저는 외모가 중요한 것 같아요. 잘생기고 예뻐서 나쁠 건 없잖아요. 학교 친구들도 여자 아이돌에 빠져 있고 즐거워하죠. 잘생긴 친구들은 주변에 친구들도 많아요. 저는 평범한 외모여서 그런지 부러울 때가 더 많아요. 저도 잘생기게 한번 태어나고 싶어요.

의미 : 놀림을 받는 친구에게 어떤 조언을 해 주고 싶으세요? 그 친구가 현재의 상처를 이겨내기 위해 무엇이 필요하다고 생각해요?

HOYA330 : 음..글쎄요. 어떤 조언을 해 줘야 할지 모르겠어요. 조무래기 같은 친구들 말에 상처받을 거 없다고 말해 주고 싶어요. 자신감을 갖고 살았으면 좋겠어요. 이런 상황이 참 괴로워요.

의미 : 그런 친구들이랑 놀지 말아요. 나중에 후회할 거예요.

HOYA330 : 감사합니다..

다섯 번째 인터뷰 _ 집시처럼 살고 싶은 FUNFUN98

의미 : 안녕하세요. 채팅 인터뷰를 요청해 주셔서 감사해요.

FUNFUN98 : 뭘요. 기자님의 인터뷰를 읽고 참여하고 싶어서 연락드렸어요.

의미 : 아이디가 길어서 편의상 펀펀 님이라고 부를게요. 첫 번째 질문할게요. 펀펀 님은 스스로의 외모에 대해 어떤 생각을 갖고 있으세요?

FUNFUN98 : 저는 예뻐요.. 제 입으로 이런 말 하기 민망하지만요. 얼굴을 안 보고 얘기하니까 말할 수 있게 되네요. 예쁜 외모에 만족했었는데 돌이켜 보면 괴로웠고 힘들었던 일들만 생각나서 지금은 그냥 하느님은 참 공평하다고 생각해요.

의미 : 구체적으로 어떤 일이 있었는지 말해 주실 수 있나요?

FUNFUN98 : 지나친 관심은 오히려 독이 되는 것 같아요. 주목받는 외모에 많은 사람들에게 관심을 받다 보니까 여자애들의 무서운 질투도 받게 되고 사귀는 남자의 진심을 의심하고 어딜 가나 조용할 날이 없죠. 지나갈 때마다 '예쁘다' 하고 외모 찬사 받는 게 정말 싫었어요. 누군가는 그게 왜 싫으냐고 말할지도 모르겠지만요. 또 저의 의지와 상관없이 주변 지인의 남자친구가 저를 한 번이라도 만나면 저를 좋아한다고 해서 친구들이 상처받거나 저와 연락을 끊은 적도 있었어요. 친구를 잃는 그런 상황들이 괴로웠어요… 제가 예쁜 게 누군가에게는 상처가 된다는 게요.

의미 : 그랬군요.. 친구들과 그런 상황까지 가다니 정말 힘들었겠어요… 사람들이 외모에 찬사를 보내는 게 싫다고 했는데 그때 기분은 어떠세요?

FUNFUN98 : 사실 그 말이 저를 우쭐하게 만들기도 했고 자신감을 생기게도 했어요. 그런데 철없이 보이는 사람들의 거침없는 언행들은 마치 저를 조롱하는 것 같았고 언젠가는 그들의 말이 결코 좋게 들리지 않았어요. 높은 곳에 사람 올려놓고 품평회 하는 기분인 것 같아요. 누군가는 주목받는 걸 좋아하지만 저는 싫어하는 성향이에요. 저는 혼자 있는 걸 좋아해요. 이런 저에게 그런 상황은 쥐약이죠. 결코 제가 원하지 않는 순간들이잖아요. 사라지고 싶었어요. 순간 이동이 있다면요.

의미 : 펀펀 님은 외모로 차별당하는 친구를 본 적 있나요?

FUNFUN98 : 중학교 때 본 적 있어요. 저와 친한 친구였어요.

의미 : 그때 어떤 생각을 했나요?

FUNFUN98 : 예쁜 게 차라리 낫다고 생각할 정도로 친구가 안쓰러웠어요. 친구들의 놀림을 많이 받았거든요. 친구가 우울해했는데 친구에게 어떤 말을 해 줘야 할지 몰랐어요. 놀리는 친구들에게 화라도 내줬어야 했는데.. 그런 생각도 하지 못했어요. 저도 그때 상황이 좋지 않았거든요. 그리고 지금 생각하면 제가 용기가 없었어요.

의미 : 펀펀 님은 외모가 중요하다고 생각하나요? 사람을 볼 때 무엇이 중요하다고 생각하세요?

FUNFUN98 : 중요하다고 생각해요. 다만 눈. 코. 입의 환상적인 비율이 아니라 밝은 미소, 사랑이 담긴 눈처럼 밝은 표정이 중요해요. 그런데 이런 밝은 표정은 결코 성형으로 만들 수 없잖아요. 마음이 표정을 그렇게 만들죠. 그래서 성형보다 더 어려운 것 같아요. 그래서 중요하다고 생각해요.

의미 : 펀펀 님의 이야기를 들어 보니 평소에 정말 많은 생각을 하신 것 같아요. 그럼 펀펀 님은 잘 웃는 밝은 모습의 얼굴이 가장 아름답고 생각하시나요?

FUNFUN98 : 네, 저는 그렇게 생각해요.

의미 : 펀펀 님은 요즘 밝은 표정인가요? 이렇게 물어보니 이상하네요. 마음의 표정이 밝나요? 하고 물어봐야 했나요?

FUNFUN98 : 저는 요즘 신나게 지내고 있어서 아름다운? 외모를 가지고 있습니다. 하하

의미 : 외모 때문에 힘들었다고 하셔서 혹여나 지금도 힘들어하시

나 염려했는데 다행이네요.

FUNFUN98 : 다행히 잘 이겨 냈어요.

의미 : 어떻게 이겨 내셨나요?

FUNFUN98 : 일단, 친구들의 남자친구는 절대 만나지 않아요 하하. 그리고 학교 다닐 때는 견디기 힘들고 그랬는데 고등학교 졸업하고 대학교도 안 가니까, 그런 속박에서 더 자유로워진 것 같아요. 학교가 문제였나 봐요. 혹시라도 나중에 사회생활 한다고 하면 다시 두려워지네요. 그리고 제가 지금 살고 있는 곳은 젊은 사람보다 할머니, 할아버지가 많이 계시거든요. 여기가 천국이에요.

의미 : 펀펀 님은 예쁜 외모가 사회생활이나 연애를 할 때 장점이 더 많다고 생각하지는 않으세요?

FUNFUN98 : 대부분의 사람들이 그렇게 생각할 거예요. 물론 장점은 있죠. 절대적으로 유리하고 많다고 생각해요. 그런데 제가 그 장점들이 불편하네요. 회사에서 승승장구하면 얼굴이 예뻐서 잘된 거라고 생각하고요. 얼굴이 예쁘기 때문에 남자친구가 생겼다고 생각해요. 그게 싫어요.

의미 : 지금 남자친구가 있으신가요?

FUNFUN98 : 아니요.

의미 : 연애를 많이 하셨나요?

FUNFUN98 : 아니요, 저는 나중에 나이 먹고 좀 못생겨지면 하고 싶어요. 하하.

의미 : 하하. 펀펀 님의 앞으로가 기대돼요. 오늘 인터뷰 정말 감사합니다.

#4 미스코리아 대회 폐지 운동

서영주 씨와 미스코리아 대회를 주최하는 신문사 앞에서 서서

크
게 외쳤다.

여성을 상품화하는 '미스코리아 대회' 폐지하라! 폐지하라!
여성의 아름다움을 왜곡하는 미스코리아 대회!
폐지하라! 폐지하라!

폐
지하라
폐
지하라

#5 두 눈을 감고

외할머니 댁에 내려와서 바다 앞 벤치에 앉아 있는데 어느새 재미가 다가왔다.

재미「언니 언니, 자?...여기서 뭐 해?」

의미「그냥 눈 좀 감고 생각 좀 하느라.」

재미「무슨 생각?」

의미「비밀이야. 너도 비밀 많잖아. 편편 님 이렇게 만나서 너무 반가워요.」

재미「알았어? 어떻게 알았어?」

의미「편편하지 이재미가.」

재미「눈 좀 떠.」

의미「마음을 보려고 노력 중이야. 건드리지 마.」

재미「영안이 트이셨나 봐요 자매님.」

의미「눈을 떴을 때는 보이는 것들만 생각하며 지냈어. 내가 오늘 얼마나 괜찮아 보이는지 화장은 잘 먹었는지 자동차는 멋있고 하늘은 파랗고 뉴스를 읽으면서. 그런데 이렇게 눈을 감으니까 무섭기도 하고 그런데 이 세상에 나만 있는 것 같아. 오로지 나만 보여. 그런데 이상하게 나도 점점 희미해져. 내가 누군지 모르겠어.

나는 누구지?

키 백육십일에 몸무게 오십 킬로그램 천구백구십오 년 유월 사일에 태어난 서른한 살 이의미 말고 소강초등학교 소강중학교 안경고등학교 졸업한 이의미 말고 성형하고 화장해서 조금 예뻐진 이의미 말고 방송국 기자 생활하고 신문사 기자하는 이의미 말고 진짜 나 말이야. 난 누굴까? 심장이 이끄는 삶을 살고 싶어졌어. 그래서 삶의 끄트머리에 다다랐을 때 내가 나를 사랑할 수 있었으면 좋겠다 부디.」

재미「나도... 언니 난 돈 모으는 대로 여행 가려고. 집시처럼 살아 보고 싶어. 드디어 꿈이 생겼단 말씀. 많은 사람들을 만나고 아름다운 풍경도 보고 아이스크림도 왕창 먹고. 나중에는 게스트 하우스 주인이 돼서 여행객들에게 과자를 베풀면서 살고 싶어.」

의미「아빠가 알면 좋아하시겠다. 항상 넌 꿈이 없었잖아.」

재미「그러게, 아빠가 항상 재밌게 살아라, 의미 있게 살아라 했었지. 아빠 말대로 언니는 의미 있게 살고 나는 재미있게 살게 될 것만 같아. 그럴 것만 같아.」

의미「글쎄, 난 아직 잘 모르겠어. 삶의 의미를 찾진 못한 것 같아. 그렇지만 외모 때문에 차별받고 상처받는 사람들을 위해서 무언가를 하고 싶어. 그들을 돕고 싶고. 그게 지금 내 심장이 하고 싶대.」

#6 마음 찾기 연구소

의미「안녕하세요, 마음 찾기 연구소입니다. 무엇을 도와드릴까요?」

남자「고민 상담을 하려고요..」

의미「네, 말씀하세요.」

남자「좋아하는 누나가 있어서 고백하려고 하는데 얼굴이 못생겨서 자신이 없어서요.. 어떻게 할까요?」

의미「고백을 하신다니 정말 멋지세요. 저희 마음 찾기 연구소는 모든 것은 외모보다 마음에 있다는 지향점을 갖고 활동하고 있습니다.

그녀가 잘생긴 외모의 남자를 좋아하나요?」

남자「아니요, 그건 아직 잘 모르겠습니다.」

의미「그럼 일단, 그녀가 남자의 외모를 보는지 알아보세요. 만약에 외모를 본다고 하면 선택해야죠. 차일 걸 각오하고 고백한다, 멀리서 지켜보며 그녀를 짝사랑한다. 만약에 외모를 안 본다고 하면- 차일 걸 각오하고 고백한다, 잘될 걸 각오하고 고백한다. 결국 고백에 있어서 외모는 중요하지 않은 거예요. 중요한 건 그녀와 함께 행복할 수 있다는 자신감과 진심을 말할 수 있는 용기예요. 그리고 차이면 좀 어때요? 그것도 나중에 뒤돌아보면 다 추억이에요. 제 이야기가 도움이 되셔야 할 텐데.. 사실 제가 연애를 잘 안 해 봐서 모르겠어요.」

남자「정말 그러네요. 상담 감사합니다. 연애 많이 해 보신 것 같아요.」

의미「아.. 감사합니다. 고백 꼭 성공하세요.」

#7 2025년 미스코리아 대회

사회자「미스코리아 진은…아름다운 연설과 춤으로 많은 사람들에게 감동을 주었죠. 축하드립니다. 참가 번호 십일 번 김미옥.」

김미옥「……정말 감사합니다… 나이 제한이 폐지되고 처음 열린 미스코리아 대회였는데요……제가 지금 육 학년 삼 반입니다. 예순세 살이라는 나이에 미스코리아 진이 될 줄은 생각해 본 적도 없습니다… 많은 일들이 스쳐 지나가네요... 친구들과 학생 운동했던 기억, 남편 회사가 부도나서 전전긍긍하던 시절들, 책으로 니체를 처음 만났던 순간...... 그런 제게 대회에 나갈 수 있도록 용기와 격려를 주신 마음 찾기 연구소의 이의미 소장님과 서영주 실장님께 진심으로 감사드리고요. 저에게 학문적 깊이와 지혜를 주신 존경하는 스승님들께 감사드리고 보고 싶다고 말씀드리고 싶습니다. 하늘에 계신 부모님과 사랑하는 남편과 딸아이에게도 사랑한다고 말하고 싶네요. 마지막으로 제가 연설에서 눈을 감고 마음을 봐 달라고 말씀드렸는데요. 눈을 감고 마음을 예쁘게 봐주신 심사 위원 여러분들께 진심으로 감사드립니다. 감사합니다.」

#8 의미 있는 삶에 대하여

어릴 적부터 아빠는 나와 재미에게 재미있고 의미 있게 살라고 말씀하셨다. 자식의 이름을 재미와 의미라고 지어 놓고도 성에 차지 않으셨던 것 같다. 어쩌면 아빠의 잔소리 같았던 그 말은 아빠 자신에게 하고 싶었던 말이 아니었을까.

이의미.

옳을 의에 아름다울 미가 들어간 내 이름. 옳은 것을 행하는 것은 아름답다는 뜻이다. 사실 아빠가 돌아가신 지금도 아빠가 어떤 의미 있는 삶을 사셨는지 난 잘 모르겠다. 가족을 이룬다는 것, 누구보다 우리를 사랑했던 아빠였기에 그것이 아빠에게는 의미 있는 삶이었을지도 모르겠다. 아빠는 재미있는 인생을 사셨을까? 언제나 자동차 정비소 일로 기름때 묻혀 가며 일했던 아빠는 가끔 쉬는 날이면 노래를 부르며 기타를 치시곤 했다. 가족의 생계를 책임지려 재미보다는 의미 있는 삶을 선택했던 아빠..

간혹 하느님은 왜 얼굴을 만드셨을까 하고 생각한다. 수천만 명의 무수히 많은 영혼을 구별하기 위해 어쩔 수 없었던 것일까? 만약 우리 가족이 얼굴이 없었다면 난 매번 물어봐야 했을 것이다. 툭툭 치며 "거기 엄마야?" "거기 아빠야?" 하고. 이런 혼란을 막기 위해 하느님은 어쩔 수 없으셨던 걸까? 그런데 이 얼굴이 많은 부작용을 만든 것이다. 하느님은 지금 자신의 발명품을 후회하고 계실지도 모르겠다. 사람들이 심장이 하는 말은 듣지 않고 영혼을 구분하기 위해 만든 얼굴에만 신경 쓰니 혀를 차고 계실 것이 뻔하다. 이것은 내가 생각하는 얼굴의 의미다. 아니면 말고. 눈을 감고 마음의 소리를 듣기 시작했을 때, 심장은 생소한 혼란을 느꼈다.

나는 누구지?
너 누구니?

무심코 던진 질문에 난 놀라고 말았다. 한 번도 스스로에게 이런 질문을 해 본 적 없는 나였다. 학교에서 배운 철학자들은 이런 생각도 많이 했다는데 난 지금까지 도대체 뭘 한 걸까? 첫사랑에게 처절하게 차여 방송국을 그만두고 많은 사람들을 인터뷰하며 다다른 물음이었다. 내가 누군지 찾기 위한 여정을 떠났고 나는 진정 나였던 순간들을 기억했다. 도덕이나 관습이나 편견에 얽매이지 않고 누군가의 생각을 베끼지 않고 오직 내가 나 이의미였던 순간을.

많은 일들 중에서도 고등학교 일 학년 때의 일이 생각났다. 공부를 열심히 하다가 한순간에 '왜 공부를 해야 하나?'하는 생각을 했고 나는 모든 것을 멈추고 공부를 하지 않았다. 이런 기계 같은 공부를 할 바에 차라리 책을 읽겠다고 결심하고 야자 시간에 항상 애거사 크리스티의 추리 소설을 읽었다. 이후 성적은 뚝 떨어졌고 나는 담임 선생님께 불려 갔다. 선생님은 하얀 연기를 뿜어내며 "도대체 왜 공부를 안 하니!"하면서 화를 내셨고 어디서 그런 용기가 났는지 모르지만 난 선생님께 "도대체 왜 공부를 해야 하는지 모르겠어요. 이렇게 매일 암기하고 문제 푸는 기계가 되는 공부가 어떻게 좋은 사람을 만들겠어요? 저는 기계처럼 살기 싫어요."하고 대답했다.

진정 내가 되기 위해선 때론 커다란 용기가 필요했고 피를 흘리며 게으른 몸을 움직여야 했으며 거친 비판과 비아냥거림도 받아야 했다. 하지만 힘겹고 서러운 시간들 속에서도 난 분명 살아 있음을 느꼈고 그 생명의 잉태를 '의미'라고 부르고 싶다.

그래서 누군가 나에게 너는 지금 의미 있는 삶을 살고 있냐고 묻는다면 지금도 의미 있는 삶을 살기 위해 고군분투하고 있다고, 그래서 참 힘들고 지치지만 내가 찾은 의미를 포기하지 않고 지키고 있다고 말하고 싶다. 그리고 언젠가 내가 유언을 남긴다면 의미 있는 삶을 살았다고 말하고 싶다.

안개꽃

봄날에 하늘에서 내리는 눈을 언제 볼 수 있을까.
그리고 언제 보고 싶은 그 사람을 다시 볼 수 있을까.

첫 만남_

 누더기 한복을 입은 두 여자가 기와집에 걸터앉아 햇볕을 쬐고 있다. 그녀들은 한동안 말이 없었다. 어색한 침묵이 흐르는 사이 한 여자가 도도한 얼굴에 미소를 지으며 옆에 앉아 있는 여자에게 말을 건넨다.

경희「보조 출연 처음 오셨어요?」
미도「네, 오늘 처음 왔어요. 보조 출연한 지 오래됐어요?」
경희「전 대학생 때부터 했으니까... 십 년 정도 된 것 같아요.」
미도「정말 오래 하셨네요. 일하는 거 힘들지 않아요?」
경희「계절마다 달라요. 지금은 오월이니까 할 만하죠. 겨울에 시작했으면 아마 한 번 오고 다시는 안 온다고 했을걸요? 겨울에는 얼어 죽어요. 배우들은 시간 날 때마다 틈틈이 난로 쬐고 스탭들은 두꺼운 패딩 입고 일하잖아요. 저희는 그런 거 없어요. 장갑 끼고 온몸에 핫팩 붙이고 손난로 가져와도 소용없고요. 화면에 뚱뚱하게 나온다고 겨울에도 두꺼운 옷 못 입게 하거든요. 촬영하는 동안은 장갑도 못 껴요. 그래서 동상 걸리시는 분들도 있다니까요.」
미도「원래 지금처럼 대기하는 시간이 길어요?」
경희「촬영 장면마다 달라요. 하아~ 날씨가 따뜻해서 엎어져서 잘 것 같네.. 자면 안 되는데..」
　미도「진새벽에 일어났더니 너무 졸려요. 따뜻하니까 잠이 솔솔 오...」

　두 여자는 기와집 기둥을 사이에 두고 기대어 앉아 잠든다. 시간이 얼마나 흘렀을까, 보조 출연자를 관리하는 반장의 목소리가 들린다.

　반장「야, 강경희! 지금 여기서 뭐 하는 거야! 안 일어나? 여기가 안방인 줄 아나 이것들이.」

　경희는 반장의 목소리에 놀라 눈을 크게 뜬다.

　경희「죄송합니다, 반장님.」
　반장「옆에 쟤는 뭐야?」

　경희는 기둥에 기대어 자고 있는 여자를 흔들어 깨운다.
　여자는 게슴츠레 눈을 뜨더니 천천히 자리에서 일어난다.

　반장「너 이름이 뭐야?」
　미도「네?」
　반장「너 이름이 뭐냐고.」
　미도「홍미도입니다.」
　반장「강경희랑 홍미도, 너희 기본 화장은 한 거니?」

미도「네..」

반장「그걸 화장했다고 한 거야? 제대로 좀 해. 언제 촬영 들어갈지 모르니까 정신 차리고 있어라! 대답 안 해?」

미도「네, 알겠습니다. 죄송합니다.」

반장이 촬영장으로 돌아가자, 경희가 굳은 표정으로 한숨을 쉰다.

경희「미친놈.. 저렇게 한 번씩 질러 줘야 속이 편하지. 놀랐죠? 저 반장님 싫어서 이 드라마 안 오려고 하는 애들 많아요. 저번에는 어떤 여자애가 화장을 안 하고 왔는데 그거 가지고 사람들 앞에서 욕을 있는 대로 다하면서 크게 망신을 주더라고요. 남자들은 화장 안 하는데 왜 여자만 해야 돼요? 그런데.. 나이가 어떻게 되세요?」

미도「서른다섯이요..」

경희「언니네요. 전 서른둘이에요. 원래 하시는 일은 뭐예요?」

미도「서비스업이요.」

경희「잠깐 아르바이트하시는 거죠?」

미도「고민 중이에요. 일해 보고 괜찮으면 오랫동안 하고 싶긴 해요.」

경희「보조 출연 많이 힘들어요. 제대로 잠도 못 자고 환경도 너무 열악해요.」

미도「경희 씨는 계속 보조 출연 일만 했어요?」

경희「아니요. 저는 연극영화과 나와서 처음에는 촬영장 구경하면서 아르바이트도 해야겠다고 해서 시작했어요. 오디션은 계속 떨어지고 그래서 포기하고 중간에 회사 들어갔다가 지금은 돌아와서 다시 배우가 돼야겠다고 막연히 생각하는데 예전처럼 자신이 없어요. 이렇게 평생 보조 출연자만 하다가 죽을 것 같아요.」

미도「포기하지 말고 계속 도전해요. 꿈이 있잖아요. 저는 꿈이 없어서 경희 씨가 참 부럽네요.」

경희「꿈이 있으면 뭐 해요. 여기서 지나가는 행인1 하는데... 뿌옇게 안개 처리돼서 누가 누군지도 모르는 그런 역할 하고 있잖아요.. 아휴.. 그런데 언니 혹시 외국인이에요?」

미도「조선족이에요.」

경희「조선족 처음 봐요. 중국어 잘하세요?」

미도「아니요. 중국어는 잘 못해요.」

경희「우와, 한국에는 언제부터 살았어요?」

미도「팔 년 전에 왔어요.」

경희「가족이랑 같이 왔어요?」

미도「가족은...」

미도가 대답하려는데 멀리서 반장의 목소리가 들린다. 경희와 미도는 서둘러 촬영장으로 자리를 옮긴다. 이렇게 경희와 미도, 그녀들은 드라마 촬영장에서 처음 만났다. 순백의 말이 이끄는 운명의 마차는 그녀들을 태우고 기나긴 여행을 시작했다.

두 번째 만남_

새벽 두 시가 조금 넘은 시각. 경희가 졸린 눈을 비비며 현관문을 열고 집을 나선다. 어두운 골목을 지날 때면 주변을 경계하느라 발걸음이 빨라졌다. 불빛이 환한 24시간 편의점 앞에 다다라 택시가 오는지 이리저리 살피다가 택시를 발견하고 손을 흔든다. 택시가 멈춰 서고 문을 여니 택시 기사가 핸들을 두드리며 노래를 부르고 있다.

기사「딸아 시집가거라~」
경희「안녕하세요, 여의도역으로 가 주세요.」
기사「다 큰 처녀가 이 새벽에 어디 가?」
경희「드라마 보조 출연하는데 여의도가 출연자들 모여서 이동하는 곳이에요.」
기사「아이고 피곤하겠네.」
경희「괜찮아요. 그런데 노래가 참 엄마가 저한테 하는 말 같네요. 가수 목소리도 완전 우리 엄마야.」
기사「왜? 엄마가 결혼하라고 잔소리해?」
경희「잔소리뿐이겠어요, 친구 딸이나 친척 언니 결혼식 다녀오면 더 야단이에요.」
기사「남자친구 없어?」
경희「없어요. 결혼은 뭐 제가 하고 싶다고 하나요. 남자친구가 있어야 하죠.」

기사「에이 있으면서, 있는 것 같은데?」

경희「정말 없어요.」

기사「요즘에는 남편이 아파트 없으면 결혼 안 한다며?」

경희「아파트고 뭐고, 남자친구나 있었으면 좋겠어요.」

기사「요즘 젊은 사람들이 결혼을 안 해서 문제야. 우리 딸은 평생 혼자 살겠대.」

경희「결혼하면 힘들잖아요.」

기사「옆에 남편 있으면 든든하고 얼마나 좋아.」

경희「결혼하면 이것저것 챙기고 신경 써야 되고 걱정도 많아지잖아요.」

기사「아가씨는 꼭 결혼해 본 것처럼 말하네, 허허허.」

대화를 나누다 보니 택시는 어느새 여의도역에 도착해 있었다. 경희가 반장에게 촬영 일지를 제출하고 편의점으로 가는데 미도가 편의점 앞에 서 있다. 한 손에는 삼각 김밥을 다른 한 손에는 빨대 꽂은 음료수를 들고서. 미도는 경희를 보자 반가운 듯 웃으며 인사한다.

미도「어머, 오랜만에 보네요.」

경희「안녕하세요! 오늘 <침묵의 대지> 촬영 오셨어요?」

미도「네, 경희 씨도 <침묵의 대지> 가는 거죠?」

경희「네, 오늘은 강원도 어디 산꼭대기 가서 찍을 건가 봐요.」

미도「강원도요? 산에 안 간 지 오래됐는데 오랜만에 등산하겠네요.」

경희「한복 입고 등산해 보셨어요? 어휴 오늘 여자 보조 출연자들이 어린 친구들만 있는 거 보니까, 쟤네들이 나인이고 우리가 상궁인 것 같아요.」

미도「그럼 상궁 옷 입겠네요? 안 입어본 옷 입어봐서 재밌을 것 같아요! 여태껏 노예나 평민 옷만 입었는데.」

경희「저도 언니처럼 즐겁고 긍정적이었으면 좋겠네요. 언닌, 안 피곤해요?」

미도「너무 피곤해요. 사극은 일하는 것보다 잠이 부족해서 힘든 것 같아요.」

경희「계속 일하다 보면 이제 피곤하다는 말도 안 할 거예요. 피곤한 게 당연해져서요.」

출발 시간이 되자, 반장은 보조 출연자들의 인원수를 파악한다. 그런데 남자 보조 출연자들이 정해진 촬영 인원보다 많이 오자 반장은 몇 명의 남자를 지명한다.

반장「이렇게 세 분은 미안한데 오늘 촬영 못 합니다. 인원이 오버됐어요. 미안해요.」

반장의 말에 지명받은 남자들은 가방을 챙겨서 돌아간다. 이윽고 출연자들이 버스에 탄다. 미도와 경희는 버스에 나란히 앉아 불편한 잠을 청한다. 몇 시간 후, 반장의 목소리가 들린다.

반장「도착했다, 다들 일어나. 경희랑 옆에 너는 상궁, 나머지 여자들은 나인이다. 상궁 먼저 분장실 가서 머리하고 한복 입어.」

경희와 미도는 버스를 나와 분장실로 가서 가체 머리를 하고 의상실로 가서 옷을 갈아입는다. 미도가 한복 고름을 매지 못하자, 경희가 고름 매는 법을 설명해 준다. 보조 출연자들이 분장을 마치고 버스로 돌아오자 반장이 말한다.

반장「산에 올라가야 하니까 모두 단단히 준비하고 나와. 산에 있으면 화장실 가기 힘드니까 미리미리 다녀오고. 십오 분 뒤에 출발한다. 최 반장 따라서 올라가.」

보조 출연자들과 스탭들이 산에 오르기 시작한다. 스탭들은 무거운 장비를 끌면서 가고 보조 출연자들은 한복을 밟을까 조심하며 치마를 들고 걷는다. 한참을 올라가자 넓게 트인 푸른 들판과 촬영을 준비하는 스탭들이 보인다. 경희는 힘들었는지 오자마자 길게 누워 있는 통나무 위에 털썩 주저앉는다. 그런 경희를 보고 한 여자 보조 출연자가 와서 말한다.

여자「지금 여기서 뭐 하시는 거예요. 얼른 일어나세요, 일어나시라고요.」

경희는 대꾸도 하지 않고 자리에서 일어나 자신을 보며 정색하고 있는 여자 보조 출연자를 쳐다본다. 그러자 그 여자 보조 출연자가 말한다.

여자「왜 쳐다보시는데요. 기분 나쁘게.」
경희「나 진짜, 네가 뭔데 이래라저래라 하는 건데? 네가 반장이야?」
여자「누가 제가 반장이래요? 한복 입고 그렇게 바닥에 앉으면 안 되니까 하는 말이잖아요.」
경희「통나무 위에 앉았거든? 왜 매번 그렇게 말을 재수 없게 해? 사람 기분 나쁘게. 남의 일에 참견하지 마. 아주 여기서 이거 몇 년 하면서 아는 사람들도 많아지고 반장님이랑도 친해지니까 뵈는 게 없냐? 맨날 보조 출연 처음 오는 애들한테도 말 막 하더라, 싸가지 없게. 텃세 부리지 마, 촌년아.」
여자「지금 뭐 하자는 거야, 미친년이.」
경희「뭐 미친년? 넌 또라이야. 이게..」

경희가 몸싸움을 하려 하자, 미도가 막는다.

미도「경희야, 그만하자. 촬영장이잖아.」
경희「저..미친년이..」
미도「저기 반장님 올라오셨다. 조용히 하고 있어. 괜히 혼나지 말고.」

반장이 오자 그녀들은 언제 싸웠냐는 듯 조용해졌다. 촬영 준비가 끝나고 촬영이 시작되었다. 여자 보조 출연자들은 줄을 맞추어 서서 왕의 뒤를 따라다녔고 촬영은 점심시간이 될 때까지 계속되었다. 스탭들이 도시락을 나누어 준다. 경희와 미도는 도시락을 받아, 바다가 보이는 방향에 나란히 앉았다.

경희「언니, 저 화가 안 풀려요. 아우씨, 열받아.」

미도「그 친구 저번에도 한 번 봤는데 말을 기분 나쁘게 하더라. 그래도 화내면 너만 손해야. 그만 화 풀어.」

경희「언니, 은근슬쩍 말 놓는 거예요?」

미도「나도 모르게 그만..」

경희「농담이에요. 편하게 말해요.」

미도「이곳 정말 좋은 것 같아. 날씨도 좋은데 넓은 풀밭에 바다도 보이고. 여기서 살고 싶다. 피곤이 전부 풀리는 기분이야. 바람도 선선해서 시원하고. 기분 좋다.」

경희「저도요. 바람이 참 좋아요. 저 완전 다혈질이죠. 싸움닭 같아요, 정말.」

미도「그런데 이상하게 나는 속이 조금 시원하던걸.」

경희「고마워요 언니. 보조 출연자는 단기 아르바이트하는 사람들이 많이 오는 곳이라 처음 와서 잘 모르면 가르쳐 줘야 하는데 텃세 부리는 건지 화내고 신경질 낸다니까요. 보조 출연 일하면서 제일 만나기 싫은 애들인데 쟤네가 일도 오래 했고 많이 해서 안 만날 수가 없어요.」

미도「여기가 텃세가 심하구나.」

경희「텃세도 있고 말 험하게 하시는 반장님들이 너무 많아요.」

미도「일하기 힘들었겠다..」

경희「그래도 촬영장이 좋아서 하는 거예요. 그리고 이렇게 가끔 언니처럼 좋은 사람도 만나고.」

휴대폰 벨소리가 울리자 미도가 전화를 받는다.

미도「아들, 왜 전화했어? 그냥? 영준이랑 잘 놀고 있지? 아줌마 말씀 잘 듣고 있어. 그래, 알겠어. 저녁에 보자.」

경희「언니, 아들 있어요?」

미도「응, 아들은 아들 친구 엄마한테 부탁했어.」

경희「언니, 결혼 안 한 줄 알았어요. 정말 일찍 하셨네요?」

미도「스물다섯 살에 했어. 아들은 여덟 살.」

경희「그럼 중국에서 남편이랑 아들이랑 같이 온 거예요?」

미도「아니, 나랑 아들하고만 왔어.」

경희「왜요? 남편은요?」

미도「남편이 술만 마시면 때려서 아들 임신했을 때 이혼했어.」

경희「아..그렇구나.. 그럼 지금도 아들이랑 둘이 살아요?」

미도「응, 혼자서 애 키우기 정말 힘들었어. 지금은 많이 커서 조금은 괜찮아졌지만.」

경희「정말..힘들었겠다. 나는 나 혼자 사는 것도 힘든데.」

미도「한국에 오면 모두 해결될 거라 생각했는데 아니었어. 기대한 내가 바보지. 일하는 것도 힘들었지만 그것보다 아이를 맡길 곳이 없다는 게 너무 힘들더라. 친정 엄마가 계셔서 도와주시는 것도 아니고 가까운 가족이 있는 것도 아니고 믿을 수 있는 사람도 없고.」

경희「중국으로 돌아가고 싶을 때 많았겠어요. 부모님은 중국에 사세요?」

미도「응..중국에 사셔...」

경희「부모님 뵈러 자주 가요?」

미도「아니... 못 가고 있어.」

경희「많이 보고 싶겠다. 자주 연락드려요.」

미도「그래야지..」

경희「언니...언니는 살면서 가장 힘들었던 순간이 언제예요?」

미도「매번 힘들었어.. 삶의 버거움에 우선순위가 있을까?」

경희「언니 말이 맞는 것 같아요. 오늘이 내 인생에 있어 최악의 날이라고 생각하면 다음에는 그것보다 더 끔찍한 일이 생기더라고요. 나이가 들수록 걱정과 고민은 더 커지는 것 같아요.」

미도「경희야, 나는 네가 빛나 보여. 너의 마음속 열정이 너를 빛나게 해 주는 것 같아. 너는 텃세 부리는 저 여자애들과는 달라. 너 자신을 더 믿어도 돼. 용기를 갖고 진심으로 열심히 한다면 언젠가 기회가 오지 않을까.」

경희「고마워요, 언니. 어, 여기 보세요. 봄 냉이가 진짜 많아요. 언니, 같이 냉이 캘래요?」

미도「어 정말? 저기 봐, 진짜 많다.」

경희와 미도는 점심을 먹고 봄 냉이를 캐기 시작한다.
미도는 냉이를 캐다가 할미꽃을 보더니 노래를 흥얼거린다.

경희「무슨 노래가 그렇게 구수해요?」
미도「어렸을 때 엄마가 자주 불러 주던 노래야.」

미도는 엄마를 생각한다. 다시는 만나지 못할 그녀에 대한 애달픈 그리움이 미도의 가슴에 메아리친다. 꿈에서라도 만났으면. 목소리라도 들어봤으면.

*

세 번째 만남_

미도가 24시간 하는 패스트푸드점 이층 창가에 앉아 있다. 지금 시각은 오후 열한 시 사십칠 분. 촬영 집합 시간은 오전 한 시 삼십 분인데 그녀는 차비를 아끼려고 지하철을 타고 일찍 왔다. 그녀와 마찬가지로 그곳에는 많은 보조 출연자들이 엎드려 잠을 자거나 휴대폰을 보고 있었다.

미도는 졸린 눈을 비비며 창밖을 바라본다. 그런데 멀리서 경희와 비슷하게 생긴 여자가 남자와 함께 걸어오고 있는 것이 보였다. 미도는 경희였으면 하는 마음에 그 두 사람을 계속 쳐다본다. 이윽고 그들은 패스트푸드점 안으로 들어왔다. 그리고 잠시 후, 해맑은 경희의 목소리가 들린다.

경희「미도 언니!」
미도「경희야, 너도 오늘 사극 가?」
경희「이 시간에 모이는 게 사극 말고 또 뭐가 있겠어요. 언니 계속 사극에서만 보네요. 사극 일당이 세서 경쟁률 높은데. 언니 연기 좀 하는 거 아니에요?」
미도「무슨 아니야. 아까 보니까 어떤 남자랑 같이 오던데.. 누구야?」
경희「아, 동준이요? 여기서 만난 아는 동생이에요. 스물다섯 살인데 엄청 까불어요. 오늘 연속극 촬영 가서 만났는데 촬영이 늦어져서 지금까지 찍다가 같이 왔어요. 동준이도 오늘 사극 가거든요. 지금 햄버거 주문한 거 가지고 올라올 거예요.」
미도「많이 피곤하겠다.」

잠시 후, 쌍꺼풀 없는 눈에 순박해 보이는 남자가 햄버거를 들고 올라온다. 경희의 말대로 얼굴에 알 수 없는 장난기가 어려 있었다. 그는 경희와 마주 앉아 있는 미도와 눈이 마주치자 인사한다.

동준「안녕하세요. 실례지만 합석해도 될까요?」
경희「야 동전, 까불지 말고 그냥 앉아라.」

동준「알았어. 누나, 나 소개팅 시켜 준다며 언제 해 줄 거야?」

경희「아까부터 소개팅 타령이야. 내가 말했지 내 친구들이랑 너랑 도대체 몇 살 차이야.」

동준「아니야 됐어. 나 생각이 바뀌었어. 안 해 줘도 돼.」

경희「갑자기 왜 생각이 바뀌었대?」

동준「성공하면 저절로 애인이 생기니까 성공하고 말겠어.」

경희「지금처럼 노력하다 보면 너의 우상 유해진처럼 될 수 있을 거라고 생각해.」

동준「누나 매번 말하지만 항상 고마워. 좋은 말 많이 해 줘서. 내가 이래서 누나 옆에 붙어 있잖아. 촬영 끝나고 바로 왔더니 너무 피곤하다. 체력이 예전 같지 않아. 나 햄버거 다 먹고 저쪽 가서 엎드려 잘게. 누나는 안 피곤해? 보이는 것처럼 강철 체력이라니까.」

경희「그래, 나 강철 체력이다. 피곤한데 조금이라도 자, 내가 나갈 때 깨울게.」

동준은 햄버거를 다 먹고 구석 테이블에 엎드린다. 미도는 그런 동준과 함께 다른 테이블에 앉아서 졸고 있거나 누워 있는 많은 보조 출연자들을 바라본다. 불규칙한 촬영 시간을 맞추느라 패스트푸드점 테이블에 누워 불편한 자세로 쪽잠을 자고 있는 그들의 모습을 지켜보며 그녀는 측은한 마음이 들었다. 그녀 자신도 그들과 함께였지만 아직 그녀에게는 이곳의 모든 것이 낯설고 멀기만 했다.

시간이 되자, 보조 출연자들은 집합 장소로 모였고 버스는 사극 세트장으로 이동했다. 세트장에 도착하자 반장은 보조 출연자들에게 역할을 지정해 준다. 미도는 양반 부부의 노비 역할을, 경희와 동준은 저잣거리에 있는 백성 역할을 맡았다.

경희「언니, 촬영 장소가 달라서 떨어져 있겠네요. 점심시간에 아래에 있는 식당에서 봐요.」
미도「그래 이따가 보자.」

미도는 한옥 집으로 향했다. 촬영장에 도착하자, 한창 촬영을 준비하느라 스탭들이 바쁘게 움직이고 있었다. 그리고 곧 반장이 와서 보조 출연자들에게 촬영 장면을 설명해 준다.

반장「여주인공이 돌아가신 부모님과 당시에 함께 살았던 노비들을 회상하는 장면이야. 웃으면서 최대한 밝고 즐거운 장면을 보여 주면 돼. 어릴 적 추억을 떠올리며 그리워하는 거야.」

양반 부부 역할로 보이는 남녀가 한복을 입고 촬영장에 들어온다. 그들은 미도 옆에 서서 차분하게 대사 연습을 한다. 그런데 갑자기 미도 다리에 쥐가 났고 미도가 작은 비명 소리를 내자, 그들은 걱정스러운 표정으로 말을 건넨다.

미도「아!...」
남자「괜찮으세요?」

여자「괜찮아요? 다리에 쥐 났어요?」

미도「네.. 쥐 났어요. 아...」

남자「여기 앉아 봐요. 다리를 이렇게 곧게 펴고 발끝을 안쪽으로 구부리면 괜찮아질 거예요.」

여자「이제 괜찮으세요?」

미도「네, 많이 괜찮아졌어요. 정말 감사합니다.」

남자「다행이에요. 일하기 힘들죠? 새벽에 나와서 피곤하고. 혹시 연기 지망생이에요?」

미도「아니에요.」

남자「우리가 잘돼서 다른 분들에게도 희망이 됐으면 좋겠어요.」

미도「그런 날이 오시기를 진심으로 바랄게요.」

미도는 바쁜 촬영 가운데에서도 자신을 도와준 단역 배우들에게 고마웠다. 통증은 금방 사라졌지만 그녀의 마음에는 그보다 오래도록 남아 있을 따뜻함을 간직했다. 아직은 쌀쌀한 봄날의 이른 아침. 긴장의 시간 속에서 소박하게 느낄 수 있었던, 소박한 미도와 잘 어울리는 그들이었다. 누군가에게 희망이 된다는 것은, 이런 것이 아닐까.

점심시간이 되자, 식당에는 스탭들과 보조 출연자들이 옹기종기 모였고 미도는 식당 앞에서 경희와 동준을 만나 함께 식사를 했다.

미도「경희야, 오늘 여기 왜 이렇게 사람이 많아?」

경희「오늘 여기서 사전 제작 드라마도 촬영한대요. 저기 보면 한복도 우리랑 조금 다르잖아요.」

동준「누나, 그 드라마에 누나가 좋아하는 배우 나오잖아. 아까 보니까 온 것 같던데.」

경희「아, 정말? 보러 가야겠다. 언니, 밥 먹고 같이 다녀올래요?」

미도「우리도 촬영해야 되잖아.」

경희「언니 부탁이에요. 밥 빨리 먹고 얼른 다녀와요.」

미도「그래, 알겠어. 가자.」

경희와 미도는 점심을 먹자마자 드라마 촬영장으로 달려갔다. 그녀들은 담장 너머로 까치발을 들고 아슬아슬하게 촬영장을 엿보았다. 그곳에선 스탭들이 한창 드라마 촬영을 준비하고 있었는데 배우들은 보이지 않았다.

미도「경희야, 네가 좋아하는 배우가 누군데?」

경희「잘 모르실 수도 있는데 '진유하'라고 요즘 자주 나오는 배우예요.」

미도「아, 나도 그 배우 알아. 영화에서 봤어. 연기 잘하더라.」

경희「사실 저랑 고등학교 때 연기 학원 같이 다녔어요. 그때도 연기 정말 잘했어요.」

미도「아, 그럼 아는 사이야?」

경희「그때는 조금 친했어요. 그런데 지금 십 년도 더 지나서 유하는 기억도 못 할 거예요.」

미도「기억할 수도 있잖아.」

경희「설마요. 기억할까요? 그래도 이런 모습으로 만나고 싶진 않아요. 뭔가 초라해요. 그냥 멀리서 바라보는 것만으로도 좋아요.」

미도「괜찮은 친구구나.」

경희「많이 괜찮아요. 엄청 착해요.」

미도「어, 저기 그 친구 아니야?」

경희「어디요? 어...맞아요. 이게 얼마 만이야...」

미도「여기 쳐다보는 것 같아. 너 알아보는 거 아니야?」

경희「설마요..이제 우리 가요. 촬영 언제 시작할지 몰라서 혼날 수도 있어요.」

미도「조금만 더 있다 가자. 내가 봤을 때는 쟤가 너를 알아보는 것 같아.」

경희「언니, 다 들려요. 조용히 해요.」

미도「아까는 그렇게 보러 가자고 하더니, 지금은 왜 또 가려고 해? 경희야, 봄에도 눈이 오나 봐.」

경희「봄에 무슨 눈이 와요.」

하늘에서 하얀 벚꽃 잎이 떨어진다. 미도가 하늘을 올려다보고 뒤돌아보자, 벚꽃나무로 둘러싸인 동산에서 바람을 타고 꽃잎이 흩날린다.

미도「저기 뒤에 산 봐 봐. 눈 내리는 것처럼 꽃잎 날린다.」

경희「예쁘다. 겨울에 눈 내리는 것 같아요.」

미도「너무 아름답다. 계속 보고 싶어. 너는 여기서 진유하 보고 나는 꽃 눈 내리는 거 보고.」
경희「이러다가는 혼나고.」

순간 시간이 멈춘 듯했다. 봄날에 하늘에서 내리는 눈을 언제 볼 수 있을까. 그리고 언제 보고 싶은 그 사람을 다시 볼 수 있을까. 그녀들은 지금 이 순간 행복하다고 느꼈다. 미도는 어릴 적 엄마와 함께했던 봄날의 그날을 기억했고 경희는 고등학교 때 버스가 끊겨 함께 집으로 걸어갔던 유하를 떠올렸다.

*

네 번째 만남_

지하철역 앞에 오십여 명의 보조 출연자들이 모여 있다. 미도는 지난주 촬영장에서 만나 친해진 동갑내기 친구 연주와 즐겁게 대화를 나누며 촬영을 기다리고 있었다. 그러던 중 경희가 다가왔다.

경희「미도 언니!」
미도「어, 경희야! 오랜만이다. 한 달 만에 보는 것 같아.」
경희「영화 촬영장에서 오래 있어서 그런가 봐요. 이번에 보조 출연자들 많이 들어가는 대형 영화가 나왔거든요. 언니도 같이 갈래요? 드라마 촬영장보다 영화 촬영장이 더 편해요. 돈도 되고.」

미도「그래, 같이 가자. 연주도 가도 돼? 여기서 만나서 친해진 친구야.」

경희「신청해서 연락 오면 가는 거예요. 다 같이 신청해 봐요.」

그녀들이 대화를 나누고 있는 사이, 모이라는 반장의 목소리가 들린다.

반장「주목! 오늘은 주인공들이 지하철에서 처음 만나는 장면입니다. 여주인공이랑 지하철에서 내리는 사람이 있고 남자 주인공이랑 지하철을 타고 함께 가는 사람이 있는데 내리는 사람은 지하철 오면 얼른 탔다가 내리고, 지하철 타는 사람은 지하철을 타고 한 정거장을 가야 됩니다. 지하철 타고 한 정거장 가면 서울역이니까 서울역에서 내리면 다시 지하철을 타고 남영역으로 돌아오시면 됩니다. 이해하셨죠? 신속하게 움직이세요. 지금부터 지하철 타는 사람과 내리는 사람을 정하겠습니다.」

미도는 지하철에 타는 역할을 받았고 경희와 연주는 지하철이 오면 얼른 탔다가 내리는 역할을 받았다. 반장의 사인에 맞춰 경희와 연주는 계속해서 지하철을 타고 내렸다. 한 장면이 끝나자, 반장이 보조 출연자들에게 말한다.

반장「옷 바꿔 입으세요. 가져온 옷 없으면 옆 사람이랑 바꿔 입으세요. 밝은 옷으로 입으세요, 화면에 안 나오니까. 그리고 포즈를 더 다양하게 해 주세요. 핸드폰으로 통화하는 척해도 되고 문자하는 척해도 되고 하니까, 최대한 지하철에서 할 수 있는 자연스러운 리액션을 해 주셔야 합니다.」

미도와 경희가 옷 상의를 바꿔 입고 다음 촬영을 기다리고 있다.

미도「경희야, 너 배 안 고파?」
경희「전 배 안 고파요. 언니 배고파요?」
미도「하도 왔다 갔다 했더니 허기진다.」

배고프다는 미도의 말에 의자에 앉아 있던 중년의 여자가 가방에서 무언가를 꺼내더니 미도에게 내민다.

여자「배고프지? 이거 먹어. 촬영 올 때는 항상 군것질할 걸 갖고 다녀야 돼. 이래 보여도 체력 소모가 은근히 크니까. 책상에 앉아 있는 것도 아니고, 계속 왔다 갔다 하잖아. 하루 종일 서 있고. 배가 금방 고프다니까.」
미도「감사합니다. 잘 먹을게요. 정말 감사합니다.」

촬영이 마무리되니 곧 점심시간이 되었다.
미도와 경희는 연주와 함께 근처 분식집을 찾았다.

경희「연주 언니는 보조 출연 언제부터 시작하셨어요?」

연주「일주일 정도 됐어요. 이번 봄에 회사 퇴사했는데 나이가 있고 경력이 있으니 취업이 쉽지가 않아요..아휴..」

경희「여기 취업 준비하면서 틈틈이 아르바이트로 일하시는 분들 굉장히 많아요.」

연주「저는 전 직장 사람들이 TV 보다가 알아볼까 봐 무서워요. 큰소리치고 나가더니 저기서 저러고 있다고 할까 봐요. 그리고 이 일이 저한텐 너무 힘들어요. 반장님들이 옷 제대로 준비 안 해 왔다고 욕하고, 지시하는 대로 제대로 안 했다고 화내고. 이리 치이고 저리 치이고. 눈칫밥만 먹었어요, 일주일 동안.」

경희「반장님들도 새로 시작하는 드라마 가져오려고 뒤에서 로비도 하고 어렵게 가져오시는 거라서 예민하신 것 같아요. 작은 실수에도 화내고 욕하고.」

연주「그렇다고 그걸 정당화하면 안 되는 것 같아요. 때리는 것만 폭력이 아닌데...」

미도「나도 예전에 콜센터에서 일했을 때, 얼마나 손님들이 나한테 화풀이를 하던지 우울증 걸릴 뻔했어. 손님이라 화는 못 내겠고.」

연주「그런 사람들 상대하면서 사회생활 하느라 성격이 드세지는 것 같아. 그런데 지금은 어떤 회사라도 좋으니까 취업했으면 좋겠다는 생각뿐이야..분식집을 차려 볼까 하는 생각도 들고.」

경희「분식집 차리면 제가 많이 갈게요, 언니!」

연주「환영합니다, 손님!」

연주의 말에 그녀들은 모두 까르르 웃었다. 이미 그녀들의 분식집은 저 너머 어디엔가 존재하고 있었다. 경희는 늘 자신의 웃음이 참 쓰디쓰다고 생각했다. 하지만 지금은 포근했다. 쓸쓸함과 외로움이 켜켜이 쌓여 있던 그녀에게 느닷없이 찾아온 위로였다. 위로가 어떻게 찾아왔는지 그녀는 이해할 수 없었다.

*

다섯 번째 만남

 강원도의 영화 촬영장. 미도와 경희는 일본식 잠옷을 입고 긴 줄 중간에 함께 서 있다. 줄 맨 앞에는 스탭들이 분장 도구를 들고 보조 출연자들의 얼굴과 팔, 다리에 칠을 뿌렸다.

 경희「오늘 연주 언니도 함께 왔으면 좋았을 텐데...」
 미도「그러게.. 다음에 올 땐 꼭 같이 왔으면 좋겠다. 그런데 분장하니까 너무 따갑고 불편하다.」
 경희「언니, 정말 폭탄 맞은 것 같아요, 하하하. 머리가 너무 사실적이다.」
 미도「폭탄? 설마 우리 오늘 폭탄 맞는 거야?」
 경희「폭탄 터져서 도망치는 장면이에요.」

 이윽고 백여 명이 넘는 단역들과 보조 출연자들이 온몸에 까맣게 분장을 마쳤다. 그리고 잠시 후, 조감독이 와서 촬영 장면에 대해 설명한다.

반장「이번 장면은 단 한 번만 촬영할 수 있는 장면입니다. 실제로 전봇대도 쓰러지고 불이 나기 때문에 연습을 많이 하고 난 후 촬영에 들어갈 겁니다. 실제로 폭발하는 것처럼 터지는데 위험하지는 않은 폭발물이니까 무서워하지 않으셔도 됩니다. 신속하게 움직여 주셔야 돼요. 최대한 위험하지 않게 촬영할 거지만 사고가 날 수도 있는 장면이라 안전에 유의하셔야 돼요.」

조감독의 설명이 끝나자 보조 출연자들이 세트장으로 이동한다. 미도와 경희는 각각 다른 위치를 지정받아 멀리 떨어졌다. 스턴트맨들은 와이어를 몸에 감고 사전 연습에 한창이었고 보조 출연자들은 폭탄이 떨어진 상황을 가정하여 건물 밖으로 뛰어나가는 장면을 실제처럼 반복하여 연습했다. 날이 저물고 저녁이 되자, 촬영이 시작되었다. 스탭들이 촬영장 곳곳에 설치해 놓은 기름 조각에 불을 붙이자 조감독이 확성기에 대고 큰소리로 외친다.

조감독「레디, 액션!」

보조 출연자들이 비명을 지르며 한 명씩 뛰어나간다. 경희는 좁디좁은 복도 끝에 서서 순서를 기다리다, 자신이 나갈 차례가 되자 뛰기 시작한다. 그런데 그녀가 지나가는 구간마다 폭발물이 터졌고 복도를 다 지났을 즈음에는 거대한 전봇대가 쿵 하고 떨어졌다. 경희는 너무 놀라고 무서워서 연기가 아닌 실제로 비명을 지르며 밖으로 나갔다. 그러나 입구에 다다랐을 땐 불길이 이미 너무 커져서 빠져나갈 수 없는 상황이었다. 촬영장 밖에 있는 보조 출연자들과 스탭들은 불길 속에 덩그러니 있는 그녀를 바라보고 있었다. 스탭들이 소화기로 불을 꺼보려 했지만 불길은 잡히지 않았다. 경희는 겁이 나서 도무지 나갈 엄두가 나지 않았다. 더 커지는 불길 앞에서 머뭇거리자, 조감독이 확성기에 대고 고함을 지른다.

조감독「나와! 나오라고! 그냥 나와! 얼른 나와!」

한참을 머뭇거리다 경희는 순간 눈을 감고 날듯이 뛰었다. 그녀는 방금 자신이 촬영장 밖으로 나왔다는 사실에 안도했지만 방금 전까지 있었던 일들이 무서워 눈물을 뚝뚝 흘린다. 그녀의 자존심에 눈물은 창피했지만 울음을 멈출 수 없었다. 그녀는 전쟁의 공포를 겪은 사람들의 마음을 알 수 있을 것만 같았다. 이해할 수 있을 것만 같았다. 일 초의 악몽과 일 초의 고통 일 초의 두려움.. 허탈한 죽음 앞에 황망히 서서 가쁜 숨을 내쉬었던 그들을. 헐레벌떡 희망이라는 이름으로 바뀌어 버린 고통으로 얼룩진 삶에 대해서도.

미도「경희야, 많이 놀랐구나. 진정해..」
경희「언니, 흑흑.. 왜 내 옆에서만 폭탄 터지고 전봇대 쓰러지고 밖으로 나가지도 못하고..엉엉.. 무서웠어요...너무 무서워.」
미도「괜찮아, 하나도 안 다쳤잖아. 그만 울어.」

경희「전 이미 폭탄 맞은 기분이에요. 흑흑.. 전쟁을 겪은 사람들은 얼마나 놀라고 아팠을까요. 흑흑.. 정말 끔찍해요.. 이렇게 예상치 못한 공포와 죽음을 만나는 일이요.」

미도는 경희의 등을 토닥이며 팔 년 전의 그날을 떠올렸다. 차가운 겨울, 그녀의 등 뒤에서 들려오는 바람에 감긴 총소리를. 오직 달렸다. 절망과 공포로 얼룩진 그녀의 삶을 희망으로 바꾸고 싶어서. 그녀는 울지 않았다. 그날이 생애 마지막 날이라 생각했기에.

*

여섯 번째 만남_

촬영장으로 향하는 새벽 버스 안. 경희는 전날 촬영이 늦게 끝나 피곤한지 미도 옆에서 깊이 잠들었다. 미도 역시 피곤했지만 고민이 많아 잠이 오지 않았다. 언젠가부터 보조 출연을 신청해도 일이 들어오지 않았다. 처음에는 신청만 해도 바로 다음 날 일이 들어왔는데 지금은 드문드문 들어오는 드라마와 영화 촬영으로 겨우 일하고 있었다. 촬영을 신청하고 하루를 비워 두고 기다리는데 일을 주지 않아 번번이 허탕을 치니 그 허무함과 무기력함에 좀처럼 힘이 나질 않았다. 지금 가는 영화 촬영장은 경희가 담당 팀장에게 부탁하여 올 수 있었다. 이박 삼일 동안의 촬영이라 아들이 걱정되었지만 생활비를 마련해야 했기에 어쩔 수 없었다. 아들은 아들 친구 엄마에게 사정사

정하여 부탁했다.

미도가 이런저런 고민과 걱정에 잠 못 이루는 사이- 버스는 대구 촬영장에 도착했다. 보조 출연자들이 나란히 줄을 서자 팀장이 와서 촬영 장면에 대해 설명한다.

「여러분은 북한 개성 공단의 공장 직원들로 나옵니다. 여러분 모두 하늘에서 터진 폭탄을 몸에 맞고 광장에 쓰러진 시체 역할이에요. 하루 온종일 바닥에 누워 있을 겁니다. 폭탄 맞아서 피 흘리는 것도 표현해 줘야 해서, 의상 입기 전에 옷 안에 우비를 먼저 입을 거예요. 그래야 피 분장한 게 옷에 묻지 않겠죠? 우비 입고 의상 입고 분장팀 가서 피 분장하면 됩니다. 귀걸이, 목걸이 전부 안 됩니다.」

보조 출연자들이 텐트에서 의상을 갈아입자, 스탭들이 찢어진 의상을 표현하기 위해 뾰족한 막대기로 의상을 뜯는다. 의상 준비가 끝나면 분장실로 이동하여 얼굴과 몸에 피 분장을 한다.

팀장들은 보조 출연자들이 누워 있을 자리를 지정해 준다. 경희와 미도는 최대한 시체처럼 보이려 고민하며 차가운 바닥에 누웠다. 곧 촬영이 시작되었다. 촬영하는 동안은 숨죽이고 가만히 있어야 하는데 미도는 너무 피곤한 나머지 바닥에 누워 곤히 잠들었다. 이윽고 그녀는 몸을 움직였고 감독님의 '컷'소리가 들린다.

감독「거기 움직이지 말라니까. 아까부터 계속 움직이네. 움직이지 마.」

미도「죄송합니다.」

보조 출연자들이 나오는 분량의 장면이 끝나자 주연 배우가 촬영을 시작한다. 보조 출연자들은 촬영장 옆 놀이터에서 대기하며 주연 배우의 촬영을 구경한다. 미도와 경희도 미끄럼틀에 드리운 그늘에 나란히 앉아 주연 배우가 연기하는 모습을 지켜본다. 그녀들 바로 옆에도 두 여자가 나란히 앉아 있었는데 여자 한 명이 사투리를 쓰며 하는 이야기가 경희와 미도에게도 잘 들렸다.

여자1「언니, 아까 어떤 보조 출연 여자애가 촬영하다가 운동화 끈이 풀린 거예요. 그런데 '의상팀 가서 운동화 끈 묶어 달라고 해야지'하고 말하잖아요. 아니, 운동화 끈은 직접 묶으면 되는 거 아니에요?」

여자2「웃기다. 혼자 묶으면 되지.」

여자의 말을 들은 경희는 순간 못 들은 체하려다 웃음이 터져서 배를 움켜쥐고 웃고 미도는 경희 옆에서 조용히 미소를 지었다. 경희는 웃음을 그칠 줄 몰랐다.

경희「하하하하, 언니는 안 웃겨요? 운동화 끈을 의상팀한테 묶어 달라고 했대요. 아, 너무 배 아프다. 의상팀 가서 그 말했으면 진짜 대박이었겠다. 의상팀 언니들이 어떤 표정 지었을지 상상하니까 너무 웃겨요.」

여자1「저는 너무 황당하더라고요. 아니 무슨 운동화 끈을.」

경희가 웃고 있는 사이, 미도는 사투리를 쓰는 여자에게 말을 건넨다.

미도「지방에서 오셨어요? 억양이 참 재밌어요.」
여자1「대구 살아요, 집이 이 근처예요.」
미도「저랑 이 친구는 서울에서 왔어요. 옆에 계신 분도 대구에서 오셨어요?」
여자2「저는 대전에서 왔어요. 이 친구랑은 여기서 친해졌어요.」
미도「이름이 뭐예요?」
신애「저는 신애예요.」
예인「저는 예인이.」
미도「저는 홍미도라고 해요. 옆에서 웃고 있는 이 친구 이름은 경희예요. 신애 씨는 저보다 어린 것 같고 예인 씨는 저랑 나이가 비슷할 것 같아요.」
신애「저는 스물두 살이에요.」
예인「저는 서른여섯이요.」
미도「저보다 한 살 많으시네요. 저는 서른다섯이에요.」
예인「미도 씨는 직업으로 일하는 거예요? 저는 이번에 직장 그만두고 쉬면서 잠깐 일하고 있어요.」

미도「직업으로 하려고 했는데 일이 안 들어와서 직업으로는 못 할 것 같아요. 보조 출연자는 이십 대가 많이 필요하고 나이 들수록 일거리가 많이 없나 봐요. 경희는 그래도 오래 했고 일도 잘해서 많이 해요. 신애 씨는 아르바이트하는 거예요?」

신애「저는 여기서 대학 다니면서 틈틈이 대구 근처에 촬영 있다고 공고 올라오면 하고 있어요. 오늘 좋네요. 피 분장도 하고 재밌어요. 그렇게 덥지도 않고. 게다가 누워 있기만 하면 되잖아요. 올 초에는 사극 찍으러 산에 갔는데 바닥에 여덟 시간 넘게 무릎 꿇고 앉아 있었어요. 무슨 벌받는 기분이었다니까요. 지금까지 살면서 느낄 수 없었던 최강 추위였는데 심지어 장갑도 못 끼고 무릎은 아픈데 단역이 대사를 계속 까먹어서 촬영이 늦어지니까 참다못한 이모님들이 단역한테 대놓고 항의하셨다니까요. 그 추위에 바람은 어찌나 부는지 저녁에 간식을 주는데 음식에 흙이 잔뜩 들어가서 내가 지금 흙을 먹는 건지 했어요. 겨울에는 못 하겠어요.」

예인「에고, 겨울에는 정말 가면 안 되겠다.」

미도「경희야, 너도 겨울에 안 해?」

경희「언니, 남들이 안 할 때 해야 돈을 벌죠. 저는 겨울에도 무조건 해요.」

예인「우와, 대단해요.」

경희「그럼요, 이래 봬도 베테랑이거든요.」

미도「오늘 날씨가 너무 좋아서 햇볕에 누워 있으니까 졸리지 않아? 나 아까 누워서 졸다가 팀장님한테 계속 혼났어. 너무 죄송하더라.」

신애「새벽에 내려오셨어요?」

미도「새벽 한 시에 모여서 내려왔어요. 신애 씨는 집에서 촬영장까지 얼마나 걸려요?」

신애「집에서 삼십 분 정도 걸려요. 새벽에 오시느라 피곤하셨겠네요.」

경희「진짜 피곤해요. 버스에서 잠을 자긴 해도 불편한 자세로 자는 거라 잔 것 같지도 않아요. 신애 씨 사투리 쓰는 거 너무 귀여워요. 아, 그런데 그 이야기 너무 웃겨요. 아, 배 아파라.」

신애「하하하, 저는 언니가 배 잡고 웃는 게 더 웃겨요.」

미도「경희야, 그렇게 웃겨? 나도 신발 끈보다 네가 더 웃겨. 하하하하.」

해가 지자 촬영은 종료되었다. 대전에서 온 예인과 대구에 사는 신애는 버스를 타고 집으로 돌아갔고 경희와 미도는 버스를 타고 근처 모텔로 이동했다. 그녀들은 샤워 후 근처 식당에서 저녁 식사를 하고 돌아와 모텔 침대에 기대어 앉아 맥주와 콜라를 들고 건배한다.

경희「짠- 오늘도 수고하셨습니다.」

미도「고생 많았어, 경희야.」

경희「언니, 오늘 촬영 그렇게 힘들지 않았죠?」

미도「응, 감독님도 스탭들도 좋으시고 팀장님들도 많이 배려해 주셔서 좋은 하루였어. 무엇보다 경희 너한테 고마워. 나 요즘 보조 출연 일 많이 못 하고 있잖아. 처음에는 신청하면 계속 일을 주셨는데 어느 순간부터 드문드문 주셔서 생활비가 걱정이야. 그동안은 사극에 많이 가서 돈을 꽤 벌었거든. 그래서 요즘 고민이 많아.」

경희「언니한테 내가 진작 말해 줬어야 했는데.. 사실 지부장님이 처음 시작하는 보조 출연자들한테는 일을 많이 주시는데 어느 순간 지나면 일을 잘 안 줘요. 그래서 그만두시는 분들도 많아요.」

미도가 일어나더니 침대에 누워 천장을 보며 말한다.

미도「아들이 있어서 아무래도 다른 일을 알아봐야 할 것 같아. 그런데 무슨 일을 하지?」

경희「전 언니랑 촬영장 올 때가 제일 좋은데.. 언니 없으면 뭔가 허전하고 그래요. 맨날 언니랑 다니면 얼마나 좋을까요. 그날 우는데 언니가 있어서 얼마나 다행이었는지 몰라요.」

미도「나도 얼마나 놀랐는데.. 경희야, 나도 널 만나서 기뻐.」

경희도 일어나더니 미도 옆에 누워 말한다.

경희「앞으로 불나는 장면 찍을 때는 옷에 물이라도 뿌려야겠어요. 서커스단 사자가 불타는 링 뛰어넘는 기분이었다니까요. 나중에 불나는 장면 연기하면 정말 잘할 것 같아요. 이때의 경험을 살려서 진하게 한번 연기해 줘야지.」

미도「하하하, 정말 잘할 것 같아 그 누구보다. 나 너무 피곤하다. 잘 자, 경희야.」

경희「잘 자요 언니. 내 꿈 꿔요..」

다음 날 아침 경희와 미도는 졸린 눈을 비비며 아침 식사를 하러 식당에 갔다.

경희「언니... 잘 잤어요?」
미도「응, 잘 잤어.. 왜?」
경희「언니, 악몽 꾼 기억 안 나요?」
미도「나 또 소리 질렀어?」
경희「언니 막 소리 지르고 울고 그랬어요. 전 밤이라 깜깜한데 언니가 소리 질러서 무서웠어요..」
미도「나 때문에 잠 설친 거 아니야? 미안해...」
경희「괜찮아요. 언니는 괜찮은 거죠?」
미도「응, 괜찮아.. 미안해, 경희야.」

경희와 미도는 아침 식사를 마친 후 버스를 타고 촬영 장소로 이동했다. 촬영장에 도착하여, 의상을 갈아입고 분장을 하고 기다리는데 군복을 입은 남자 보조 출연자들이 보인다. 그런데 그들을 바라보는 미도의 안색이 좋지 않다. 곧 팀장이 와서 보조 출연자들에게 촬영 장면에 대해 설명한다.

팀장「오늘은 군인들이 한 도시에 침투하여 일반인들에게 무분별하게 총을 쏘는 장면입니다. 갑자기 나타난 군인들을 보고 비명을 지르면서 도망가면 됩니다. 지명해 주는 몇 명은 실제로 총을 맞는 장면을 찍을 거예요.」

경희와 미도는 영화관에서 영화를 보고 나오는 관람객 역할을 지정받았다. 촬영이 시작되자 그녀들은 웃으면서 영화관에서 나왔고 멀리서 군인들이 다가오자 비명을 지르며 반대편으로 달리기 시작한다. 그런데 미도가 사색이 되어 경희에게 기댄다.

경희「언니 왜 그래요? 몸이 안 좋아요?」

미도는 대답하지 못한 채 가쁜 숨을 몰아쉰다.

경희「언니 몸이 안 좋으면 쉬어요.」
미도「..하..하..경희야, 나 괜찮아. 촬영할 수 있어..하..하..」
경희「언니...」

해가 지자 촬영이 종료되었다. 보조 출연자들은 다시 버스를 타고 모텔로 돌아왔다. 미도는 방에 들어가자마자 침대에 눕는다. 경희는 샤워를 마치고 눈을 감은 채 누워 있는 미도 옆에 눕는다.

경희「언니, 오늘 몸이 안 좋았어요?」
미도「……」
경희「언니, 자요?」

미도는 경희의 말에 침묵하고 있었다.
이윽고 미도는 감고 있던 눈을 뜨며 말한다.

미도「경희야, 나 사실.. 조선족이 아니라 탈북자야.」
경희「…….」
미도「앞이 보이지 않을 정도로 눈이 내리는 정말 추운 일월이었는데 꽁꽁 언 두만강을 군인들 눈을 피해서 무작정 뛰었어. 그런데 군인들한테 들킨 거야. 총소리가 났어. 뒤를 돌아봤는데 점점 가까이 다가오는 거 있지. 그때 생각했어. 이제 곧 죽겠구나. 죽은 목숨이구나.. 있는 힘을 다해 뛰었어. 감고 있던 목도리도 벗어 버리고.. 그런데 어느 순간 총소리가 들리지 않았어. 무작정 달리다가 걷다가 달리다가 걷다가, 그렇게 중국에 도착했어.. 중국에 도착해서는 탈북자라는 걸 숨겨야 했어. 중국 당국에서는 탈북자들을 다시 북한으로 돌려보내거든. 그런데 중국 당국에 신고하겠다는 협박을 받고 술집으로 팔려 갔어. 그렇게 술집에서 일하다가 남편을 만났어. 그런데 남편이 술만 마시면 때리는 거야. 하루하루 죽고 싶었어.. 엄마가 내가 어떻게 살았는지 알면 얼마나 마음 아파할까.. 그러다가 술집에서 만난 탈북자 친구가 한국으로 가는 방법을 알려 줬어. 그때 나에겐 오직 한국이 희망이었어. 끔찍한 그곳에서 벗어나고 싶었으니까. 그렇게 한국에 올 수 있었어.. 아까 촬영하는데 두만강에서 만난 군인들이 떠오르더라. 군복만 봐도 등에서 식은땀이 나.. 그리고 그날부터 지금까지 자다가 악몽을 꿔.. 비명 지르고 살려 달라고 애원도 하고...아직도 그날을 잊지 못한 채 살고 있나 봐.」

경희「언니...정말 힘들었겠어요.. 부모님은 북한에 계세요?」

미도「아버지는 병 때문에 일찍 돌아가셨어. 북한에는 어머니와 남동생이 있어. 어머니는 나에게 떠나라고 하셨어. 북한에서는 권력이나 돈이 없으면 살아 있기조차 힘들고 어머니는 외부 세상에 대한 동경이 있으셨거든. 늘 말씀하셨지. 크고 넓게 생각하면서 살라고. 권력 있는 누군가에게 평생 아첨하면서 살지 말라고. 너 자신의 행복을 위해 살아가라고. 집을 떠날 때 엄마가 직접 만든 목도리를 목에 감겨 주면서 안아 주셨는데.. 목도리를 두만강에 벗어 버리고 왔어..」

경희「가족들.... 보고 싶지 않아요?」

미도「너무 보고 싶어.. 목소리라도 들어 봤으면.. 엄마와 한국에 왔으면 얼마나 좋았을까..」

미도가 느끼는 삶의 무게를 알게 된 경희는 울컥 눈물이 나오려고 했다. 다시는 만날 수 없는 가족에 대한 미도의 그리움과 한국에 오기까지 겪었던 우여곡절. 그녀는 눈물을 멈출 수 없었다. 미도에게 더 이상 어떤 말도 할 수 없었다.

*

*일곱 번째 만남_*

새벽 여섯 시. 추적추적 비가 내린다. 많은 보조 출연자들이 나이트클럽 맞은편 공터에 서 있다. 경희는 동준과 우산을 나눠 쓰고 이야기를 나누고 있다. 곧 검은색 원피스를 입은 미도가 도착했다.

미도「경희야, 안녕! 동준 씨, 안녕하세요! 오랜만이에요. 잘 지냈어요?」
동준「미도 누나, 오랜만이에요! 저야 뭐 늘 바쁘게 잘 지내죠.」
미도「바빠서 좋겠다. 저는 일이 너무 안 들어와서 걱정이에요. 이십 대들이 원래 일이 더 많다면서요.」
동준「누나, 요즘 이십 대 애들도 다들 일 없다고 난리예요. 여기가 원래 그런 것 같아요.」
경희「미도 언니, 이거 받아요. 제가 엄마랑 자주 가는 단골 감자탕 집인데 지금 일할 사람 구한대요. 장사도 엄청 잘되고 사장님이 정말 좋으세요. 언니 집에서도 버스 타고 금방 갈 거예요. 제가 사장님한테 언니 소개했어요. 전화하면 면접 오라고 연락 올 거예요. 당분간 그곳에서 일하면서 다른 일자리 찾아보면 좋을 것 같아서요.」
미도「경희야, 정말 고마워.」
경희「취업하면 한턱 쏘기예요.」
미도「응, 내가 맛있는 요리 만들어 줄게. 그리 훌륭하진 않지만.」

보조 출연자들이 다 모이자 반장이 높은 단상에 올라가 오늘 촬영 장면에 대해 설명한다.

반장「오늘은 클럽에서 남자 주인공이 싸우는 장면을 찍을 거예요. 우리는 배우들 뒤에서 열심히 춤만 추면 돼요. 음악은 나오지 않아요. 음악이 나온다고 상상하면서 신나게 춤추면 됩니다. 다들 클럽은 가 보셨죠? 그때의 기분을 살려서 하면 돼요. 이미지 단역분들이 화려한 의상을 입고 오실 거예요. 대부분 그분들 위주로 촬영되는데 그래도 춤은 열심히 추셔야 돼요. 핸드폰은 무음으로 가방에 넣어 두세요. 이층 테이블 의자에 소지품 놓으시고 의상 입으셔야 할 분은 화장실 가서 입으세요. 화장실도 미리미리 가세요, 촬영 중에 왔다 갔다 하지 말고요. 오늘 촬영 종료 예상 시간은 오후 세시입니다. 저쪽 입구로 들어가시면 됩니다.」

클럽 안으로 들어가자 촬영을 준비하는 스탭들로 분주하다. 보조 출연자들은 의상을 갈아입는다. 반장의 목소리가 들리자 보조 출연자들이 클럽 중앙으로 모인다. 반장은 출연자들을 몇 명씩 모둠 지어 줬는데 경희는 동준과 또래의 남자 한 명과- 미도는 친구 사이로 보이는 남자 두 명과 모둠이 되었다. 곧 촬영이 시작되었다.

감독「지금부터 춤추세요. 음악 안 나와요. 그냥 추세요.」

미도는 가뜩이나 춤도 잘 못 추는데 높은 구두를 신고 처음 보는 남자들과 음악 없이 춤을 춰야 하는 상황이 당황스러웠다. 그녀가 어색하게 움직이자 옆에 있던 남자가 춤을 추기 시작한다. 그러자 옆에 친구가 웃으며 묻는다.

남자1「무슨 춤이야?」

남자2 「군대 선임한테 전수받았지. 일명 경운기 댄스라고 들어는 봤냐? 어때, 괜찮지 않아?」

두 사람이 함께 경운기 댄스를 추자 미도가 웃는다. 그녀는 춤을 추며 멀리 있는 경희와 동준을 바라본다. 경희는 높은 구두 때문에 서 있기조차 힘들어 보인다.

동준 「누나 왜 그래, 대학교 다닐 때 클럽 안 다녔어? 그게 춤이야?」
경희 「갔었거든. 새 구두라 발 아파서 그래.」
동준 「구두의 고통은 여자의 숙명이지.」
경희 「뭐? 숙명? 어차피 화면에 발은 안 나오니까, 내가 오늘 너한테 그 숙명이 뭔지 체험할 수 있는 기회를 줄게. 바꿔 신자.」
동준 「누나 이러지 말자.」
경희 「빨리 안 바꿔?」
동준 「구두에 내 발 들어가지도 않아.」
경희 「다시 한번 여자의 숙명 같은 소리 해 봐. 후회하게 만들어 주겠어.」

점심시간이 되자, 경희와 미도는 동준과 함께 근처 식당으로 갔다.

경희 「클럽 촬영은 왔다가 맨날 후회해요. 새 구두 신고 왔더니 더 아파요. 참을 인 자 오만 개를 다리에 새기며…인고의 시간을 발바닥에 새기며… 언니는 발 안 아팠어요?」

미도「아팠지. 내 구두는 굽이 높지 않아서 심하지는 않았어. 그런데 나는 모르는 사람들이랑 음악 없이 마주 보고 춤추는 게 어색하더라.」

경희「전 오늘은 동준이가 있어서 괜찮았어요. 저번에는 처음 보는 애들이랑 어색했는데.」

동준「누나, 어쩌면 구두 신고 춤추는 게 나을 수도 있어. 날씨 이렇게 추워졌는데 저녁에 촬영하는 애들은 옥상 야외 수영장에서 얇은 옷 입고 새벽까지 찍는대. 추운 게 좋아? 다리 아픈 게 좋아?」

경희「둘 다 싫거든. 그런데 오늘 진짜 춥잖아. 걔네 오늘 다 죽었네.」

동준「나는 지난주에 사극 영화 찍으러 갔는데 이순신 나오는 배였거든. 내가 거기서 배에서 떨어진 병사 역할이었는데 가을인데도 바닷가 수온이 얼음 수준이야. 처음에는 견뎠는데 나중에는 참다가 참다가 더 이상은 못 참겠더라. 그래서 반장님께 말씀드리고 밖으로 나왔다니까. 잘못하다가는 다음 날 몸살 나서 몸져눕겠더라. 그럼 일도 못 하잖아. 보조 출연자들의 가장 큰 적은 세 가지인 것 같아. 잠과 추위 그리고 열악한 복지 환경. 곧 겨울이잖아. 누나 난 벌써 겨울이 무섭다.」

경희「나 대학생 때 처음 사극 야외 촬영을 갔는데 장갑을 두 개나 꼈는데도 손이 터질 것 같은 거야. 그런데 촬영 장소가 시장터라 연출부에서 연기 피운다고 가마솥에 진짜 불을 지펴 놓은 거 있지. 그래서 대기할 때마다 얼른 가마솥 위에 장갑 낀 손을 올려놨어. 그랬더니 손이 녹기 시작하더라. 가마솥의 온기가 나에겐 사막 오아시스였어.

얼마나 추웠으면 가마솥 하나로 행복하다고 느낄 정도였다니까.」
　동준「가마솥의 행복이네.」

　경희와 미도, 동준이 즐겁게 이야기를 나누고 있는데 반장과 보조 반장이 식당으로 들어와 옆 테이블에 앉는다.

　반장「너희 무슨 이야기를 그렇게 재밌게 하냐?」

　반장이 묻자, 동준이 장난기 가득한 표정을 지으며 말한다.

　동준「보조 출연자들의 열악한 겨울 생존기에 대해 대화 나누고 있었습니다, 반장님.」
　반장「겨울에 힘들지. 겨울에만 일 안 하는 애들 있잖아. 우리나라는 보조 출연자들 시스템이 잘못됐어. 외국에는 보조 출연자들도 등급이 있어서 희소성 있는 이미지 가진 보조 출연자들은 출연료를 더 준단 말이야. 등급에 따라서 출연료가 책정되어 있으니까 사람 구하기도 쉽지. 헬스 트레이너 역할이면 이미지에 맞는 등급을 부여하고 등급에 맞는 출연료를 주면 되는데 우리나라 이거는 최소 시급으로 다 똑같이 주려고 하잖아. 사람 구하기가 얼마나 힘든데. 또 새벽에 촬영하는 애들도 봐 봐. 다 패스트푸드점에서 자고 있지? 집에서 여의도까지 택시비 이만 원 드는데 팔천 원 주니까 애들이 택시를 안 타고 패스트푸드점에서 자는 거야. 회사에서 숙소를 제공하던지 해야 하는데... 의상도 무리하게 요구하고 문제가 많아..」

동준「반장님, 감동입니다. 이렇게 말씀하시는 반장님 처음 봤어요.」
반장「밥 많이 먹어라. 오늘 촬영 늦어져서 여섯 시에 끝날 것 같다.」
동준「맛있게 드세요, 반장님.」
미도「식사 맛있게 하세요.」

*

여덟 번째 만남_

사극 촬영장. 경희와 미도가 상궁 머리를 하고 궁궐에 서 있다.

미도「너무 춥다. 발가락이 너무 아파. 동상 걸릴 것 같아.」
경희「언니, 겨울에는 양말 다섯 개는 신고 와야 돼요. 전 수면 양말 두 개 신었어요.」
미도「많이 신었는데도 이러네.」
경희「제일 좋은 건 방한화를 신고 덧신을 신는 건데, 상궁 신발은 큰 사이즈가 없어서 그렇게는 못 해요. 맞다 언니, 식당 일은 어때요?」
미도「괜찮아. 감자탕 그릇 무거운데 쟁반 안 쓰고 바퀴 달린 카트 사용하니까 편하더라. 그리고 사장님도 많이 배려해 주셔서 편하게 일하고 있어. 정말 고마워, 경희야.」
경희「다행이다. 저는 어제 아침부터 너무 짜증 났어요. 지부장님이 시간 변경된 걸 안 알려 주셔서 여의도에서 한 시간 동안 기다렸어요. 힘들게 기다렸는데 반장님이 뭐라고 하셨는지 아세요? '너, 왜 또 왔어? 내가 우리 드라마는 한 번 나온 사람 또 나오면 안 된다고 했지?' 이러는 거예요. 지부장님한테 다 전달했는데 가도 괜찮다고 해서 갔던 건데.. 아, 짜증 나.」

모이라는 반장의 목소리가 들리자, 보조 출연자들이 반장 앞으로 모인다.

반장「지금 찍는 장면은 어린 세자가 상선 내관과 산책하다가 어머니가 어떻게 돌아가셨는지 묻는 장면이야. 상궁들은 두 사람 뒤를 따라가다가 내가 멈추라고 지정해 준 위치에 서면 돼. 화면에서 봤을 때 줄이 흐트러지거나 하면 안 되니까 간격 잘 맞추고.」

촬영 준비가 끝나고 배우들이 들어오자 촬영이 시작된다. 경희와 미도는 두 손을 모으고 고개를 숙인 채 세자의 뒤를 따른다. 그런데 순간 닭 울음소리가 들린다.

닭「꼬끼오, 꼬끼오.」
감독「컷!」

다시 촬영이 시작되었지만 또다시 닭 울음소리가 들린다.

닭「꼬끼오, 꼬끼오.」

감독 「야, 누가 가서 저 닭 좀 닥치게 해 봐. 촬영이 안 되네.」

스탭 몇 명이 내려가자 다시 촬영이 시작된다. 그런데 미도가 지정해 준 위치를 착각하고 몇 발자국 더 움직인다. 감독의 짜증 섞인 '컷' 소리가 들린다. 모니터를 보고 있던 반장이 미도에게 달려온다.

반장 「닭대가리야, 알려 준 곳에 서기만 하면 되는데 그걸 못하냐? 이런 것도 못할 거면 하지 마. 여기 서라고. 기억하기 힘들면 네가 따로 표시를 하던가.」
미도 「죄송합니다.」

다시 촬영에 들어갔는데 이번에는 상궁과 궁녀들 사이의 간격이 넓어져서 엔지가 난다. 그러자 궁녀 중에 한 명이 경희와 미도에게 말한다.

여자 「그렇게 빨리 가지 마시라고요. 간격 맞추기 힘들잖아요.」

하지만 계속해서 간격이 맞지 않았고 몇 번의 엔지가 난 후, 우여곡절 끝에 촬영을 마칠 수 있었다. 촬영장을 이동하는데 한 보조 출연자가 미도와 경희를 쳐다보며 말한다.

여자 「어떻게 저것도 못하냐. 말하면 알아 처먹어야지.」

안개꽃 247

경희가 화나서 씩씩대자 미도가 말한다.

미도 「나 요즘 식당에서 일하면서 피곤해서 제정신이 아닌가 봐.」
경희 「아니, 아무리 그래도 닭대가리라니- 반장은 어떻게 저런 단어를 쓸 수 있어.」
미도 「내가 잘못했는데 뭘.」
경희 「그리고 아까 저 여자애 하는 말 들었어요? 뭐? 알아 처먹어야지?」
미도 「네가 참아, 나 괜찮아. 맞다, 나 선물 있어. 우리 아들이 쓴 건데 너한테 주고 싶어서.」
경희 「고마워요, 언니.」

경희가 편지지를 펼친다.

미도 「읽어 봐, 경희야.」
경희 「우정은 무엇일까요? 함께 알아볼까요? 마법, 친절, 정직, 배려, 웃음, 성실함... 이게 우정이에요. 영어로 말해요, 알러뷰. 아들이 너무 귀여워요 언니. 글씨도 잘 쓰고.」
미도 「우리 아들 아직 장난꾸러기인데 나한테는 효자야. 건강하게 태어나서 효자, 아빠 없이도 잘 자라 주고 있어서 효자.」

오전 촬영이 끝나고 점심시간이 되었다. 미도와 경희가 식당으로 걸어가는데 멀리서 경희를 부르는 목소리가 들린다.

유하「강경희. 건치 미녀.」

경희가 뒤돌아보자, 유하가 경희를 보며 미소 짓고 있다.

경희「유하야, 웬일이야. 나 기억해? 정말 오랜만이다.」
유하「당연히 기억하지. 그동안 잘 지냈어?」
경희「너야말로 잘 지냈어? 몇 년 만이야 이게. 고등학교 졸업하고 너 잠수 탔잖아.」
유하「지금 이렇게 나타났잖아.」
경희「참 일찍도 나타났다. TV에서 많이 봤어. 연기 더 늘었던데?」
유하「고맙다. 여기서 보조 출연 하고 있는 거야?」
경희「응, 예전에는 단역도 몇 번 했었어. 나이 드니까 불러 주는 사람도 없고. 학원 다닐 때 남자애들이 나한테 '치아만 주연급'이라고 놀렸잖아. 얼굴이 주연급이었어야 했는데...」
유하「건치 미녀도 미녀야. 점심 먹으러 가는 길이야? 연락처 알려 줘. 내가 연락할게.」

경희가 유하의 대본에 연락처를 적어 준다.

경희「유하야, 너 잘돼서 너무 좋다. 반가웠어.」
유하「나도. 밥 맛있게 먹고.」
경희「너도. 촬영 열심히 해.」

경희는 방금 일어난 일이 믿기지 않았다.
미도가 옆에서 조용히 미소 지으며 말한다.

미도「거봐, 내가 말했지. 너 알아보는 것 같았다고.」
경희「시간이 너무 오래 지나서, 잊어버렸을 줄 알았는데..」

*

아홉 번째 만남_

반장「오늘 촬영 장소가 갑자기 바뀌었어요. 원래 카페랑 공원에 가려고 했는데 일정 협의가 안 돼서 내일로 미뤄지고 오늘은 내일 찍으려고 했던 장면을 찍을 건데... 지하 차도 노숙자들이 나오는 장면이라 모두 노숙자 분장을 해야 합니다. 여주인공 엄마가 잃어버린 남편을 찾는 장면이에요.」

보조 출연자들이 의상을 갈아입고 분장을 한다. 그들은 해진 옷과 가무잡잡한 피부로 분장한 서로의 모습을 보고 웃으며 사진을 찍는다. 분장을 마치자, 버스를 타고 지하 차도로 이동한다. 반장이 보조 출연자들에게 역할을 지정해 준다. 경희는 칠십 대 할머니와 함께 박스에 앉아 있는 노숙자를- 미도는 지나가는 행인 노숙자를 하게 되었다. 할머니가 바닥에 깔아 놓은 박스 위에 앉아 있다 경희가 다가가자 말을 건넨다.

할머니「춥지? 여기 앉아. 바람 불어서 추운 거야. 박스 안은 따뜻해.」
경희「네, 할머니.」
할머니「이거 먹어, 내가 집에서 만든 김치전이야.」
경희「감사합니다. 어, 정말 맛있어요.」
할머니「그치? 이거 다 먹어. 나 누구 닮지 않았어?」
경희「누구요? 잘 모르겠어요..」
할머니「내 얼굴 잘 봐 봐. 요즘 뉴스에 자주 나오는 여자 있잖아. 대통령이랑 잘못해서 감옥 간 여자.」
경희「아... 그 최실세요?」
할머니「그래, 그 비선 실세. 나 그 여자랑 닮았어?」
경희「지금 보니까 많이 닮으셨어요.」
할머니「그래? 아니, 어제 재연 프로그램에서 최실세 역할 해 달라고 연락이 왔어, 닮았다고. 난 안 닮은 것 같은데. 그렇게 닮았어?」
경희「정말 똑같으세요. 저는 저번에 암살범 재연해 달라고 연락 왔었어요. 당시에 여자 암살범이 입은 셔츠 똑같이 입고요. 그런데 못 한다고 했어요. 아무리 연기지만 섬뜩하잖아요.」

촬영이 시작되었다. 미도는 반장님의 손동작을 보고 있다가 지나가라는 신호를 보내면 자연스럽게 보이려 애쓰며 카메라 앞을 지나갔다. 미도는 반장님의 손동작이 오케스트라의 지휘자 같다고 생각했다. 멈추라는 신호를 보낼 때면 손바닥을 펴고 팔을 쭉 뻗었고 오라는 신호를 보낼 때는 손목을 부드럽게 굴렸다. 한 장면이 끝나자 반장이 덜덜 떨고 있는 미도에게 말한다.

반장「이름이 뭐라고 했지?」
미도「홍미도입니다.」
반장「그래, 미도야. 다음 장면에는 너 안 들어가. 추우니까 패딩 입고 있어.」
미도「감사합니다.」

반장의 말에 미도는 코트 위에 얼른 패딩을 입는다. 촬영은 두 시간 만에 끝났고 아침 식사를 하지 못한 미도와 경희는 분장을 지우고 근처 수제비 식당에 갔다. 따뜻한 수제비를 먹자 촬영하며 꽁꽁 언 몸이 사르르 녹았다.

경희「언니, 온몸이 녹아요. 이제 살 것 같다.」
미도「나도! 수제비 너무 맛있다.」
경희「언니랑 정말 오랜만에 먹는 밥이에요. 도대체 이게 얼마 만이에요.」
미도「그러게, 그동안 잘 지냈지?」
경희「요즘 연기 연습 소모임도 가고 틈틈이 연기 공부도 하고 있어요. 다시 예전 대학생 때로 돌아간 기분이에요. 오디션 영상도 다시 만들려고 준비하고 있어요.」

미도「잘하고 있네. 나는 요즘 요리 공부하고 있어. 작은 푸드 트럭을 운영해서 돈을 모으고 그 돈으로 나중에 북한 요리 전문 식당을 내고 싶어. 아직 계획은 이래.」

경희「언니도 드디어 하고 싶은 게 생겼네요. 축하해요.」

추위를 잊게 해 주는 따뜻한 수제비 한 그릇에 꿈 한 조각, 희망 두 스푼을 넣었다. 무엇보다 서로가 있기에 그들은 더 이상 몸을 움츠리지 않아도 되었다. 지금은 그것만으로 충분했다.

*

열 번째 만남_

함께 출연했던 영화를 보러 영화관에 온 미도와 경희.
영화가 끝나자 근처 포장마차에 왔다.

경희「언니, 영화 어땠어요?」
미도「좋았어.. 사람들이 잊고 있던 그날의 일들을 다시 한번 기억할 수 있게 해 줘서.」
경희「역사 영화는 매번 우리들에게 잊혀진 기억을.. 경험하지 못 했던 그날의 일들을 느낄 수 있게 해 주고 깨닫게 해 주는 것 같아요.」

미도「그런데 불에 갇혀서 울면서 찍었던 장면은 나오지도 않더라.」

경희「예산 많이 들어간 장면인데 편집돼서 저도 놀랐어요. 그리고 언니... 저 좋은 소식 있어요. 유하가 소개해 준 소속사와 계약했어요.」

미도「정말? 너무 잘됐다. 축하해, 경희야.」

경희「항상 고마워요 언니. 정말 열심히 해 볼 거예요. 나중에 후회 안 하도록.」

미도「어떤 배우가 되고 싶어?」

경희「저는 감동을 주는 배우가 되고 싶어요. 제 연기로 사람들과 교감하고 싶어요.」

*

이후 그녀들의 이야기

아들과 아침 식사를 하고, 아들의 손을 잡고 함께 집을 나서는 미도. 초등학교 정문 앞에서 아들과 인사하고 식당으로 출근한다. 일이 끝나면 집으로 돌아와 요리를 해서 아들과 저녁 식사를 먹는다. 식사가 끝난 후엔 아들은 숙제를 하고 경희는 부엌에서 요리책을 펼쳐 놓고 요리 연습을 한다.

경희는 처음으로 사극의 조연으로 출연하게 되었다. 탐욕적인 후궁 역할을 맡았는데 날카로운 대사를 연습하며 감정을 이입하느라 예민해져 있다. 분장을 하고 세트장으로 가는데- 추위에 떨며 입김으로 손을 녹이는 보조 출연자들이 보인다. 그녀는 갖고 있던 핫팩과 담요를 출연자들에게 건네준다. 촬영을 마치고 미도에게 전화를 하는 경희. 전화 너머로 미도의 밝은 목소리가 들린다.

미도「경희야!」
경희「언니! 잘 지내고 있어요?」
미도「그럼, 잘 지내고 있지. 드라마 재밌게 잘 보고 있어.」
경희「어때요? 저 잘하는 거 같아요?」
미도「정말 잘하더라. 너라는 것도 잊고 욕한다니까.」
경희「언니 보고 싶어요.」
미도「나도 보고 싶어. 감자탕집 사장님도 너 보고 싶대.」
경희「놀러 갈게요. 곧 만나요.」

자살한 사람들의 모임
ⓒ황지은 2024

1판 1쇄 발행 2024년 12월 10일

황지은 씀
펴낸이 | 황지은
펴낸곳 | 별들의도시
출판등록 | 2017년 1월 18일 제450-251002017000019호
ISBN | 979-11-91540-11-6 | 값 14,000원
전자우편 | h-aurora@naver.com
인스타그램 | @cospublish
블로그 | blog.naver.com/cospublish

본 책 내용의 전부 또는 일부를 재사용하려면
반드시 저작권자의 동의를 받으셔야 합니다.

Onnellisten lasten salaisuudet

행복한 아이의 비밀

피르요 수호넨 지음
이보영 옮김

**TOILET
PRESS**

일러두기

번역본 주석은 역자 주석이다.

사랑하는 딸 케르뚜에게

© 피르요 수호넨 2020

목차

- 11 **아이 웰빙의 초석, 집안 분위기**
- 31 **칭찬하자, 진심으로!**
- 49 **독립된 존재로서 아이**
- 69 **놀이를 잊지 말자!**
- 85 **일상은 소중해**
- 103 **부모의 EQ가 높아야 하는 이유**
- 121 **아이를 보세요. 아이가 보입니다.**
- 139 **루틴의 힘**
- 157 **대화하고 경청하자**
- 181 **자연스러운 책임감 교육**
- 195 **스킨십의 중요성**
- 211 **뿌리가 내려야 날개가 자라난다**

- 230 **핀란드 교육과 관련된 흥미로운 통계 정보**

- 234 **감사의 말**

들어가는 말

나와 같은 프로젝트에 참여했던 한국인 사업 파트너가 이런 질문을 불현듯 던진 적이 있다.

"핀란드인의 문제가 혹시 뭔지 아시나요?"
"아이의 행복은 바라지만, 아이의 성공에는 그다지 관심이 없는 것이 핀란드 사람들의 문제 같아요."

내가 대답할 틈도 없이 그는 혼자서 빠르게 자문자답을 이어갔다. 그의 이 질문과 대답은 오랫동안 화두처럼 더 많은 질문과 함께 나를 떠나지 않았다.

'아이의 행복과 성공, 이 두 가지는 양립이 과연 불가능한가.' '모든 부모는 아이의 행복을 원하는 것이 아닌가? 아니, 과연 그럴까?' '아이의 행복보다 성공이 더 중요하다는 부모가 있다는 말인가.' '그렇다면 성공이란 무엇이며 또 어떻게 측정할 수 있을까?'

부모를 포함하여, 아이들과 많은 시간을 같이 보내는 어른들은 종종 자신에게 '내가 지금 아이들을 잘 대하고 있는 것인가?' 라는 질문을 할 때가 있을 것이다. 한 아이의 엄마로서 나도 가끔은 혼란스러울 때가 있었다.

'아이에게 너무 '오냐오냐' 하고 있나? 반대로 어떤 때는 지나치게 엄하게 대하고 있는 게 아닐까?' '아이에게 얼마만큼의 스마트 기기 사용 시간을 허용해야 하지?' '몇 살 때부터 얼마만큼의 독립성을 허용하고 키워주어야 하지? 내가 지나치게 많은 것들을 해주는 건 아닐까?'

어떻게 키워야 심신이 건강한 어른으로 잘 자라날 수 있을지 고민이 많았다. 아이를 키우며 기쁨, 행복, 성공이라는 긍정적 감정만을 느끼면 좋겠지만, 양육 과정에는 불확실성, 걱정, 자격지심 등 부정적 감정도 반드시 함께 따라온다. 아동의 웰빙과 관련된 수준 높은 연구가 핀란드에서는 오랫동안 진행되어 왔다. 이런 연구에서 공통적으로 정의한 아동의 웰빙 혹은 복지는 아동에게 행복해질 수 있는 기회를 더 많이 제공하는 것이다. 이 정의에 근거, 필자는 어떻게 해야 아이에게 행복의 기회를 더 많이 줄 수 있는지에 대한 구체적 답이 찾고 싶어졌다.

"아이의 웰빙 그리고 행복과 관련된 주요 요소는 무엇일까?" "아이의 웰빙을 어떻게 향상시킬 수 있으며 이는 어떻게 아이의 행복으로까지 이어질까?"

12명의 핀란드 아동 복지 관련 전문가는 나의 이런 질문에 친절하게 답을 해주었다. 이들의 정성 어린 답이 모아져 책으로 만들어지게 됐다. 이 책에서 전문가들이 추천하는 다양한 양육법은 모두 누구나 일상생활에서 적용 가능한 것들이다. 너무 일상적이어서 어디서 한번 들어본 주제일 수도 있다. 문제는 생각보다 많은 부모가 바쁜 일상에 치여 크게 주목하지 않고 이 익숙한 내용들을 피상적으로 쓱 훑고 지나쳐버렸을 가능성이 매우 높다는 것이다. 그런 부모들에게 감히 나는 이런 질문을 하고 싶다.

얼마나 자주 그리고 구체적으로 아이를 칭찬했습니까? 칭찬보다는 고쳐야 할 것에 대해 더 많이 얘기하지 않았나요? 아이가 부모에게 말을 할 때 언제나 100% 집중하며 경청했습니까?

이 책을 쓴 목적도 아이와 많은 시간을 같이 보내는 이들이 바쁜 삶 속에서 지나쳤을지 모르는 아이라는 작은 존재에게 진정으로 관심을 되돌리도록 하는 것이다. 어른들이 만든 좋은 일상을 매일 살아나가는 아이의 삶의 질은 향상될 수밖에 없다. 요즘 SNS를 보면 자신의 양육법이 옳지 않았다며 죄책감에 사로잡힌 부모, 반대로 자신의 양육법만 옳다며 소리 높여 갑론을박을 벌이는 독단적 부모도 있다. 양육의 길에서 방향을 잃어버린 부모들에게 특별하지 않은 평범한 일상 속에서도 아이의 행복과 웰빙에 기여할 방법이 많다는 것을, 이 책을 통하여 그들의 어깨를 감싸며 부드럽게 상기시켜주는 것이 내 작은 바람이다.

미래는 우리 아이들에게 있으며 그들의 미래는 우리에게 매우 중요하기 때문이다.

피르요 수호넨

Kodin ilmapiiri

**아이 웰빙의 초석,
집안 분위기**

좋은 집안 분위기는 좋은 양육의 시작점
"아동 웰빙의 기반은 가정에서 기본적 욕구가 충족되는 것"

행복감의 뿌리

행복은 삶의 경험을 긍정적이고 의미 있는 것으로 받아들일 때 생기는 감정이다. 행복은 우리를 내적으로 평화로운 상태로 만든다. 슬픈 일을 겪었을 때 그럼에도 불구하고 인생을 살아갈 만한 가치가 있는 것으로 받아들일 수 있다면 행복은 그리 멀지 않은 곳에 있다. 인생에서 여러 어려움을 겪으며 느낄 수 있는 부정적 감정은 그래서 행복의 반대말이 아니다.

웰빙과 행복은 밀접한 관계가 있지만 같은 개념은 아니다. 삶에서 문제를 만나 '웰빙'이 무너지더라도 행복감까지 무너지는 것은 아니다. 슬퍼하고, 가난하고 심신의 여러 고통 속에서 어려움을 겪는 사람들도 내면 깊은 곳에서 행복의 우물을 퍼 올리는 것이 가능하다. 자신에게 닥친 삶의 위기를 유의미한 것으로 받아들일 자세만 갖출 수만 있다면 말이다. 환경이 좋은 사람 중 반대로, 삶의 의미를 찾지 못

해 공허함과 불안함에 시달리는 불행한 사람도 많다. 행복감은 정신적 건강과 관련이 깊다.

아동의 기본적 신체적, 심리적 욕구 충족의 중요성

현대의 자녀 양육 방식은 과거에 비해 많이 성과 중심으로 바뀌었다. 집중적 양육intensive parenting*은 이런 성과 중심적 마인드에서 비롯된다. 어떤 부모가 되어야 하는지, 어떤 아이로 키워내야 하는지, 아이가 어떤 성과를 내야 하는지, 이 모두를 외부의 기준과 압력에 눌려 결정하는 부모가 많다. 이들은 사회에서 자녀 교육에 성공한 가족으로 인정받고 싶어 한다. 이때, 가정은 성과 수행을 압박하는 장소가 되어버린다. 자신이 압박 받고 있는 부모는 자신이 동원할 수 있는 모든 수단을 사용해 자신의 아이들도 압박하기 시작한다. 이런 부모가 범할 수 있는 가장 큰 실수는 가장 기본이라고 할 수 있는 상식적 양육 방법을 잊어버리는 것이다.

아이 웰빙의 기반은 여기저기서 주워들은 자잘한 양육

---

* 집중적 양육이란 자녀를 양육하는데 매우 많은 시간과 에너지와 비용을 투자, 자녀에게 집중하고 관여하는 것이 부모의 역할이라 믿는 내적 신념에 근거한 양육태도이다. 이런 신념은 부모의 취업결정 및, 양육에 대한 죄책감, 정신건강 등과도 관련이 있다.

의 '팁(정보)'으로 이루어지는 것이 아니라 가정의 좋은 분위기로 다져지는 것이다. 아이는 집에서 안전하다고 느낄 수 있어야 한다. 이런 안전함의 감정은 물리적 욕구(충분한 영양, 수면, 휴식)의 충족 외에 자신을 아끼고 사랑하는 든든한 양육자가 있을 때 보장된다. 부모는 바로 아이의 물리적 욕구를 해결해 주는 사람인 동시에, 아이에게 안전함을 제공하는 믿음직스러운 양육자가 되어야 하는 것이다.

아동 웰빙에 있어 또 하나 중요한 요소는 심리적인 욕구의 충족이다. 소속감, 자신감, 자율성 등이 이에 해당한다. 소속감은 가족으로부터 인정받고 사랑받고 있다고 느낄 때 형성되는 감정이다. 자신을 가족 공동체 일원으로 인식하게 된 아이들은 소속감과 자기 정체성도 갖게 된다. 다양한 상황을 마주했을 때 그 상황을 잘 헤쳐 나갈 수 있는 '나는 할 수 있어!'의 정신을 우리는 자신감이라 부른다. 자율성이란 연령에 맞춰 스스로 목표를 정하고 자신에게 영향을 끼칠 결정을 주도적으로 내리는 과정을 통해 길러지는 자질이다. 자율성의 필요와 그 정도는 아이의 연령과 발달 수준에 따라 결정된다. 부모는 이렇게 다양한 아이들의 기본적인 심리적 욕구가 충족될 수 있도록 아이 옆에서 잘 도와주어야 한다.

양육 스타일

전통적으로는 양육 방식을 보통 '따뜻한 양육법'과 '냉정한 양육법'으로 나누었다. 전자는 부모가 아이에 대해 긍정적인 감정을 많이 표현하며 사랑과 보살핌, 아이를 향한 전면적 수용 태도를 보여준다. 후자는 이와 다르게 아이와 거리를 두며 상대적으로 냉정한 정서적 관계를 유지하고 밀접한 접촉도 자주 하지 않는다.

요즘에는 경계 설정과 통제를 기준으로 양육법을 나누기도 한다. 부모가 아이에게 일정한 한계를 설정해주고 그 안에서 인내심 역할을 하는 양육법이다. 이 양육법은 아이에게 사회에서 다른 사람과 살아가는 방법을 자연스레 가르쳐 주는 데 효과적으로 알려져 있다. 어른이 세운 한계와 루틴은 아이가 안전함을 느끼는 틀이 되어 준다. 아이들은 이 속에서 보호받으며 일상을 살아가는 방법을 명확히 안내받는다. 이와 반대로 경계를 정하지 않고 아이가 원하는 대로 놓아두는 방임형 양육법도 존재 한다. 연구 조사에 따르면 아이를 위한 최적의 양육법에는 한계와 사랑, 따뜻함과 안전이 모두 잘 결합되어져야 한다. 한계가 없거나 혹은 애정이 없는 양육법은 아이에게 모두 바람직하지 않다.

양육 스타일과 관련된 세 번째 방법은 심리적 통제법이다. 심리적인 통제에 능한 부모는 직접적으로 자녀의 활동을 주도하거나 규칙으로 자녀의 행동을 얽매려 하지 않는다. 대신, 아이들의 생각이나 감정을 통해 그들의 마음을 움직인다. 바로 가스라이팅이다. 그러나 이 방법에는 아이와 어른의 밀접한 애착 관계를 악용할 위험 소지가 다분히 내포되어 있다. 부모가 아이를 로봇처럼 자기 마음대로 조정하려 할 수도 있다. 부모로부터 받은 가스라이팅을 통해 아이들은 부모와 같은 의견을 내고 같은 감정을 느낄 때만 그들의 승인과 사랑을 얻게 될 것이라는 메시지를 암묵적으로 받게 된다. 이런 식의 심리적 통제는 아동의 정신건강에 큰 해를 입힐 수 있다.

심리적 통제 방법 중 특히 가장 나쁜 방법은 아이가 듣는데서 다른 아이와 지속적으로 아이를 비교하는 것이다. "이웃에 사는 XX처럼 해봐!" "형 만큼만 해라" 부모는 이런 비교 화법을 통해 아이에게 죄책감과 수치심을 느끼게 하고 이를 통해 아이를 통제하려 한다. 이런 방식은 아이를 한 인격체가 아닌 제한된 행동의 결과에만 초점을 맞춰 평가한다. '엄친아(엄마 친구의 아들)'의 이야기를 수도 없이 듣는 아이는 어느새 자신이 다른 아이보다 못한 못난 존재라는 자격지심에 빠지게 될 것이다. 이렇게 아이를 하나의 인격체로 존중하지 않는 양육법은 가정 분위기를 망치는 큰 원인 중 하나다.

"자신의 감정을 잘 표현하는 아이가 강한 아이다"

아이가 자기 자신이 될 수 있는 가정 환경 만들어 주기

부모는 다른 아이와 끊임없이 비교하는 대신 아이의 개성을 그대로 수용하고 아이의 장점에 집중해야 한다. 모든 아이는 다 각자 다른 모습으로 태어났다. 아이의 장점은 북돋아 주고 아이의 있는 모습 그대로를 받아들여 주며 사랑하는 가정 분위기가 아이에게는 필요하다. 아이의 모든 행동을 다 용납하라는 뜻은 아니다. 중요한 것은 아이가 자신의 감정과 생각이 부모에게 존중받고 있다는 것을 느끼게 하는 것이다. 자신이 하나의 인격체로 존중받으며 사랑받고 있다는 감정은 아이의 심리적 욕구다. 자신은 자체로 귀한 존재이며 자신 아닌 다른 사람이 될 필요가 없다고 느끼는 것이 중요하다.

가정에서의 표현의 자유 또한 아이의 성장에 중요한 요소다. 아이는 가정에서 자신의 생각과 감정을 자유롭게 표현할 수 있어야 한다. 이런 자유를 빼앗긴 아이는 후에 자존감과 정체성의 혼란을 겪을 수 있다. 항상 부모가 원하는 대로 생각하고 말해온 아이들은 성인이 되어서도 진정한 자신의 모습이 무엇인지, 자신이 인생에서 원하는 것이 무엇인지를 끝내 찾지 못할 수 있다. 감정을 솔직히 표현할 수 있는 아이가 강한 아이다. 이런 아이일수록 인생에서 성공할 확률이 높다. 요즘처럼 끊임없이 변화하는 현대 사회에서는 어떤 능력을 갖춰야 미래에 성공을 할 수 있을지 예측하기가 어렵다(성공에는 물론 전통적인 의미의 '성공' 뿐만 아니라 다양한 성공의 개념이 있다).

창의력을 북돋아 주는 가정 분위기 속에서 자라난 아이는 미래에 자신의 잠재력과 장점을 여러 분야에서 발휘하게 될 가능성이 크다. 이런 양육법은 미래 혁신에 기여하고 사회에 선한 영향력도 끼칠 수 있게 된다.

아이의 눈높이 맞추기

부모들이 양육방식을 바꾸는 것은 쉽지 않다. 양육방식은 조부모에서 부모, 부모에서 자녀로 세대를 관통하며 그대로 전달된다. 이는 거의 무의식적인 과정이며 그래서 바뀌기 어렵다. 어떤 부모는 아이가 나이를 먹어도 어렸을 때의 양육법을 똑같이 고집하기도 한다. 이런 부모는 머리가 이미 커진 아이들에게도 마치 어린아이에게 하듯 무작정 자

신의 지시에 따를 것을 강요하는 권위적인 부모가 되기 쉽다. 물론 이들은 아이가 스스로 뭔가를 결정하도록 잘 허용하지도 않는다.

부모의 양육 태도가 쉽게 바뀌지 않는 또 하나의 이유는 부모의 양육관이 그들의 가치관에 기반하고 있기 때문일 수도 있다. 그래서 부모들은 잠시 멈추고 양육방식을 돌아볼 필요가 있다. 특히 이때는 자신이 아닌 아이의 눈으로 양육방식을 바라볼 것을 권한다. 한 예를 들어보자. 지금 아이가 상점 바닥에 드러누워 부모의 말을 듣지 않고 크게 소리치고 있다. 대부분의 부모라면 이런 상황을 창피하고 당혹스럽게 여겨 빨리 종료시키려 할 것이다. 부모가 이때 아이에게 할 수 있는 가장 무익한 행동은 바로 큰 소리로 야단치는 것이다. 지혜로운 부모일수록 자신의 아이가 어떤 감정에 둘러싸여있는지 아이의 눈높이에 자신을 맞추려 할 것이다.

'배가 많이 고프거나 피곤한 것일까?'
'그렇다면, 안고 진정시켜 주면 좋을까?'

부모가 위의 예처럼 자녀 입장에서 상황을 바라볼 수 있다면 자신의 육아법도 보다 객관적으로 평가할 가능성이 높다. 악한 의도로 상점 바닥에 드러눕는 행동을 하는 아이는 거의 없다. 이런 행동에는 구체적인 이유가 숨어 있을 확률이 높다. 이 이유를 부모는 잘 헤아려주어야 한다.

집에 있는 시간과 일상이 즐거운가요?

가족은 하나의 잘 굴러가는 공동체가 되어야 하며 아이도 중요한 가족 일원으로 대접받아야 한다. 계속 성장하는 아이들과 눈을 맞춰나가려면 부모는 성장 과정마다 그들이 어떤 경험을 하고 어떤 생각과 감정을 느끼는지 대화를 통해 적극적으로 알아가야 한다. 이런 부모만이 자율성과 독립성을 점차 갖춰가는 아이들의 건전한 성장 곡선을 인정하고 지원할 수 있다. 아이도 이런 대화의 과정을 통해 자신의 존재가 가족에게 진지하게 받아들여지고 있으며 자신도 다른 가족 구성원에게 영향을 끼칠 수 있다는 것을 깨닫게 된다. 이렇게 가족들이 자신의 이야기를 경청하고 있다는 감정은 아이의 웰빙에 상당히 중요하다. 어느 순간부터는 아이들도 가정에서 벌어지는 대소사에 참여시켜야 한다. 가족이 서로 허심탄회하게 대화하며 서로를 인정하고 경청하는 가정 분위기 속에서 아이는 건강한 심신에 배려심까지 갖춘 아이로 성장하게 될 것이다.

가정 분위기와 양육 방식은 안과 겉처럼 서로 맞닿아 있다. 벌어진 상황을 아이의 눈으로 재해석할 수 있는 부모는 아이의 일상도 긍정적 분위기로 이끌어 가게 된다. 부모의 긍정적 에너지는 모든 가족 구성원에게 자연스럽게 전달되며 이 에너지는 서로를 더욱더 아끼고 사랑하게 만들어 준다.

이와는 반대로 아이의 행동을 일일이 지시하는 부모는 가정 분위기를 두려움으로 드리운다. 이런 가정에서 아이가 할 수 있는 일은 부모에게 순종만 하는 것이다. 이런 권위주의적 양육방식에서는 아이의 관점은 없고 부모의 관점만 있다. 이런 무서운 가정 분위기에서 아이는 늘 바늘방석에 앉은 것처럼 피불인격이 되기 싶다. 잘못된 말과 행동을 할까 늘 조심하며 불안감에 시달린다. 이런 아이들이 오히려 나중에는 더 반항심 많은 아이로 변해 엇나가는 경우도 많다.

이렇게 집에 있는 것이 즐겁지 않고 일상이 무겁다면 집안의 분위기를 바꾸어야 한다. 거짓말을 자주 하거나 자기의 의견을 말하는 데 두려움을 느끼는 아이, 학교에서 일어난 안 좋은 일을 부모에게 털어놓지 못하는 아이, 이런 아이를 둔 부모는 가정 분위기에 문제가 있다는 것을 알아야 한다. 더 나아가 자녀가 성인이 되었을 때 자신의 양육방식이 어떤 결과를 가져올지 깊이 생각해봐야 한다. 아이가 겉으로만 번지르르하게 성공한 사람이 되기를 원하는가? 아니면 행복하고 균형 잡힌 성인으로 자라기를 원하는가? 이는 가치 선택의 문제이기도 한다. 대부분 우리 부모들은 자녀에게 최선을 다하고 있다. 그러나 문화권마다 그 '최선'이 가진 모양은 서로 다를 수 있다.

양육 스타일은 때로는 부모의 심신 건강 상태를 반영하기도 한다. 심신이 건강하지 못하고 낮은 자존감, 우울증, 만성 피로에 시달리는 부모는 육아에도 그 상태가 반영된다. 이런 상태에 놓인 부모는 아이를 정상적으로 돌보기 어렵다. 심신이 건강한 부모라야 자신처럼 건강한 아이로 자랄 수 있도록 양육에 자신의 긍정적 에너지를 쏟아부을 수 있다. 육아를 잘하고 싶은가? 그렇다면 먼저 자신을 돌보아야 한다.

만약 많은 부모가 여러 다른 양육 스타일과 그 양육 스타일이 아이들에게 끼치는 영향들에 대해 충분히 알게 된다면 그들의 기존의 양육 스타일에 대해서도 돌아볼 가능성이 크다. 알게 된 만큼 자신의 양육 방식에 이를 적용하고 싶어 할 것이다. 하지만 가정 분위기는 하루아침에 쉽게 바뀌지는 않는다. 가정 분위기는 가족이 함께 대화하고 자신이 생각하고 본 것에 대해 솔직히 의견을 표현하고 나눌 때 스며들 듯 천천히 개선될 것이다. 이때, 누군가가 먼저 용기 내어 "우리 가족은 항상 싸움만 하는 것 같아요. 하지만 어느 누구도 자신이 이에 대해 쉽게 말을 꺼내지 못한다고 느꼈어요" 라고 대화의 물꼬를 틀 필요가 있다. 가족간 이견으로 인한 다툼은 다른 사람의 말을 경청하고 다른 의견도 존중하고 무시하지 않는 태도를 견지할 때 해결된다.

**"안전한 가정 분위기에서 자라는 아이는
부정적인 감정도 자유롭게 표현할 수 있다."**

가족의 힘

가족마다 처한 상황과 가정 운영 방식이 다르기 때문에 모든 가족의 다양한 상황을 해결해주는 한 가지 정답은 없다. 만약 가족 내부에서 문제 해결이 어렵다면 외부에 도움을 요청하는 것도 좋은 방법이다. 다른 가족의 운영 방식을 보며 배우는 점이 있을 수 있기 때문이다. 이때 필요한 것은 가정의 문제를 가족 밖 제3자에게 솔직하게 말하고 도움을 구할 용기다.

좋은 가정 분위기 속에서 안정감을 느끼며 자라는 아이는 부정적 감정도 드러내기를 두려워하지 않는다. 자신의 기분이 안 좋더라도 자신은 여전히 사랑받을 것임을 알기 때문이다. 부모도 마찬가지다. 아이와 배우자에게 자신의 안 좋은 기분이 드러나더라도 그들이 자신을 이해할 것이며 자신을 저버리지 않을 것을 안다. 분위기가 좋은 가정은 서로 간 이견이 있더라도 해결점을 찾으려 서로 노력하며 끝내는 하나로 뭉쳐서 나갈 힘이 있다. 그들은 이런 자신의 가족의 힘을 굳게 믿는다.

∴ 이 장을 쓰는 데 도움을 준 전문가

카이사 아우놀라 Kaisa Aunola 교수는 현재 핀란드 유바스퀼라 대학에서 심리학 교수로 재직중이다. 주 연구 분야는 육아, 가족간 상호 작용, 어린이와 청소년의 사회적-정서적-학습적 발달에 영향을 미치는 가족(가정)의 역할이다.
https://www.jyu.fi/fi/henkilot/kaisa-aunola

Kehu lasta!　　　　　　**칭찬하자, 진심으로!**

칭찬하라!
"부모의 중요한 역할은 아이의 본성을 잘 파악하여 자기 자신이 될 수 있도록 도와주는 것이다"

행복은 참여에서

행복은 삶의 여러 요소가 조화를 이룬 상태다. 좀 더 구체적으로는 삶에서 즐거움과 의미를 함께 느낄 수 있으며 주변에서 벌어지는 크고 작은 일들에 참여할 기회를 부여받고, 다른 사람과도 친밀한 관계를 맺고 있는 상태다.

자신이 속해 있는 사회 환경과의 조화는 행복에서 특히 중요한 요소다. '즐겁다'는 여기에 뿌리를 두고 피어난다. 핀란드인들은 예로부터 '독립성'을 큰 미덕으로 여겼다. 다행히 21세기를 살아가는 핀란드 사람들은 자신의 삶에 타인의 도움이 필요하다는 데 수긍하기 시작했다. 동서고금을 막론하고 사람들은 서로 돕고 살아가야 하는 존재다. 어느 누구도 남에게 도움을 요청하는 것에 대해 부끄러워해서는 안 된다. 도와주는 사람들도 행복감을 얻게 된다. 타인의 존재는 나의 행복에 중요하다.

모든 아이는 다르다

현대 육아는 길을 잃은 듯 보인다. 출산율은 급격히 줄고 있으며 한 아이만 둔 가정도 많다. 본시 육아에는 기쁨과 슬픔이 함께 내재돼 있지만 요즘에는 '성공'의 압박까지 커지고 있다. 육아에는 지름길이 없다. 부모는 다양한 상황에서 아이를 지원하고 가능한 긍정적 피드백을 주며 끊임없이 노력할 뿐이다. 이런 노력 중 가장 중요한 요소가 아이와 함께 보내는 시간이다. 시간은 양良만큼 어떻게 시간을 보내느냐는 그 질質도 중요하다.

아이와 부모 사이에 생기는 갈등 중 많은 부분은 서로 기질이 달라서 발생한다. 조용한 부모에게서 개구쟁이 아이가 태어날 수 있으며 반대로 활발한 부모에게서 조용한 아이가 태어나기도 한다. 많은 부모는 자신과 다른 아이들을 잘 이해하지 못하고 그저 아이의 행동을 제재하고 바꾸려 할 뿐이다.

부모는 우선 아이가 자신의 복제품이 아니라는 사실을 받아들여야 한다. 그리고 아이의 타고난 기질을 바꾸지 못한다는 것도 인정해야 한다. 아이의 본성을 존중해야 하며 아이가 자신의 본성을 스스로 잘 파악할 수 있도록 부모는 오히려 독려해주어야 한다. 갓 태어난 신생아를 봐도 계속

큰 소리를 지르는 아기가 있는 반면, 소리를 지르더라도 짧게 지르고 다시 조용해지는 아기도 있다. 어느 아기가 더 좋고 나쁘다고 할 수 없다. 그저 다른 기질을 가지고 태어났을 뿐이다. 형제자매도 성격이 완전히 다른 경우도 많다. 부모는 아이마다 차이점을 잘 파악해서 기질에 맞게 대해야 한다. 이런 부모의 양육 방식은 언뜻 차별적인 육아 방식으로 비칠지 모르지만 그렇지 않다. 칭찬도 아이의 기질에 맞춰서 해야 훨씬 효과적이다.

성격은 고유의 기질과 어린 시절의 경험이 합쳐서 형성된다. 부모는 아이의 성격을 잘 파악해서, 어떤 면에 더 많은 지원이 필요한지 판단해야 한다. 그러기 위해서는 아이와 가능한 많은 시간을 보내며 아이를 예민하게 관찰할 필요가 있다. 여기서 아이와 함께 보내는 시간은 일상생활에서 지속적이고 규칙적으로 보내는 시간으로, 스마트폰이나 온라인으로 주고받는 짧은 문자 혹은 가끔씩 아이에게 베풀어 주는 이벤트성 프로그램으로는 대체할 수는 없다. 아이와 함께 많은 시간을 보내지 못하는 부모는 자기 아이에 대해서 잘 알 수 있는 기회를 잃어버린 것이다.

부모의 중요한 역할은 아이의 본성을 잘 알아서 자기 자신이 될 수 있도록 도와주는 것이다. 어린아이들도 이미 자신만의 고유한 사고방식을 갖게 되는 경우가 많은데 이런 개성적인 사고방식도 이해하고 지원해주어야 한다. 이 말은 아이가 하고 싶어 하는 대로 다 따라가라는 뜻은 아니다. 부모는 자녀에게 자신이 금과옥조金科玉條로 여기는 가치관과 신념, 그리고 교육 철학까지 일깨워주는 역할도 담당해야 한다. 그럼에도 불구하고 부모와 아이는 지시하고 따르는 서열 관계가 아니라 공동으로 합의한 목표로 나가려고 노력하는 한 팀이 되어야 한다.

부모가 아이 눈에 완벽한 인간이 될 필요는 없다. 오히려 완벽하지 못한 부모를 보며 아이들은 사람들은 누구나 실수하고 불완전하며, 그래서 때때로 서로 용서를 구해야 한다는 것까지 배우게 될 것이다.

장점에 집중하기

사람의 눈은 장점보다는 단점에 포커스를 더 맞추는 경향이 있다. 위기에 대처하려는 인간 본능 때문이기도 하다. 뭔가 잘못된 것이 감지되면 빠르게 대응하는 것이 생존의 필요 조건이기 때문이다.

감지된 잘못된 것을 해결하지 않은 채 슬쩍 밀어놓는 것도 문제지만 이보다 더 큰 문제는 잘못된 것에만 시선을 집중하는 것이다. 단점이나 잘못된 것만 주로 보는 사람은 주변 사람들의 마음을 쉽게 상하게 만들 소지가 크다. 아이에게도 이런 '매의 눈'을 가진 부모보다 '마음의 여유'를 가진 부모가 더 바람직하다.

부모는 '내 아이가 비록 지금은 구구단 개념을 모르고, 읽기 능력도 모자라지만 결국에는 다 알게 될 거야'라는 보다 희망적 생각을 할 필요가 있다. 우리가 지금까지 글을 못 읽는 성인을 몇 명이나 만나봤는지 생각해본다면 이런 낙관적인 생각이 근거가 전혀 없는 생각이 아님을 알 수 있다. 대다수 아이들은 어떤 식으로든 배워야 하는 것들은 배우게 돼 있다. 이때 부모는 아이들의 조금은 느릴 수도 있는 학습 과정을 이해하며 성급한 마음 자세를 가지지 않도록 지양해야 한다. 느긋함에서 오는 시간적 여유는 성공적 학습의 중요 요소다.

부모는 아이를 지속적으로 북돋아 주어야 한다. 부모가 뒤에서 든든하게 자신을 지지해주고 있으며 자신을 있는 그대로 받아들여 준다고 느낄 때 아이들은 자발적으로 노력하게 되고 더 나아지고 싶다는 의지에 불탈 수 있다. 아이는 이때, 자신이 조금 모자란 부분을 '실패'가 아니라 더 많은 노력이 필요한 부분이라며 '쿨'하게 인정할 수 있게 된다. 누구에게나 모자란 부분은 있다. 부모는 아이의 모자란 부분보다는 잘하고 있는 것에 대해 더 많이 그리고 더 자주 이야기해주어야 한다.

이런 부모 밑에서 자라는 아이는 '다른 아이들은 잘하는데 왜 나만 읽기에 서툴까....'라는 식의 자기 비하에 잘 빠지지 않는다. 초등학교 1학년 수업 목표에서 가장 중요한 것은 읽기다. 그런데 읽기를 빨리 익힌 아이가 나중에 공부를 더 잘하는 것은 아니다. 학업 부진의 가장 큰 원인은 '느림'이 아니라 바로 자기 능력에 대한 의심이다.

유의미한 칭찬법

왜 사람들은 남의 단점을 지적할 때보다 장점을 말할 때 소리가 낮아질까? 진정성 담긴 칭찬과 감탄이야말로 아이에게 돈 안들이고 줄 수 있는 '만나'이자 웰빙 선물이다. 아이가 아무렇게나 그린 그림까지 무조건 칭찬하라는 이야기는 아니다. 그러나 그것도 한 번도 자신감 있게 그림을 그려본 적이 없는 아이가 처음으로 그린 그림이라면 칭찬이 필요하다. 아이의 상황에 대해 잘 알아야 칭찬도 적재적소에 맞게 할 수 있다.

가능한 구체적으로 칭찬하자. "와! 이번에는 외투를 문 사이에 걸리지 않도록 잘 걸어놓았구나" 등이 구체적 칭찬의 예다. 구체적일수록 칭찬은 유의미해진다. 실제로 벌어진 일을 기반으로 모호하지 않게 칭찬해야 한다. 겉으로만 번지르르한 립서비스 칭찬은 의미가 곧 사라질 것이다.

잘못된 행동을 한 아이에게도 부정적인 피드백보다는 바람직한 행동을 했을 때 칭찬하는 방식이 더 효과적으로 아이를 바꿀 수 있다. 아이와 대화할 때는 부정적 문구는 빼고 감사의 문구로 다르게 표현하도록 해보자.

"이거 하지 마! 저거 하지 마! 뛰지 마!" 보다는 "조용히 걸어줘서 고마워"라는 표현 방식이 듣기에도 더 좋다. 부정적 금지어를 자주 들어 짜증나지 않는 사람은 없을 것이다. 어른들이 통상적으로 하지 말라고만 하고 무엇을 해야 하는지는 얘기해 주지 않는 경우가 많은데, 아이들이 그렇다면 어떻게 옳은 방식으로 행동할 수 있을까?

지적과 잔소리 문화에서 칭찬의 문화로

보통 부모들은 아이들이 잘못된 행동을 할까봐 신경을 많이 쓴다. 그러다 아이들이 잘못이라도 저지르면 곧장 그리고 같은 사안으로 자주 지적한다. 지적과 잔소리의 대마왕이었던 부모들도 이제부터는 아이들에게 작은 사안이라도 지적보다는 (구체적으로) 칭찬하는 부모로 변화할 수 있도록 노력해보자. 연구 결과에 따르면, 부모의 말투가 비판에서 칭찬으로 바뀔 때 아이와의 관계도 빠르게 좋아지는 것으로 나타났다. 아이들은 자신뿐 아니라 부모가 제 3자를 칭찬 할 때도 긍정적인 영향을 받는 것으로 나타났다. 이런 부모의 모습을 바라보며 자신도 어느새 다른 사람을 칭찬하는 사람으로 자라나게 된다.

핀란드인들은 원래부터 칭찬하는 데 익숙지 않았고 지금도 그런 편이다. 핀란드인의 국민성이다. "우쭐해지니 과하게 칭찬하지 마라 Ei pidä turhaan kehua, ettei vain ylpistyä"는 핀란드 속담도 있을 정도다. 이제는 칭찬에 인색했던 문화가 바뀔 때가 되었다.

모든 어린이는 칭찬받을 만한 것을 적어도 하나 이상 가지고 있다. 부모는 작은 것이라도 매번 잊지 않고 칭찬하는 것이 아이의 발달에 얼마나 중요한지 알아야 한다. 진심이 담긴 칭찬은 분명히 상대방에게 잘 전달되며 칭찬은 나눌수록 물결처럼 그 영향력이 멀리 퍼져 나간다.

칭찬도 사실은 학습의 결과다. 어떤 분위기의 가정에서 자랐느냐가 중요하다. 부모와 조부모 모두 칭찬에 인색한 사람들이라면, 그런 가정에서 칭찬하는 문화가 자리 잡기란 쉽지 않다. 그러나 불가능한 것은 아니다. 더 많은 노력을 기울여 가족 문화 자체를 바꿔나가면 된다.

아이는 칭찬받으면 힘이 솟고 내적으로 만족감과 감사함도 느끼게 된다. 이렇게 긍정 에너지로 충만한 아이는 자기 주변도 변화시키며 어려운 문제도 잘 해결해 나가게 된다. 혹자는 과한 칭찬은 아이들을 현재 상태에 만족하고 안주하게 만들어 자기 계발에 더 이상 열심을 기울이지 않는다고 이야기하기도 한다. 그러나 현재에 만족하는 아이가 게을러진다거나 창의적인 아이디어를 내서 새로운 것을 만들어내고 싶다는 열정이 사라진다는 것은 전혀 근거 없는 오해일 뿐이다.

우리는 보통 이력서를 쓸 때 자신의 단점보다는 지금까지 이루어 온 여러 성과와 장점을 집약해서 기록한다. 이력서는 그래서 성적표와는 다르다. 아이를 칭찬하는 방식도 이력서를 적을 때처럼 할 필요가 있다. 아이의 모든 장점과 능력을 가능한 한 모두 언급하며 칭찬해주자. 이런 칭찬을 받은 아이는 자존감이 높아져 나중에 세상이 무너지는 것 같은 어려움에 부딪히더라도 어릴 때 들은 칭찬의 힘으로 '나는 그래도 괜찮은 사람이야!', '나는 다시 할 수 있어!'를 외칠 수 있게 된다. 아이에게 보내는 칭찬과 격려는 아이가 한 발 앞으로 나아가는데 많은 힘을 실어준다.

칭찬해야 하는 근본적 이유

부모와 아이 사이가 좋지 않다면 가까워질 수 있는 가장 간단한 방법이 뭘까? 아이에게 한번 구체적으로 칭찬을 해보자. 그러면 그 방법이 무엇인지 금방 깨닫게 될 것이다. 그럼에도 불구하고 여전히 칭찬보다 지적에 더 능한 부모들이 많이 있다.

칭찬은 아이 성장에 꼭 필요한 요소다. 어떤 연구결과에 따르면 아이의 신체적 건강에도 칭찬이 영향을 미치는 것으로 나타났다. 아이는 자라나며 자신의 존재 이유와 자신이 사랑받는 존재라는 것을 깨닫게 되는 경험을 필요로 한다. 이런 경험은 신생아 때부터 어른과의 초기 애착관계 단계를 형성하며 차곡차곡 쌓아 나가야 한다. 초기에 이런 경험을 못한 아이들의 누적적 결손을 보충해주려면 나중에는 훨씬 더 많은 노력이 필요하다.

"칭찬은 선물이다"

칭찬은 선물이다. 이 선물의 장점은 시간 제약없이 언제든지 줄 수 있다는 거다. 칭찬의 수혜자는 받는 사람만이 아니다. 칭찬하는 사람도 그 자신의 웰빙이 증가한다. 심지어 칭찬하는 광경을 지켜본 제 3자의 행복감까지 높여 준다고 한다. 반대로, 제 3자 간의 갈등 상황을 목격한 사람들도 그 불쾌함을 전달받게 된다. 감정은 이렇듯 타인들에게 쉽게 전이된다.

칭찬에 인색한 사람들은 왜 인색한 것일까? 남에 대한 칭찬에 인색한 사람들은 자신이 처한 상황이 안 좋은 경우가 많다. 인생이 잘 안 풀릴 때, 다른 사람을 칭찬하기란 쉽지 않다. 자신이 행복한 사람들은 이와 반대로 칭찬에 후하다. 남에게 선을 베푸는 것이 자신도 행복해지는 방법이라는 것을 이들은 알고 있을 것이다. 사람을 돕는 방법 중에는 도움이 필요한 사람들에게 오히려 도움을 요청하는 방법이 있다. 도움이 필요했던 사람들은 남을 도와주며 기분이 좋아질 뿐만 아니라 자신의 존재에도 의미를 부여할 수 있기 때문이다. 덤으로 남을 도왔다는 이유로 칭찬까지 받을 수 있다. 자녀에게 칭찬하는 방식도 이런 방식에서 힌트를 얻으면 좋다.

(자신이 할 수 있는 일이더라도) 때로는 자녀에게 도움을 요청해 보자. 부모를 도와주는 과정을 통해 아이는 자신이 도움이 되는 존재로 자신의 존재에 더 많은 의미를 부여할 기회를 얻게 될 것이다. 아이들이 할 수 있는 일이라면 적극적으로 참여를 유도해 보는 것이 좋다. 일을 잘 해냈을 때는 칭찬도 아끼지 말아야 한다. 참여에 적극성을 보이지 않는 아이들은 금방 포기하기보다는 도움을 유도해보도록 할 것을 권한다. 설득 끝에 아이들이 일을 잘 해냈다면 아이에게 칭찬들을 기회를 한번 더 제공한 셈이다. 그것만으로 부모의 노력은 큰 의미가 있다.

부모의 역할은 아이들이 칭찬받고 작은 성공을 거둘 수 있는 상황을 기회가 닿는 한 많이 만들어주는 것이다. 다만, 부모가 만들어주는 상황이 아이 수준에 비해 너무 어렵거나 혹은 너무 쉽지 않도록 신경 써주어야 한다. 적당한 난이도가 제시될 때만 아이는 흥미를 잃지 않기 때문이다.

자신의 아이가 행복하고 심신 건강한 아이로 자라기를 원하는가?

그렇다면 칭찬하라. 진심으로 그리고 구체적으로!

∴ **이 장을 쓰는 데 도움을 준 전문가**

로따 우시탈로 Lotta Uusitalo 박사는 특수 교육 전문가로 헬싱키 대학에서 교수로 재직 중이다. 그는 특히 긍정 교육학, 장점 교육학과 학습 부진자 지원 교육의 권위자로 알려져 있다.

www.positive.fi (영어, 핀란드어, 스웨덴어)에는 그의 연구가 자세히 소개되어 있다.

Tunne lapsi yksilönä

독립된 존재로서 아이

모든 아이는 각기 다른 개별체이며 그렇게 대우받아야 한다
"아이의 개별성을 잘 파악하기 위해서는
많은 시간을 함께 보내야 한다"

요즘처럼 정보가 넘치고 과학이 발달한 시대에도 증명되지 않은 여러 가지 '설'을 그대로 믿는 사람들이 의외로 많다. 직업만 보고 그 사람을 판단하는 것도 그런 예가 될 수 있다. SNS에서도 과학적 데이터에 기반한 의견보다 근거가 불분명한 개인적인 의견이 넘쳐난다. SNS의 또 하나의 문제는 이런 개인적 의견에 동의하는 사람들이 서로 똘똘 뭉치는 장이 되고 있다는 것이다. 동시에 자신과 다른 의견 혹은 주류에서 벗어난 의견을 내는 사람들에게는 냉혹할 정도로 언어의 폭력이 난무한다.

우리가 살아가는 21세기는 이렇게 자신의 의견과 비슷한 생각을 하는 사람들하고만 교류하며 살아가는 것이 더 용의해진 시대다. 그럼에도 우리가 잊지 말아야 할 것은 우리 모두가 남과 다른 의견을 가지고 표현할 수 있는 개별적이며 고유한 존재라는 것이다.

아이를 키우는 것에 대해서도 요즘 부모들은 과거의 부모들과는 많이 달라졌다. 예전에는 막연하게 좋은 부모가 되겠다는 부모가 많았다면 요즘에는 다른 부모에게 적어도 쳐지지는 않는 부모가 돼야겠다고 생각한다. 타인의 눈에 성공적으로 보이는 양육의 결과를 거둬내야 한다는 압박감도 크다. 육아는 이제 목표 지점을 향해 달려가는 경주로 변했다.

아이는 생각보다 '천천히' 자란다

과거부터 현재에 이르기까지 변하지 않는 것 하나가 있다. 아동과 관련된 사회적 사안을 결정할 때 연구에서 밝혀진 아동의 특성보다 어른의 바람과 필요가 기준이 되는 것이다. 여기서 문제는 아동 발달 심리학에서 밝혀진 아동의 특성과 일 중심으로 정신없이 돌아가는 어른이 살아가는 현대 사회는 서로 상충된다는 것이다. 아이는 결코 어른 세계와 맞물려 돌아가는 작은 어른이 될 수 없다.

이미 약 100년 전 어린아이의 성장 단계는 과학적으로 밝혀졌다. 그러나 우리는 여전히 이런 상식화된 아동 성장 발달 단계를 무시한 채 아이를 어른의 세계, 그들의 직업의 세계에 편의적으로 꿰어 맞추고 있다. 단계별로 천천히 진

행되는 아이들의 발달 속도는 빠른 현대 사회와 잘 맞지 않는다. 또한, 아이들은 전 단계에서 다음 단계로 발달의 전환이 일어나는 시기에 특히 부모와의 친밀한 접촉이 더 필요한데, 현대 사회는 시스템적으로 아이의 이런 요구를 제대로 수용하기 어렵다.

아이는 반만 준비된 상태로 이 세상에 태어난다. 세상에서 살아가는 데 필요한 사회적, 도덕적, 윤리적 행동을 어린아이는 본능적으로 혼자서 배울 수 없다. 이런 능력을 갖출 때까지 곁에서 지켜 줄 성인이 필요하다. 이 성인은 아이의 인지·언어 능력과 정서적·사회적 발달에 절대적 영향을 끼친다. 태어나서 돌 때까지 최소 1년 간은 특히 이 성인의 존재가 절대적이다. 이 성인 한 명이 아이 옆에 거의 24시간 붙어서 아이가 보내는 다양한 메시지(울음 등)에 그때그때 반응해 주어야 한다. 그러나 이런 어른을 찾는게 쉬운 일이 아니다.

아이들의 사회성도 다른 아이들과 어울리면서 저절로 생기는 것이 아니다. 이것도 어른으로부터 먼저 배워야 한다. 어른에게 배운 사회성을 다른 아이들과 어울리며 연습하는 것이다. 만약 어른으로부터 사회성에 대한 가르침을 못 받은 아이들만 모아 놓는다면 그 무리는 '정글의 법칙'에 의해서만 돌아가게 될 수도 있다. 윤리적 규범이나 감정 조절법도 어른들이 먼저 가르쳐 줘야 알 수 있는 것들이다.

애착 관계의 중요성

아이가 태어나서 1년 동안 책임지고 돌보는 주 양육자의 존재는 중요하다. 어린 아가가 원하는 모든 요구는 다 이 상주하는 어른과의 관계를 통해서만 충족된다. 영양을 제때 공급하고 기저귀를 갈아주며 깨끗하게 씻어 준다. 울면 안아주기도 해야 한다. 이 단계에서 어린 아가들은 아직까지는 정서적 요구보다는 신체적·사회적 요구가 더 크다. 그런 신체적·사회적 요구의 충족을 통해 아이들은 안전함을 느낄 수 있게 된다.

생후 3개월이 지나면 아이는 비로소 이 어른을 알아보기 시작한다. 아이는 자신이 처음 알아본 이 주 양육자와 생애 최초로 인간관계를 맺기 시작한다. 이렇게 아기에게 주 양육자로 '간택' 받은 어른은 아이가 1.5세가 될 때까지는 가능한 한 바뀌지 않는 것이 좋다. 18개월이라는 기간이 한 사람이 혼자 맡기에 너무 긴 상황이라면, 아가의 분리 개별화 단계 separation individuation phase* 가 시작되는 돌 때까지는 한 사람의 주 양육자가 아이를 계속 돌보도록 해야 한다.

---

* 분리 개별화 단계(separation-individuation phase)는 엄마와 자신을 구분을 하는 단계로써 8개월~ 2세 사이 기간에 해당한다. 이 때부터는 거울에 비친 자신의 모습을 보고 자신을 남과 구분할 수 있다.

만약 주 양육자가 5개월밖에 안 된 아이를 다른 사람에게 맡기고 직장에 복귀해 버린다면 어떤 일이 벌어지게 될까? 발달심리학적 관점에서 보면, 아이는 주 양육자가 바뀐 것에 큰 혼란을 느끼게 되어 그와 맺었던 애착 관계 형성이 실패할 확률이 높다. 어린 아가는 믿었던 어른이 그의 세상에서 사라져버린 '시련'을 쉽게 극복하기가 어렵다. 이런 상실감은 장기적으로 아이의 미래에도 부정적인 영향을 끼치게 된다.

많은 부모는 이미 주 양육자의 필요성과 조기 애착관계의 중요성을 이론적으로는 많이 알고 있는 것 같다. 그러나 현실은 조금 다르다. 아가에게 이런 이상적 환경을 제공할 수 있는 부모는 생각보다 많지 않다. 한 어른이 장기간 어린 아기를 전적으로 맡으며 아이와 조기 애착 관계를 형성해나가는 것을 현대 사회의 생활 방식이 잘 허용하지 않기 때문이다(이런 여건이 갖춰진 부모는 일부 소수에 지나지 않는다).

그래서 아이와 함께 있어 주지 못해 큰 죄책감을 느끼는 부모들도 많다. 그러나 죄책감에 매몰되기보다는 이럴 때일수록 오히려 상황을 직시해야 한다. 자신의 처한 상황과 아이의 발달 단계를 서로 잘 절충, 처음 18개월 동안은 아이가 애착 관계를 가능한 정상적으로 형성할 수 있도록 최대한 많은 노력을 기울이도록 해야 한다.

아이는 생각보다 느리게 성장한다. 아이의 성장 곡선은 속도전을 치르는 현재 사회와는 전혀 어울리지 않는다. 아이의 자연스러운 성장속도를 그 누구도, 부모라도 더 빠르게 조절할 수는 없다. 스스로 채찍질하며 삶을 통제하고 자신을 발전시키는 데 속도를 낼 수 있었던 어른들이라도 아이들의 성장 속도는 어쩔 수 없이 따라가야 한다. 여기서 어른의 역할은 아이 성장에 도움이 되는 필요 조건을 옆에서 제공하는 것이다.

현대인 중에는 어린 시절부터 선택을 통해 자기 인생은 스스로 만들어간다고 생각하는 사람들이 많다. 하지만 그 중에는 자신이 생물학적 존재라는 것을 잊는 사람들이 많다. 우리의 선택으로 모든 것이 이루어지는 것이 아니라 우리 인간은 누구나 일정 부분 생물학에 지배를 받는다. 아이의 발달도 마찬가지다. 아이의 기질은 생물학적으로 타고나는 것이 많으며 이런 기질은 아이가 외부 세계와 새로 마주치는 것들을 바라보는 시선에 영향을 끼친다. 나중에 태도나 관점은 바뀔 수 있지만 개인의 기본적 성향은 거의 바뀌지 않는다고 보는 것이 맞다.

1980년대에는 아이들의 발달 단계에 대해 부모들을 이해시키기가 더 쉬웠던 것 같다. 부모가 교육 전문가로부터 양육에 관련된 조언을 들었을 때 대부분 큰 이견을 내세우지 않았었다. 요즘은 다르다. 부모들 스스로 전문가가 되어 의견을 강하게 피력하는 경우가 많다. SNS를 통해 같은 의견을 가진 부모들이 서로 지지하며 뭉치는 것도 새로운 문화다.

상담하는 방법도 달라졌다. 과거에는 옳고 그른것을 좀 더 분명하게 얘기했다면 지금은 그 선이 모호해졌다. 모든 의견이 다 장점이 있으며 다 옳은 면을 가지고 있다고 얘기한다. 상담받으러 온 가족에게도 그래서 과감한 결정을 종용하지 않는다. 그러나 이런 애매모호한 조언으로 더 많은 가정은 결과적으로 더 헤매게 되었다.

아이마다 타고난 기질이 각기 다르다.

유난히 자주 무서워하거나 흥분하는 아이를 둔 부모는 아이의 말에 귀를 기울이고 그가 하는 말을 그대로 믿어주는 태도를 취하는 것이 좋다. 이런 아이일수록 부모가 만들어 놓은 틀에 아이를 억지로 짜 맞추거나 다른 아이들처럼 행동하라고 윽박질러서는 안 된다.

부모는 자기 아이를 예민하게 관찰, 아이의 기질을 잘 파악하도록 해야 한다. 이것은 아이를 잘 키우기 위해서는 꼭 필요한 절차다. '예민함'은 특히 아이의 기질을 가르는 중요한 기준이다. 스트레스에 민감하게 반응하는 정도와 예민함은 밀접한 관련이 있다. 아이마다 예민한 정도는 다르다. 어떤 아이는 스트레스를 받더라도 스스로 자신을 진정시킬 능력이 있지만, 어른의 도움에 의해서만 진정이 되는 아이들도 있다. 혼자서도 잘 자는 아가들도 있지만 어른의 품에 안겼을 때만 잠드는 아가들도 있다. 이런 아이일수록 낮잠에서 깨어날 때 많이 울고 집에 낯선 사람들이 왔을 때 유난히 더 두려워한다. 이런 아이들이 바로 천성적으로 예민한 아이들이다. 이런 예민함은 아동 발달을 저해하는 요소는 아니다. 그러나 자지러지게 울고 있는 아이를 달래지 않고 그냥 두는 것은 결코 좋지 않은 양육의 태도다. 스스로 진정이 잘 안되는 아가를 위해 부모는 항상 옆에서 도와줄 채비를 하고 있어야 한다. 이런 아이에게는 스스로 진정하고 잠드는 능력보다 더 중요한 것이 바로 어른이 가져다주는 포근한 안정감이다.

아이의 기질에 대해 잘 파악하는 것이
아이를 잘 키우는데 필요한 주요 요건이다

핀란드에서는 요즘 아이들에게 이른 나이부터 빨리 독립을 요구하는 가정이 늘어나고 있다. 이런 요구는 아이들에게 때로는 과하게 다가올 수 있다. 특히 특정 기질을 지닌 일부 아이들에게는 악영향을 미치게 된다. 아이들에게 하는 요구도 그들의 기질에 맞춰서 할 필요가 있다. 이런 맞춤형 양육 방식으로 키워진 아이들은 안정감을 쉽게 느끼게 된다. 자신이 어른에 의해서 보호받고 있다고 느낄 때 아이에게 행복감이 찾아온다.

자녀 양육에서 시간의 양은 질보다 더 중요하다.
부모가 아이의 내면의 기질을 잘 파악하려면 많은 시간을 함께 보내도록 해야 한다. 이런 시간의 투자 없이는 아이를 이해하기가 어렵다.

아이의 말속에서 행간의 뜻을 읽어 내고, 표정이나 행동만 봐도 아이의 속마음을 알아차리려면 아이와 많은 시간을 같이 보내야 한다. 바쁜 현대 사회를 살아가는 부모들은 아이들에게 많은 시간을 할애하기가 쉽지 않다. 그러나 자녀 양육에서 시간의 양은 질보다 더 중요하다.

요즘에 자녀와 시간을 많이 보내지 못하는 부모를 '나쁜 부모'로 비난하는 사람은 많지 않다. 있다 하더라도 그 사람이 오히려 이상한 관점을 가진 사람으로 보일 것이다. 그러나 때로는 잘못된 것을 잘못됐다고 얘기할 용기도 필요하다.

자녀 교육과 관련된 여러 연구에서는 공통적으로 아이를 기르는 최적의 양육 환경 조건을 몇 가지를 제시하고 있다. 결과적으로는 이런 조건을 다 충족시켜주지 못한다고 하더라도(이런 조건이 다 충족되지 못한다고 아이가 꼭 비정상적으로 자라는 것은 아니다) 부모들은 최대한 그 조건을 충족시켜 줄 수 있도록 노력해야 한다. 그 조건 중 부모들이 목표 도달에 가장 어려움을 느끼는 영역이 바로 '시간'이다. 자녀와 함께 보내는 절대적 시간의 양을 채우기가 쉽지 않다.

이런 절대적 시간의 양을 확보하기 위해 다양하고 창의적인 방법을 실행해 보면 좋다. 때때로 유치원 정규 퇴원 시간보다 아이들을 빨리 집으로 데려온다면 아이들과 좀 더 많은 시간을 보낼 수 있다. 아이와 함께 보내는 시간을 갉아 먹는 또 하나의 범인은 가사노동이다. 가사 노동 시간이 너무 길어지면 아이와 보내는 시간이 줄어든다. 이때는 외부로부터 가사일에 도움을 받는 것도 하나의 방법이다. 또 부모들은 완벽주의적 태도도 버려야 한다. 아이와 시간을 보낼 때 항상 완벽하며 근사한 시간을 보내지 못해도 된다. 단순히 옆에 있어 주는 것으로도 아이들에게는 족한 경우가 많다.

양육은 'Do(하는 것)'보다 'Be(존재하는 것)'!

이런 새로운 양육에 대한 패러다임이 받아 들여지려면 먼저 그 사회의 문화가 바뀌어야 한다.

**"핀란드에서는 아이들에게 이른 나이부터
빨리 독립을 요구하는 가정이 늘어나고 있다."**

양육은 더 나은 가치를 선택해 나가는 과정이다

어떤 부모가 과연 좋은 부모일까? 우선, 좋은 부모는 부모로서의 책임감을 받아들이고 아이를 위해 희생을 감수하며 자기 일상의 우선순위도 바꿀 수 있어야 한다. 부모가 아이를 키우는 과정에서 어떤 가치를 선택해가느냐에 따라 아이의 미래는 사뭇 달라진다. 부모는 아이와 더 많은 시간을 보내기 위해 자신의 소중한 일상 한 부분을 포기할 수 있는 선택을 할 수도 있어야 한다.

모래상자 안에서 노는 아이를 지켜보며 그 옆에 앉아있는 것을 선택한 부모는 지루함을 느끼게 될 수 있다. 그러나 이런 희생적 선택은 행복하고 건강한 아이를 키우기 위한 부모의 투자다. 결국은 본인 자신을 위한 투자이기도 하다. 이런 과정을 통해서 자녀에 대해 더 많이 알게 되며 아이들과 좋은 관계를 맺어 나갈 수 있기 때문이다. 이런 희생을 통해 미래에 투자한 부모는 아이가 사춘기 같은 질풍노도기의 성장 단계를 지날 때도 아이를 잘 이해할 수 있으며 아이와의 대화의 끈을 놓치지 않게 된다.

요즘 SNS에서는 육아와 관련된 극단적 주장이나 금기를 깨는 발언을 하는 부모들이 꽤 많다. "아이와 함께 하는 시간이 너무 힘들고 어렵습니다. 아이는 내 삶의 걸림돌 같아요" 등의 발언을 서슴없이 하는 부모도 있다. 이렇게 육아의 부정적 '민낯'을 거침없이 드러낼 때 '좋아요'를 누르며 지지하는 일부 부모들도 존재한다. 그러나 자신의 아이들에 대해 잘 모르는 부모일수록 아이들과 보내는 시간이 더 힘들다는 것을 아는가? 만약 자신이 그런 부모라면 부모로서의 자신의 모습을 거울에 비춰볼 필요가 있다. 육아는 때로는 부모를 피곤하고 힘이 부치게 만든다. 그럼에도 불구하고 '좋은 부모'는 아이들과 보내는 시간을 귀중하게 여기며 그런 시간을 즐기려고 한다.

아이가 가진 잠재적 능력은 인지능력의 발달만으로 다 발휘되는 것이 아니다. 주 양육자와의 애착관계 형성에 실패해 불안감을 달고 사는 아이는 인지적 능력이 정상적이더라도 그가 가진 모든 능력을 제대로 발휘할 수 없다. 오히려 인지적 능력이 모자라지만 정서적으로 안정된 아이의 생존력은 이런 아이들보다 더 강하다. 요즘은 인지능력만큼 사회적 정서적 대처 능력을 중요하게 꼽고 있다. 사회적·정서적 자질이 부족한 아이들은 현대 사회에서 더 소외되기가 쉽다. 지금까지 우리는 아이의 조기 인지 발달 교육에만 많은 관심을 기울였었다. 그러나 아이들은 인지능력만으로는 미래 사회에 적응하고 살기 어렵다. 아이의 사회·정서적 능력의 발달을 돕는 것이 아이를 잘 키우는 핵심이다.

자녀의 행복과 성공적 삶을 위해 많은 취미 생활과 유익한 프로그램을 계속 제공해야 한다는 생각에서 이제는 벗어나야 한다. 아이에게 이보다 더 중요한 것은 삶에서 필요한 기본적인 욕구를 골고루 충족시켜주는 것이다. 아이를 위해 시간을 내주며 아이의 개별성을 잘 살펴서 아이에게 필요로 하는 것들을 적재적소에 맞춰 줄 수 있어야 한다. 이런 기본적인 욕구들이 충족되어 거름이 되어줄 때, 그런 토양에서 아이의 인지적 능력도 자생적으로 잘 자랄 수 있다.

∴ 이 장을 쓰는 데 도움을 준 전문가

리사 켈티캉가스-야르비넨 Liisa Keltikangas-Järvinen 박사는 핀란드의 유명 심리학자이자 심리학과 교수로도 재직 중이다. 특히 실험성격연구(experimental personality research)의 선구자로 알려져 있다. 특히 타고난 기질 연구의 권위자로 알려져 있으며 그에 관한 책도 여러 권 펴냈다.

2001년에는 '핀란드 논픽션 작가 협회'로부터 그 해의 논픽션 작가상, 2008년에는 '핀란드 교수협회'로부터 '올해의 교수상' 등 여러 상을 받기도 했다.

Muista leikkiä!   **놀이를 잊지 말자!**

"놀이는 다른 사람들과 더불어 새로운 것을 발견하고 경험할 수 있는 안전한 방법이다

"행복은 다양한 감정 중 하나다

행복은 왔다가 사라지는 순간적 감정일 수 있다. 이보다 더 지속가능한 개념은 웰빙이다. 우리는 학습, 운동, 긍정적 감정 상태, 소속감이 합쳐진 보다 총체적인 상태를 웰빙이라고 말한다. 행복의 추구만이 인생의 목표이기에는 뭔가 부족하다. 삶에는 행복감 외에도 여러 다양한 감정이 들어있기 때문이다.

행복감 외에 다른 다양한 감정을 느끼는 경험이 아이들에게도 필요하다. 부모는 자신의 아이가 다양한 감정을 느끼고 표현하며, 잘 다스릴 수 있는 능력까지 키울 수 있도록 옆에서 도와주어야 한다.

이런 아이들은 감정적으로 균형 잡힌 삶을 살아갈 수 있다. 아이들 감정 교육에 '놀이'만 한 것이 없다. 아이와 놀이에 참여할 때 가장 신경써야 하는 부분도 감정을 잘 다스리도록 도와주는 것이다.

부모는 아이를 행복하게 만들어주는 주체는 아니다. 또한, 아이도 부모의 주머니로부터 그대로 행복을 받아먹는 수동적 존재가 되어서는 안 된다. 행복은 양자 상호작용이 균등하게 이루어질 때 자라는 감정이다. 아이와 부모 사이에 원활한 상호작용이 이루어지려면 먼저 같은 공간에서 많은 시간을 같이 보내야 한다.

행복은 파랑새처럼 잡으려 하면 더 잡히지 않는다. 오히려 하루하루 삶을 의미 있게 살아갈 때 얻어지는 부산물이다. 부모와 아이가 활발한 소통을 하며 의미 있는 관계를 만들어 나가고, 그를 통해 의미 있는 삶을 살 수 있을 때 행복도 그 가정의 문을 어느새 노크하게 될 것이다.

어른은 놀이에 참여만 해야지 가르치려 해서는 안 된다.

어른이 아이와 의미 있는 관계를 구축할 수 있는 좋은 장치가 바로 놀이다. 놀이를 통해 어른은 아이가 만든 세계를 엿보며 아이에 대해 더 많이 알 수 있다. 놀이에서 어른이 아이 역할을 할 필요는 없다. 어른으로 남아있어도 된다. 단, 놀이를 가르치려 해서는 안 된다.

'가게 놀이'를 열심히 하는 아이를 한 번 살펴보라. 놀랍게도 가게가 돌아가는 원리를 파악하고 역할을 잘 수행해

낸다. 이때 어른이 끼어들어 "가게 놀이는 이렇게 하는 거야.."라고 가르치려 든다면 어떤 사태가 벌어질까? 아이는 직전까지 발휘했던 자신의 능력과 상상력이 반감되어 버릴 수 있다. 이와 함께 놀이의 재미마저 잃을지 모른다.

놀이는 아이에게 자연스러운 메커니즘이다

놀이를 꼭 아이가 먼저 시작할 필요는 없다. 어른이 시작하고 아이가 자연스레 참여하는 형태도 좋다. 아이는 부모와 함께 할 때 어떤 일이든지 더 좋아한다. 일부 어른 중에는 아이가 놀이를 주도하고 자신을 이끌어갈 때 불편한 마음을 가지기도 한다. 놀이에 참여하는 어른은 아이의 리더십에 대해 열린 마음을 가지고 따라갈 자세를 가지고 있어야 한다.

핀란드의 유아 교육 현장 관계자들이 오랫동안 놀이에 참여하는 아이들을 관찰하고 내린 결론 하나가 있다. 아이들은 성인이 주도하는 놀이보다 자신들이 주도하는 놀이에 참여할 때 더 많은 행복을 느낀다는 거다. 물론 자신이 주도하는 놀이에 어른이 참여하면 그 행복감은 배가 된다.

학습적 측면으로도 아이는 주도적으로 뭔가를 할 때 그에 대해 더 많이 배운다. 놀이도 아이가 주도하고 부모가 보완해줄 때˚ 더 큰 학습 효과가 있다. 아이가 주도하며 어른

---

* 아이가 따로 도움을 요청하지 않더라도 어른은 보완하는 제안을 먼저 해도 좋다

이 보조자의 역할을 하는 놀이는 어른의 제안과 주도로 놀이가 이루어지는 권위주의적 놀이와는 많이 다르다.

가장 효과적인 학습은 학습자가 배우는 내용과 자신 사이에 개인적인 관련점을 찾았을 때 이루어진다. 아이가 주도적으로 만들어가는 놀이는 진정한 학습이 벌어지는 좋은 장이다. 놀이는 아이에게 자연스러운 메커니즘이다. 아이는 놀이를 통해 학습 내용을 자신과 자연스럽게 연결시키게 된다. 놀이를 하며 발휘되는 아이의 상상력은 현실의 포로가 되지 않는다. 가지고 놀던 솔방울이 순식간에 우주선으로 변할 수 있다.

놀이는 학습을 촉진시킨다

유치원에서 어린이가 노는 모습을 관찰하다 보면, 놀이를 통해 많은 것을 배우고 긍정성도 늘어나는 것이 보인다. 오래전부터 핀란드에서는 놀이가 긍정성과 관련이 깊다고 생각했다. 다른 문화권을 보면 학습은 고된 노력, 힘듦, 강박, 경쟁 등의 부정적 이미지와 관련이 깊다. 이런 문화권에서 살아가는 아이들은 학습 과정을 긍정적으로 받아들이기 어렵다. 그러나 학습은 아이가 만족, 기쁨, 환희, 놀라움과 호기심에 가득 차 있을 때 가장 잘 이루어진다. 아이는 행복하면 더 잘 배운다.

놀이의 특성에 대해서도 우리는 잘 알고 있어야 한다. 놀이를 움직이는 동력은 놀이에 참여하는 사람들의 상상력이다. 그런데 상상력이 제대로 펼쳐지려면 충분한 시간이 필요하다. 여유로운 분위기에서 마음껏 발휘된 상상력 위에 장난감, 역할 놀이, 규칙 등이 입혀져 놀이가 탄생된다. 아이에게는 작은 상상력의 싹이 놀이라는 구체적 현실로 탄생하는 이 과정이 마치 마법처럼 느껴질 수 있다.

아이와 함께 참여해서 놀이를 만들어본 어른만이 놀이 밖 세상도 함께 만들어 갈 수 있다. 어른이 아이의 놀이에 참여할 때 좋은 '팁'이 있다. 지금 무엇을 하는지, 놀이 속에서 어떤 일이 벌어지는지 등 아이에게 질문을 던지며 자연스레 놀이에 참여하는 것이 좋다. 역으로, 아이에게 도움을 요청하며 참여해도 좋다.

놀이의 세계에서는 거의 모든 것이 허용되지만 모든 게 쉬울 필요는 없다. 놀이 속, 어려운 고비를 해결하는 과정은 아이들에게는 유용한 경험이 될 수 있다. 부모는 이때 조력자의 역할을 할 수 있다. 단, 아이에게 자신이 문제 해결을 할 충분한 시간도 주지 않고 문제를 대신 해결해 주는 헬리콥터 부모는 되지 말도록 하자.

**"놀이는 인생과 비슷하다.
항상 잘 풀리는 것은 아니다"**

놀이는 아이의 미래를 준비시킨다

　놀이는 인생과 비슷하다. 항상 잘 풀리는 것은 아니다. 어떤 아이는 놀이를 하며 소외를 경험한다. 처음에 낸 아이디어가 놀이로 발전하지 못하는 일이 거듭되며 놀이에 흥미를 잃어버리는 아이도 생길 수 있다. 이런 부정적 경험이 아이에게 여러 번 쌓이면 놀이는 더 이상 놀이가 아닌 '전투'가 될 수 있다. 유치원에 다니는 아이들은 "세상에서 제일 좋은 게 뭐냐?"고 물으면 대부분 "친구와 노는 것"이라고 답한다. 즐거움 외에도 아이들은 친구와 노는 경험을 통해 더 많은 것을 얻게 된다. 놀이로 터득한 여러 기술과 함께, 자신이 놀이 속에서 얼마나 중요한 존재인가를 깨달으며 자존감도 생기게 된다. 어른은 아이들끼리 함께 놀 때, 서로 큰 충돌 없이 놀이에 임할 수 있고 한 명이라도 소외되는 아이가 없도록 도와주어야 한다. 아이마다 놀이에 임하는 자세는 다를 수 있다. 적극적이고 잘 노는 아이는 친구 사이에서도 인기가 높다. 반면, 잘 놀지 못하고 친구도 잘 못 사귀는 아이들도 있다. 이런 아이들에게 더 많은 지원을 해야 한다. 이런 아이들을 위해 어른들이 함께 놀이에 참여하는 것도 좋다. 어른의 도움으로 이런 아이들도 놀이에서 소외되지 않고 자신의 목소리를 낼 수 있기 때문이다.

놀이에서는 현실과는 다른 새로운 역할을 맡아보는 것도 좋다. 놀이는 다른 사람들과 함께 새로운 것을 발견하고 경험할 수 있는 안전한 방법이다. 아이들에게 다양한 내적 경험을 제공하는 역할놀이는 다른 놀이보다 감정 교육에 특히 효과적이다. 역할극 참가자들은 각 역할마다 원하는 것이 다르며 그 역할에 맞춰 각기 행동한다. 이런 역할 놀이를 통해 아이는 자신뿐만 아니라 다른 사람들이 생각과 감정을 어떤 식으로 발전시켜가는지 배울 수 있다. 때로는 역할 놀이에 너무 빠지다 보면 다른 사람과 갈등도 겪을 수 있다. 이런 갈등 상황도 자신의 의지를 관철하는 방법을 배우는 등, 결과적으로는 감정 교육에 도움이 된다.

놀이가 잘 안 풀리고 정체 상태에 빠질 때도 있다. 이럴 때 어른은 도움을 줄 수 있다. 그러나 즉시 개입하기보다는 아이들을 어느 정도는 기다려 주는 것이 좋다. 놀이가 정체

---

* 때로는 혼자서 노는 법을 익히는 깃도 필요하다

되는 원인은 여러 가지다. 아이가 놀이에 필요한 신체적인 조건이나 기술을 갖추지 못했을 때 놀이는 중단될 수 있다. 이때는 그런 신체적 기술을 갖추는 연습이 더 필요할 수 있다. 아이의 소극적 자세가 문제라면 용기를 주는 격려가 필요할 것이다. 무엇보다도 놀이가 중단되는 가장 큰 원인은 놀이 방법이 아이에게 제대로 전달되지 못했을 때다. 이런 일은 언어적 혹은 문화적인 이유로 소통이 잘 이루어지지 않았을 때 벌어진다.

그렇다고 놀이가 정체되는 것이 나쁜 것만은 아니다. 이런 경험도 아이들에게는 중요하다. 놀이가 정체되었다가 재개되는 경험은 인생에 비슷한 일이 닥쳤을 때 그것을 극복해내는 사전 연습 과정이다.

놀이는 또한 아이에게 자신이 소중하게 여기는 것을 남과 공유하고 협력해 나가는 방법도 알려준다. 놀이를 통해 아이는 타인과 같은 목표를 가지고 뭔가 새로운 것을 만들어가는 것이 가능하다는 것을 몸소 체험하게 된다. 이 밖에도 아이들은 자신의 행동이 자신뿐 아니라 다른 사람들, 더 나아가 놀이 공동체에 기쁨과 행복을 가져다준다는 것도 직접적인 경험을 통해 알게 된다. 이런 소중한 경험은 아이의 미래의 삶에 큰 힘이 되어 주며, 삶의 깊은 곳을 바라보는 혜안도 키워주게 된다.

공동 놀이를 할 때는 놀이를 자신에 맞추는 것보다 자신을 그 놀이에 맞출 줄도 알아야 한다. 이렇게 놀이에 완전히 적응해서 몰입할 수 있을 때 아이들이 느끼는 행복은 크다. 놀이에 몰입하게 되면 아이들은 자신도 모르게 자신의 현실을 놀이에 투영하게 된다. 이렇게 놀이 속에서 무의식적으로 자신의 상황이 드러날 때, 아이는 그 상황을 바라보는 새로운 관점도 얻게 될 수 있다.

놀이는 인생과 비슷하다.

그래서 잘 노는 아이가 인생도 잘 살 가능성이 높다. 놀이를 통해 행복하게 되는 방법을 알게 된 아이는 인생에서 풍파를 만났을 때도 그 행복을 다시 찾을 수 있을 것이다. 인생에서 배워야 하는 가장 중요한 교훈은 다른 사람들과 더불어 의미있는 세상을 함께 만들어 나가는 것이다. 이런 교훈을 가장 잘 가르쳐 주는 조기 교육법이 바로 놀이다.

경쟁은 현대인의 생활 방식이 된 지 오래다. 어른은 물론, 아이들까지 어릴 때부터 다른 아이들과 비교되며 외부로부터 가해지는 압력에 무방비하게 노출돼 있다. 아이들이 뭐든지 열심히 연습하는 것은 좋다. 열심히 피아노를 치고, 수학 문제를 풀고, 운동을 하고.... 그러나 이 새로운 기술/

자질의 획득보다 더 상위에 있는 가치가 바로 놀이다. 새로 익힌 기술은 아이가 더 풍요롭고 업그레이드된 놀이를 할 수 있는 좋은 수단이 되어준다. 어떤 것이 더 상위의 개념이며 교육의 수단이 아닌 목적인지 깨달을 필요가 있다.

아이들은 누구나 부모와 함께 좋은 삶을 영위하기를 바란다. 이런 삶은 인본주의에 기반한 가치 있는 삶이다. 아이와 함께 가치 있는 삶을 만들어가고 싶다면 우리는 놀이를 잊지 말아야 한다!

∴ 이 장을 쓰는 데 도움을 준 전문가

유르키 레우나모 Jyrki Reunamo 박사(교육학)는 유치원 교사로 재직하며 헬싱키 대학에서 연구 교수로도 활동하고 있다. 지난 20여 간 'Kehittävään Palautteeseen(발전적 피드백)' (https://blogs.helsinki.fi/reunamo/) 이라는 유아교육 연구 개발 프로젝트를 이끌며 아이들이 놀이를 통해 어떤 식으로 스스로 학습에 참여하게 되는지를 밝혀내 가고 있다. 그는 특히 놀이 중 벌어지는 학습 단계를 세분화하여 적응, 참여, 자발적 제의, 놀이에 빠지기 등으로 나누었다.

Arvokas arki   일상은 소중해

소중한 일상
"부모가 일상에서 보여주는 소소하지만 구체적인 언행은 아이가 보살핌과 사랑을 받고 있다고 느끼게 만들어준다"

작은 열쇠로도 열 수 있는 행복

행복은 자신에 대한 만족도, 타인과의 관계에 대한 만족도, 자신의 능력, 그리고 선택의 다양성 등과 모두 관련돼 있다. 통상적으로 현재의 삶에 큰 불만 없이 만족하면 '행복하다'고 말한다. 그런데 행복과 부富의 관계는 기본적인 욕구가 일단 충족되면 그 이후에는 꼭 비례해서 커지지 않는다는 특징을 가지고 있다. 결국 누구라도 배고프지 않고 춥지 않으며 밤에 잘 곳이 있다면 행복의 기본 조건은 갖고 있는 셈이다.

일상에서 소통의 중요성

현대인의 특징 중 하나는 평범한 일상을 잘 견디지 못한다는 것이다. 어느 새부턴지 우리는 일상생활에도 재미와 멋진 경험이 가득하기를 바라게 되었다. 우리는 집에서 소파에 앉아있을 때도 쉬는 것을 거부하고 현대인 필수품이 된 스마트폰, 태블릿, 그리고 다양한 멀티미디어 서비스를 이용하느라 정신이 없다.

현대인의 뇌는 끊임없는 쾌락 추구에 중독되어 있다. 쾌락 호르몬으로 불리는 도파민 분출도 초과잉된 상태다. 이런 재미에 중독된 뇌는 평범하고 규칙적인 일상의 소중함을 보지 못하고 지나쳐버리기 쉽다. 뇌 과학자와 창의성 연구자들이 말하기를 창의성은 아무것도 하지 않는 백지상태에서 천천히 고여 샘솟게 된다고 한다. 독창적 아이디어를 떠올리고 실행에 옮기는 힘의 원천은 의외로 일상의 평범함과 규칙성이다.

현대를 살아가는 부모들은 자녀에게 끊임없이 행복감을 선사하고, 최고의 순간을 만들어줘야 한다는 압박감에 시달리고 있다. 일상생활도 특별한 이벤트 없이 보내면 허전하게 느껴진다. 과거에는 부모들이 오늘날처럼 SNS와 각종 미디어를 통해 쏟아져 나오는 양육 관련 정보의 홍수 속에 살지 않았었다. 그러나 요즘은 '아이를 어떤 식으로 키워야 하는지, 어떤 취미 활동을 해야 아이의 발달에 도움이 되는지, 어떻게 해야 아이가 인생에서 성공할 수 있는지'에 대한 정보가 너무 많아 이미 포화 상태다. 많이 아는 것도 병이 된다. 들은 정보 중 따르지 않은 정보가 혹시 있다면 아이가 잘못될까 봐 부모들은 지레 걱정이 앞서게 되기 때문이다.

아이가 잘 성장하는 데 정작 가장 중요한 것은 이런 대단한 정보가 아니라 부모와 활발히 소통하며 공유하는 일상생활이다. 평범한 일상은 아이에게 화려한 취미보다 훨씬 더 중요하다. 취미 생활이 잘못됐다고 얘기하는 것은 아니다. 아이가 원하고 부모도 긍정적으로 받아들일 수 있는 스포츠나 예술 등의 취미는 아이에게 큰 즐거움을 가져다준다. 단, 부모는 아이의 취미를 정할 때도 '얼마나 도움이 될까....'라는 유용성의 관점보다 '우리 아이가 얼마나 즐거워할까'라는 아이의 눈높이에서 취미를 선택해야 한다.

사랑, 사소한 행동으로 보여진다

아이 웰빙의 근본은 일상에서 부모가 아이에게 보여주는 헌신과 사랑이다. 아이를 데리고 다니며 남에게 보여주기식 애정을 퍼붓는다고 아이가 부모의 사랑을 느끼는 것은 아니다. 일상생활에서 상시적으로 따뜻하게 자신의 모습을 그대로 가감 없이 받아들여 주는 부모를 바라볼 때 아이들은 부모의 진심 어린 헌신과 애정을 느끼게 된다. 부모가 아이를 사랑하는 이유는 내 아이가 잘나서가 아니다. 내 아이

여서 그리고 내가 그 아이의 부모여서 아이를 사랑하고 함께 보내는 시간이 기쁜 것이다. 이런 부모는 일상에서 아이가 필요로 하는 부분도 그때그때 충족시켜주며 아이와 대화도 자주 한다. 부모가 일상에서 보여주는 소소하지만 구체적인 언행은 아이가 보살핌과 사랑을 받고 있다고 느끼게 만들어준다.

일상은 또한 부모가 아이들에게 많은 것을 전수해주는 배움의 장이다. 아이들은 어린 유아기부터 감정과 행동을 통제하는 법을 부모로부터 배워야 한다. 다양한 사회적 상황에서 어떻게 행동해야 하는지, 어떤 행동이 허용되고 안 되는지.... 그 선을 그어 주는 것이 바로 부모다. 선을 넘지 않는 것이 왜 아이 자신에게도 유익한지도 잘 이해시켜주어야 한다. 이밖에도 음식을 통해 균형 잡힌 영양을 어떻게 섭취하는지, 언제 자야 충분한 수면을 취하는지, 날씨에 맞춰 어떤 옷을 입어야 하는지 등 일상생활에서 부모의 가르침은 무궁무진하다.

이상적인 가족의 일상

일상생활을 하며 아이 곁에 많이 있어 주는 부모는 자연스럽게 아이와 원활한 소통을 하게 된다. 이런 환경에서 아이들은 부모가 자신의 말을 경청하고 이해해주며, 가족 구성원의 1인으로 받아들여 준다고 느끼게 된다. 일부 부모는 '아이와 함께 말하는 것'과 '아이에게 말하는 것'의 차이를 잘 모르는 것 같다. 전자는 아이에게 일방적으로 말이 전달될 뿐이다. 아이가 어떤 생각을 하느냐는 큰 상관이 없다. 메시지만 전달만 되면 목표는 달성된 거다. 후자는 부모가 말을 하는 사람인 동시에 아이의 의견에 귀 기울이는 경청자도 된다. 이런 양방향 소통 방식은 부모에게도 이득이다. 아이와 함께 놀이에 참여하고 그 속에서 아이와 함께 느끼고 사고하는 과정은 부모의 일상을 한층 풍요롭게 해주기 때문이다. 그럼에도 불구하고 여전히 많은 부모는 놀이에서조차 일방적으로 아이에게 가르치려 하고 있다.

일상생활을 하며 매일 습관적으로 하는 짧은 대화 외에 의식적으로 긴 대화를 이어가는 가족은 생각보다 많지 않다. 인생에서 가장 긴 시간을 차지하는 일상생활에서 가족이 함께 나누는 대화는 너무 짧다. 그 이유는 아마도 가족 구성원들이 서로의 얼굴 대신, 각자 PC나 휴대전화 등 디지

털 전자 기기에 얼굴을 파묻고 있기 때문일 것 같다. 학교 생활이 어떠냐고 물으면 보통 아이들은 습관적으로 "잘하고 있어요"라고 대답한다. 그리고 여기서 대화가 끝난다. 이때, 부모는 의식적으로 대화를 더 이어 나가도록 노력해야 한다.

가족이라고 서로를 정말로 잘 알고 있을까? 현재 가족 생활에 과연 만족하는가? 아니라면 일상을 더 많이 공유하는 가족이 되기를 원하는가? 이런 변화를 위해서는 어떤 노력을 기울여야 할까? 이런 문제들을 깊이 생각해볼 때다.

"일상을 중시하는 삶을 살자. 일상은 멋진 것이니!"

일상을 이루는 요소와 재미

일상에는 여러 단면이 존재한다. 지루한 일상도 있지만 맘껏 노는 것도 일상의 한 면이 될 수 있다. 일상은 멋진 것으로 바뀔 수 있다. 일상에 대해 감사하고 충실히 살아가는 법을 배운다면! 삶의 의미를 음미하며 사는 행복한 가정과 그렇지 못한 가족 간의 큰 차이는 가족 구성원들이 공유하는 유머의 유무有無 여부다. 행복한 가족은 공통적 유머 코드를 가지고 있는 경우가 많다. 이런 가족 공통의 유머는 일상을 긍정적으로 만들어 주는 데 크게 기여한다. 일상에는 많은 재미가 숨어있다. 그런데 그런 재미를 부모가 자식에게 만들어주기도 하지만 아이들이 부모에게 선사해주는 경우도 많다.

아이들과 부모가 일상에서 주고받는 즐거움은 자칫 지루할 수 있는 일상을 빛나게 만들어 준다. 이런 과정이 선순환되다 보면 어느새 일상은 즐거운 시간으로 변해있게 된다.

가족이 공유하는 일상은 가족이 협의한 결과물이다. 꼭

빠져서는 안 되는 루틴이 무엇인지, 바쁘고 힘든 날에는 어떤 일상으로 대체가 가능한지 함께 생각해 두는 것이 좋다. 식사 준비도 처음부터 다 조리할지, 아니면 반조리 식품도 때로는 허용할지 등 상세한 내용까지 함께 의논해보자. 그 밖에도 가족의 일상을 좀 더 의미 있고 잘 돌아가게 만들어 줄 좋은 아이디어가 있다면 공유해보자. 예를 들어 하루에 최소 30분은 가족이 함께하는 시간(식사 시간이 될 수도 있다)을 갖는 것도 좋은 아이디어가 될 수 있다. 다른 가족의 일상이 좋아 보인다고 무조건 '복사COPY'와 '붙이기PASTE'를 하는 것은 좋지 않다. 자기 가족의 상황에 맞춰 스스로 맞는 일상을 찾을 것을 권한다.

효율적 양육법 VS 좋은 양육법

현대인들은 성공을 자기가 정한 목표에 도달하는 것이라고 말한다. 현대 부모들도 마찬가지다. 아이를 키울 때 아이의 성공이라는 목표를 향해 모든 양육법이 수렴하고 있는 경우가 많다. 일부 극단적인 부모는 아이와 자신이 함께 하는 모든 행위가 다 아이의 성공에 도움이 되는 행위여야 한다고 생각한다. 그리고 자기 아이는 반드시 어제보다 오늘이 더 나아져야 한다고 믿는다. 아이의 양육이 마치 제품

품질을 상승시키는 것처럼 효율적이어야 한다고 믿고 집착하는 부모의 태도는 우리를 슬프게 한다. 이런 집착은 아이 성장에 오히려 해가 된다.

아이들의 두뇌는 계속 자극받으면 오히려 역효과가 난다. 과도한 입력으로 끊임없이 각성 상태에 놓이게 된 뇌는 스트레스에 시달리게 된다. 즐거움을 느낄 때 뇌는 이완되고 가빴던 호흡도 길어진다. 코르티솔 수치도 줄어들고 안정감을 주는 호르몬도 배출된다. 덤으로 입에도 다시 미소가 찾아온다. 즐거움은 뇌도 유연하게 만들어줄 뿐만 아니라 타인도 더 잘 수용할 수 있도록 만들어 준다. 부모는 효율적인 양육법 대신, 어떻게 아이의 긴장을 풀어주고 즐거움을 느끼게 해줄지를 더 연구해야 한다.

누구나 가까이 두기를 원하는 사람에게는 잘해준다. 자신을 막 대하고 공격적으로 행동하는 사람을 가까이 두려는 사람은 없다. 아이들도 마찬가지다. 자신에게 사랑을 베풀어주는 부모라면 가까이하고 싶어 한다. 그러나 부모와 자식 관계를 포함, 모든 인간관계는 크든 작든 갈등을 내포하고 있다. 일평생 단 한 번의 다툼도 없는 가족은 없다. 혹시

---

* 코르티솔은 스트레스를 받을 때 분비량이 증가하여 '스트레스 호르몬'이라고 불린다. 스트레스 상황이 만성화되어 코르티솔이 과잉 분비되면 혈당과 혈압이 상승하고 면역계가 약해져 노화와 질병을 촉진시킨다.

어릴 때 부모와 있었던 갈등을 잘 해소하지 못하고 이미 커 버린 자녀가 있다면 이제라도 터놓고 대화하는 시간을 가져 볼 것을 권한다.

**"가족이 의미 있고 여유로운 일상을 누리려면
배워야 할 것이 많다."**

진정으로 함께 한다는 것

아이는 부모가 자신을 봐주지도, 얘기를 들어주지도 않을 때 절망한다. 그런데 아이들의 이런 반응에 당황하는 부모들이 꽤 많다. 부모 입장에서는 아이들과 나름 많은 시간을 보냈다고 생각하기 때문이다. 이때 부모가 간과한 것이 있다. 자신과 아이 사이에 있었던 스마트 기기의 존재다. 같은 지붕 아래 있다고 다 '함께' 있는 것은 아니다. 이런 이야기에 양심이 찔리는 부모도 많을 듯싶다. 그런 부모라면 다음과 같은 질문을 스스로에게 던지기를 바란다.

- 아이들과 진정으로 함께한다는 것은 무엇을 의미할까?
- 얼마나 많은 시간을 아이들에게 오롯이 할애해야 할까?
- 아이들과 일상을 어떤 식으로 공유해 나가야 할까?
- 가족 간에 어떤 식으로 의견을 교환하는 것이 좋을까?

가족은 대화를 통해 가족 구성원들의 라이프스타일에 맞춘 일상 공유법을 찾아나가야 한다. 이때 아이들에게도 발언권이 주어져야 한다. 아이를 항상 어린 존재로만 생각해서는 안 된다. 부모는 자신의 아이가 자기의 의견을 떳떳이 내는 독립된 인간으로 성장하는 과정을 아픔 아닌 기쁨으로 받아들여야 한다. 이러기 위해서는 먼저 아이들의 발달 단계에 대해 잘 숙지하고 있어야 할 것이다.

가족이 의미 있고 여유로운 일상을 누리려면 배워야 할 것이 많다. 가족이 진정으로 함께 하는 시간은 그 의미가 크다. 이런 시간을 통해 부모와 아이는 생각과 감정을 공유하게 되며, 이는 가족의 안전을 지켜주는 울타리가 되어준다. 행복한 가족은 이렇게 탄생하는 것이다.

일상은 소중해

∴ **이 장을 쓰는 데 도움을 준 전문가**

카이야 뿌라 Kaija Puura (소아 정신과 전문의) 의학 박사는 핀란드 탐페레 대학교 아동 정신과 교수이자 탐페레 대학병원의 의사로 근무하며 아동 정신 연구에 매진 중이다. 그는 핀란드에서 손꼽히는 아동 정신과 전문의이자 가족 심리 치료사로 알려져 있다. 오랫동안 아동의 정신 건강 발달에서 유전적 요인과 환경적 요인의 영향에 대해 연구해오고 있다. 또한 그 연구 결과를 바탕으로 아동의 정신 건강의 발달을 저해하는 요소를 미리 예방할 수 있는 '아동 정신 건강 관련 서비스'를 개발, 많은 가정에 도움을 주고 있다.

세계 영유아 정신 협회(The World Association for Infant Mental Health, 약칭: WAIMH) 전무 이사, 아동 및 청소년 정신과 및 관련 전문직을 위한 국제협회(The International Association for Child and Adolescent Psychiatry and Allied Professions, 약칭: IACAPAP)에서 핀란드인 최초로 이사회 멤버로 선출되는 등 국제적으로도 많은 활동을 하고 있다.

Tunnetaidot

**부모의 EQ가
높아야 하는 이유**

**"감정 기술은
아이가 사랑할 줄 아는
인격체로 성장하는데 꼭 필요하다"**

공동체-행복의 초석

행복은 사랑할 수 있고, 일할 수 있고 다른 사람들과 관계를 잘 맺을 수 있을 때 느껴지는 감정이다. 성인이 된 후에는 사회의 일원으로서 자신이 다른 사람에게 도움을 줄 수 있는 것도 행복의 조건에 추가된다.

부모가 아이에게 다른 사람을 사랑하는 법을 직접적으로 가르칠 수는 없더라도 적어도 다른 사람들과 건전한 관계를 맺는 방법은 가르칠 수 있어야 한다. 아이가 타인을 사랑할 수 있는 능력의 뿌리는 자신을 인정하고 사랑하는 따뜻한 부모의 눈빛 속에서 형성된 부모와의 건전한 애착 관계다. 이런 애착 관계가 잘 형성될 때, 그 아이는 사회에 나아가도 사랑하고 사랑받으며 행복한 삶을 이루어 나갈 수 있게 된다.

아이의 눈높이로 보기

감정 기술은 감정을 식별, 표현, 조절, 표현할 수 있는 능력을 말한다. 감정 기술은 가족과 그 속에서 살아가는 아이들의 웰빙에 중요한 기술이다. 아이는 이 세상에서 다양한 방식으로 존재하는 방법을 감정 기술을 통해 배운다. 심리적 유연성을 갖고 스트레스에 견딜 수 있는 내성도 감정 기술을 통해 강화될 수 있다.

감정 기술은 부모로부터 아이에게로 전수된다. 감정 기술이 잘 전수되려면 부모가 아이에게 먼저 세심하게 반응할 수 있어야 한다. 그러나 모든 부모가 이에 능한 것이 아니기에 어떤 부모는 외부로부터 도움이 필요하다. 감정 기술을 발달시키는 데 핵심적 능력인 정신화mentalization능력*이다. 이 능력을 갖추지 못한 부모는 자신의 아이라도 잘 이해하지 못한다. 반대로 이 능력을 잘 갖춘 부모는 자신의 관점을 넘어 아이의 관점에서도 사안을 볼 수 있다. 이 능력은 어린 시절, 다른 사람과의 활발한 소통을 통해 발달한다. 이 능

---

* 정신화 능력이란 사람들의 행동을 인식하고 이해하는 과정을 통해 그들이 생각하고 느끼는 것을 상상할 수 있는 능력이다. 이런 능력이 배양될 경우, 직관적으로 타인의 행동과 의도를 이해하는 것이 가능하다. 이러한 정신화는 영아기에 어머니와 안정적 애착을 형성하는 과정에서 감정적인 신호를 서로 교환하며 이해했다는 느낌을 통해 최초로 형성된다.

력은 자신뿐 아니라 주변 사람의 삶의 질까지도 증진시켜주는 힘이 있다. 이 능력이야말로 부모가 갖춰야 할 육아의 핵심적 능력이며 이 능력을 갖추지 못한 부모는 아이에게 감정 기술을 가르쳐주기가 어렵다.

"아이를 잘 키우기 위해서는
주변의 든든한 네트워크와 지원, 그리고 통찰력도 필요하다"

공동 육아로 나아가기

어른의 세계는 효율적 사고가 지배한다. 그래서 시간을 조금이라도 헛되게 사용해서는 안 된다. 최근 핀란드에서는 다행히 이런 효율적 사고와는 대척점에 있는 감정 기술에 대한 중요성이 대두되고 있다. 핀란드는 감정 기술을 학교 정식 커리큘럼에 포함시킨 세계의 몇 안 되는 국가 중 하나다. 유아교육부터 감정 기술 교육은 시작된다. 사회와 교육계에서는 먼저 감정 기술이 중요하다는 것을 인정할 수 있어야 한다. 그래야 변화가 올 수 있다. 물론 중요하다고 인정하더라도 실제 '어른의 세계'에서 벌어지는 현실을 바꾸기는 쉽지 않다.

최근, 아이들의 집단 따돌림 감소와 감정 기술이 관련이 있다는 연구가 발표되어 큰 주목을 받았다. 집단 따돌림이 이제는 오프라인을 넘어 온라인까지 퍼지고 있는 이런 작금의 상황에서 이런 연구 결과는 한 줄기 빛으로 다가온다.

핀란드에서는 남의 도움 없이 혼자서 생존해 나가는 독립 정신이 사회 깊숙히 뿌리내리고 있다. 이렇게 독립성을 숭상하는 사회로 변한 데는 과거에 급격히 벌어진 도시화와 인구의 대규모 이주가 주된 이유로 꼽힌다. 고향을 떠나 도시로 온 사람들은 혼자 힘으로 생존해 나가야 했다. 그래서 자유 시간보다 일하는 시간이 더 많아지게 됐고 이로 인해 양육 방식도 전면적으로 바뀌게 되었다. 도시의 부모들은 다른 사람의 도움 없이 아이를 키워 나가야 했다. 이런 육아 방식은 물론 부모에게 큰 부담이 되었고. 이런 상황은 지금도 크게 변하지 않았다고 할 수 있다.

도시화가 급속히 진행되기 이전에는 아이를 키우는데 가까운 친지의 도움을 받았었지만, 이제는 그런 문화가 많이 사라졌다. 문제는 어떤 훌륭한 부모도 '독박육아'로 아이를 잘 키워내기는 쉽지 않다는 것이다. "아이를 키우는 데는 전체 마을이 필요하다"는 말처럼, 아이를 잘 키우기 위해서는 주변의 든든한 인맥과 지원, 그리고 통찰력도 필요하다. SNS의 발달로 사람과의 연락은 과거보다 더 쉬워졌지만, 통계에 따르면 부모가 자기 부모(아이의 조부모)와 연락하는 횟수는 오히려 줄어들었다고 한다.

아이를 위하는 것만이 아니라, 부모도 자신의 웰빙을 지켜내려면 양육 지원 네트워크가 필요하다. 요즘 사람들은 아이에게 문제가 있으면 일단 상담 치료부터 많이 알아본다. 그러나 이보다 먼저 아이가 속한 가족의 일상에 어떤 기초적 도움이 필요한지를 면면히 살펴봐야 한다. 가족의 일상생활과 관련된 외부 지원이 이루어질 때, 의외로 가족이 겪고 있던 여러 문제가 해결되기도 한다.

부모는 감정기술의 선생님이자 학생이 될 수도 있다

일부 부모는 양육자로서 많은 결함을 가지고 있다. 어릴 때 정상적으로 성장하기 어려운 환경에 놓여, 부모로부터 감정 기술을 제대로 배우지 못해서 생긴 결함일 가능성이 크다. 그도 자기 부모처럼 아이들의 요구에 세심하게 반응하지 못하는 부모가 돼 버린 것이다. 이런 부모는 외부의 도움을 받는 것이 좋다.

많은 연구조사에서는 공통적으로 이런 부모들에게 감정기술을 가르쳐 줄 때, 나쁜 양육 관행이 다음 세대로 전파되는 고리를 끊을 수 있다는 것을 밝혀냈다. 어느 부모나 아이를 키울 때 크고 작은 잘못을 저지른다. 그러나 아이를 위협하고 처벌하는 냉혹한 양육 방식은 부모의 큰 잘못이다. 이런 양육방식은 다른 방식으로 반드시 대체해야 한다. 나쁜 관습은 그냥 사라지지 않는다. 좋은 방식으로 대체될 때만

이 사라지게 된다.

    긍정적인 양육자가 되고자 하는 부모는 감정 기술을 배우는 데도 열린 마음을 가지고 있어야 한다. 감정기술은 어린 시절에 더 쉽게 배울 수는 있지만 다행히 연령대에 상관없이 누구나 배울 수 있다. 감정 기술을 배우는 가장 첫 단계는 감정의 표현이다. 예를 들어, 아이가 소리를 지르며 떼쓸 때, 부모는 아이에게 자신의 감정을 잘 표현할 수 있어야 한다. 아이가 주도하는 놀이에 참여할 때도 감정 기술을 익혀 아이에게 빠르고 긍정적인 피드백을 줄 수 있어야 한다.

"누구나 감정 기술에 대해 알고, 배우고, 내면화까지 할 수 있으면 큰 도움을 받을 수 있다"

여러 연구 결과를 통해 아동의 행동과 아이의 전체적 삶의 질은 양육 방식이 바뀌어야 비로소 개선된다는 것이 밝혀졌다. 부모가 아이를 잘 키우도록 외부에서 도울 수 있는 방법은 여러 가지다. 이런 외부 지원은 조기에 이루어져야 더 효과가 크다는 것을 이미 우리 사회는 공감하기 시작했다.

많은 부모는 긍정적인 양육 방식의 원천인 감정 기술을 배운 후, 그들의 직장 생활에서도 큰 도움을 받았다고 증언하고 있다. 감정 기술은 아이를 키우고 가족생활을 잘 영위하는 데만 영향을 주는 것이 아니라, 삶의 다른 영역에도 좋은 영향을 미친다. 긍정적 양육 방식으로 키워진 아이는 행동 장애를 잘 겪게 되지 않는다고 한다. 또, 부모와 아이 사이에 갈등 상황이 벌어지더라도 더 쉽게 해결된다. 이런 가족은 구성원들이 모두 가정에서 지켜야 할 규칙이 무엇인지 잘 알고 있다. 이런 부모와 비교하며 자신이 나쁜 부모라는 죄책감과 자책감을 느낄 필요는 전혀 없다. 쓸데없는 감정의 소비일 뿐이다. 각자 처지와 상황에 맞춰, 남과 비교하지 않고 휘둘리지 않는 본인만의 양육 태도를 잘 지켜내는 것이 중요하다. 과하게 애쓰지 않는 '쿨'한 부모 밑에서도 아이는 잘 자랄까. 걱정될 수도 있지만 아이는 잘 자라날 수 있다. 아이들은 보통 건강하지 못한 쪽보다는 건강한 쪽으로 자라난다. 아이 성장에 부모가 미치는 영향이 크다지만, 어떤 부분에서는 환경보다 유전이 더 큰 영향을 미치기도 한다. 그리고 아이의 주변 환경 조건도 아이 성장에 큰 영향을 미친다. 부모외의 다른 사람과의 관계도 또한 아이 성장의 변수가 된다.

모든 책임이 부모에게 있는 것은 아니다. 이 사실을 알아야 한다. 양육의 책임감에 눌려 매일 지친 모습을 보이는 부모를 바라보는 아이들도 마찬가지로 행복해지기 어렵다. 아이와 함께 있어 주는 부모가 되면 충분하다고 스스로 다독여보자.

모든 사람이 다 아이를 낳고 부모가 되지는 않는다. 이 중 일부는 스스로 이런 무자녀의 길을 선택한다. 그런데 이런 선택은 적어도 아이를 키우는 것에 대한 올바른 정보가 기반이 되어져야 한다고 생각한다. 현재 사회는 육아 지옥이라는 말이 있을 정도로 아이를 키우는 것에 대해 기쁨보다는 스트레스와 힘든 면을 더 많이 부각시키곤 한다. 양육에 대한 이런 사회의 담론이 바뀌어 사람들이 육아의 다면적인 여러 측면을 바라볼 수 있기를 바란다. 부모는(어른은) 자신이 개입해야 할 때와 그렇지 않을 때를 확실히 구분한다. "Pick your battle(싸움도 골라서 해라)"라는 영어 표현처럼 자신이 싸워야 하는 싸움이 무엇인지 안다. 아이들도 자신의 행동이 초래하게 될 결과를 쉽게 예측할 수 있으며, 이는 아이가 가정에서 느끼게 되는 안전함과 직결되어 있다.

누구나 감정 기술을 알고 배우고 내면화까지 할 수 있다면 큰 도움을 받을 수 있다. 감정 기술은 책, 연습, 게임, 앱 등 여러 통로를 통해 배울 수 있다. 부모에게 감정 기술을 가르쳐줄 때는 그 가정의 상황에 맞춰 가르쳐 주는 것이 바람직하다. 같은 상황에 있는 부모들끼리 동료 지원 peer support 그룹을 형성해서 각자의 경험과 노하우를 공유하는 것도 감정 기술을 익히는 데 효과적인 방법이다.

'쿨'한 양육 태도도 때로는 득이 된다

유난 떨지 않고 과하지 않게 아이를 키워도 된다는 것을 부모들이 알았으면 좋겠다. 핀란드에서는 어린이의 독립성

---

* 여기저기 쓸데없는 소모적 논쟁에 휘둘리지 말고 꼭 필요한 사안에 대해서만 논쟁/싸움을 하라는 뜻

과 그들의 의견을 중시하는 것이 사회적 문화로 정착되고 있다. 이는 물론 바람직한 일이다. 그러나 간혹 아이에게 나이에 맞지 않는 지나친 책임감을 지워주는 식으로 사회와 가족의 분위기가 흘러가기도 한다. 아이에게 어른이 해야 할 영역의 일까지 떠넘겨 부담감을 주는 것은 옳지 않다.

　감정 기술은 사랑하는 능력을 갖춘 전인적 인간으로 아이가 자라나기 위해 꼭 필요한 기술이다. 특히 타인과의 관계, 즉 사회에서 다른 사람들과 어울려 살아가는 데 없어서는 안 된다. 다른 사람과 관계를 잘 맺어 나가는 능력은 행복과 직결되어 있다. 감정 기술을 갖추지 못한 부모 밑에서 자라나는 아이는 나침반 없이 인생이라는 넓은 바다를 정처 없이 항해하는 배와 같다고 할 수 있다.

∴ 이 장을 쓰는 데 도움을 준 전문가

타이나 라야살로 Taina Lajasalo 법의학 심리학 박사는 아동학대, 아동 행동장애, 가정 정신건강을 지원하고 예방하는 전문가로 알려져 있다. 어려움에 처한 어린이와 가족들을 치료하고 도와주었던 실제 임상 경험이 풍부한 연구자이며 헬싱키 대 법의학 심리학과 겸임 교수로 재직 중이다. 핀란드 국립 보건원에서도 수석 전문가직을 맡고 있다.

Katso lasta,
näe lapsi

아이를 보세요.
아이가 보입니다.

"우리는 감각을 통해 환경과 소통한다."

자신을 누군가가 보고 있다는 느낌은 우리를 행복하게 만들어 준다

행복하다는 것은 삶의 모든 영역이 골고루 잘 돌아간다는 것을 의미한다. 양육을 3단계로 나누면, 1단계는 모든 부모에게 해당하는 자녀를 사랑하고 보호하는 보편적 양육이며. 2단계는 각 지역과 문화적 특성에 맞춘 양육, 3단계는 각 자녀에게 맞춘 개별적 양육이다.

어린이가 느끼는 행복의 원천은 전 세계 어디를 막론하고 부모로부터 자신이 중요한 존재라고 느끼며 사랑받고 있다는 감정이다. 또한, 어린이도 사랑받는 입장만이 아니라, 자신이 부모를 기쁘게 해준다는 느낌을 가져보는 것도 중요하다. 부모는 아이 때문에 행복할 권리와 아이에게 관심과 배려를 베풀 의무를 동시에 가지고 있다. 이런 사랑이 가득한 환경 속에서 자라나는 아이는 자신이 사랑받고 있는 중요한 존재라고 느끼며 건강하게 자라나게 될 것이다.

아가도 작은 인플루언서

아이가 어느 정도 성장하면, 부모가 같은 공간에 있지 않아도 다양한 실제적 예를 통해 부모가 자신을 여전히 사랑하고 돌보고 있다는 것을 알게 된다. 그러나 어린 아이에게 사랑은 함께 해주는 시간이다.

현대의 성인 중심 사회에서는 아이에게 행복을 주는 것이 오롯이 어른의 역할로 굳어져 있다. 이런 생각은 아이를 주체 아닌 객체로 전락시키게 된다. 아이는 어른이 제공하는 최고의 서비스와 보살핌을 받아야만 하는 존재가 된다. 그러나 갓 태어난 신생아도 태어나면서부터 부모에게 영향을 끼칠 수 있는 관계의 주체자가 될 수 있다. 소리지르고 울고 웃는 자기의 행동이 관계에 어떤 영향을 끼치는지 아가 스스로 경험하는 것이 중요하다. 그런 경험을 통해 자신이 받기만 하는 존재만이 아니라 부모에게 영향도 끼치는 존재라는 것도 인식하게 될 것이다.

마주하는 시선은 양면의 거울

사랑하는 사람들은 눈을 보며 사랑의 마음을 전한다. 부모도 아이의 눈을 쳐다보며 아이가 그들에게 얼마나 소중한 존재인지 느끼도록 해주어야 한다. 요즘은 아이를 옆에 두고도 휴대전화나 노트북만 쳐다보는 부모가 많다. 아이와 같은 공간에 있으면 아이와 '함께 있다'고 착각하면서. 그러나 아이는 그렇게 생각하지 않는다. 아이에게는 스마트폰이나 컴퓨터, 혹은 TV의 방해 없이 부모와 서로 바라보며, 웃고, 같은 곳을 바라보는 시간이 필요하다.

아이는 옆에 있는 어른이 자신을 어떻게 바라보는지 궁금하게 생각한다. 시선을 통해 감정이 전달된다는 것은 자명한 사실이다. 아이에게 자신을 바라보는 어른의 따뜻한 눈빛은 생명의 양식과 같다. 아이가 좀 더 크면 이제는 말로도 사랑의 감정이 전달된다. 자녀를 향한 사랑의 표현도 성장 단계에 맞춰 변화를 줄 필요가 있다. 청소년기에 들어선 자녀는 어린 아이때와는 다른 사랑의 표현을 필요로 한다.

어린 아기가 가끔씩 강렬한 눈빛으로 부모의 눈을 쳐다보는 것을 본 적이 있을 것이다. 아이와 엄마 혹은 아빠가 서로 마주하는 시선은 양면의 거울과 같다. 아가는 엄마, 아빠를 바라보는 동시에 부모의 눈에서 자신을 바라본다. 부모가 자신을 바라보는 시선으로 아가는 '나'라는 자기 정체성을 갖기 시작한다. 부모도 마찬가지다. 아가의 눈에서 자신의 부모로서의 모습을 보게 된다. 이런 양면 거울 같은 시선 교환을 통해 사랑은 그 사이에서 싹트게 된다.

안전, 사랑, 인정

성인 중심, 그리고 구체적인 성취를 목표로 하는 양육 방식은 위험하다. 요즘 많은 부모는 아이가 좋아하고 원하는 것을 할 수 있는 여지를 별로 남겨두지 않는다. 이런 부모가 아이들에게 가장 많은 관심을 보일 때는 잘했을 때보다, 부적절하고 금지된 일, 혹은 방해되는 일을 했을 때이다. 부모의 진정한 역할은 아이가 주체적으로 잘 해낸 일에 대해 많은 관심과 긍정적 피드백을 주는 것이다. 그러나 현실에서는 잘한 것에 대한 칭찬보다 실수하고 잘못했을 때 잔소리나 꾸중을 하기가 더 쉽다. 칭찬을 하는 경우는 대부분 눈에 뜨이는 가시적 성과나 새로운 지식 혹은 기술을 획득한 특별한 경우에 해당한다. 이런 양육 방식은 아이들 교육을 자칫 역량과 성과 중심으로 흘러가게 만들 수 있다.

"아이는 보호받고 있을 때 행복하다고 느낀다."

　　안전과 사랑에 대한 갈망은 모든 아이들의 공통적 욕구이다. 이해하기 어렵고, 두려울 때도 있는 이 세상을 살아가는 아이들에게 안전함을 주는 것은 중요하다. 아이는 보호받고 있을 때 행복감을 느낀다. 아이가 느끼는 안전은 연령대와 성장 단계에 따라 내용이 바뀐다. 아가 때는 부모의 무릎에 안겨 부드러운 신체적 접촉을 통해 안전과 행복감을 느끼지만, 10대 청소년은 부모가 자신의 행방에 관심을 가지며 자신을 보호해 줄 한계를 정해줄 때 안전하다고 느낀다. 10대가 부모로부터 받기 원하는 '안전함'은 자신의 일에 대한 관심뿐만 아니라, 자신의 실패 가능성까지 다 포용해 주는 것이다. 아이들이 더 커서 독립할 단계에 이르면 부모는 독립과 한계를 단계별로 번갈아 풀어주고 정해주며 아이들이 안전하게 독립할 수 있도록 도와주어야 한다.

　　안전함에 대한 구체적 내용은 지역과 문화에 따라 차이가 많이 난다. 전쟁 중 난민캠프에서 생각하는 안전함과 기후 문제를 안전을 위협하는 가장 심각한 문제로 여기는 북

유럽 복지 국가에서 생각하는 안전함은 많이 다르다. 그럼에도 불구하고 세상의 모든 아이들은 모두 안전에 대한 욕구를 가지고 있다. 누구도 100% 안전을 보장하지 못하는 세상을 살아가는 아이들의 최대 관심사는 자연스럽게도 자신의 안전이다. 부모가 자신을 안전하게 돌보고 있다는 확신은 아이들이 불안감에 떨지 않고 살 수 있도록 도와준다.

균형 있는 정서 발달과 조기 애착 관계는 밀접한 관련이 있다. 조기 애착 관계가 잘 형성된 아이들은 힘들면 도망갈 수 있는 피난처가 있다는 안도감을 느낀다. 이런 안도감은 아이에게 호기심을 가지고 낯선 외부세계를 탐구하고 싶다는 마음을 심어준다. 아이들의 탐험과 배움을 향한 열망의 뒤에는 신뢰와 안정감을 주는 애착 관계가 든든하게 맞쳐주고 있다. 성장하고, 진화하고, 창의력을 발휘하며 자아를 실현시키고, 앞으로 전진하려는 것은 아이들의 자연스러운 욕구이다. 이런 욕구가 잘 발휘되려면, 사랑받고 자신도 상대를 사랑한다고 느낄 수 있는 가까운 인간관계가 먼저 형성되어야 한다. 건강한 애착 관계에는 배려, 기쁨, 따뜻함, 긍정적 감정이 넘친다. 이런 관계 형성에 성공한 아이일수록 정서적으로 안정되며, 그 결과 새롭고 흥미로운 것들을 시도해도 좋다는 확신도 가지게 된다.

시선이 가진 힘

한 연구 결과에 의하면, 아이들이 모호하고 혼돈스러운 상황에 처했을 때 애착 관계에 있는 대상을 쳐다보며 지원을 구하는 것으로 밝혀졌다.

말이 오가지 않아도 애착 관계에 있는 어른의 눈빛만으로 아이는 자신이 처한 상황이 안전한지 혹은 위험한지를 알 수 있다. 시선만으로도 아이에게 상황의 안전함을 전하는 것이 가능하다. 평상시 어른과의 애착 관계 속에서 안전함을 느끼던 아이라면 이런 상황에서 어른의 시선이 말하는 그대로 행동할 가능성이 높다.

성인은 노트북과 TV 모니터 속 시각적 이미지를 통해서도 그 안에서 벌어지는 인간의 감정 상태를 충분히 파악할 수 있다. 두뇌가 이미 다 발달했고 심리적으로도 성숙하기 때문이다. 그러나 어린아이는 다르다. 실제 사람과 시선을 교환하며 느끼는 감정을 매체를 통해서는 제대로 전달받지 못한다. 두 사람이 서로의 눈을 바라볼 때, 그 속에서는 엄청난 양의 정보(대부분 감정과 관련된 정보)가 교환된다는 것이 연구로 밝혀졌다. 감정은 서로 바로 보는 시선을 통해 공유된다. 이런 시선으로 감정을 공유하는 경험은 어린 시절부터 시작된다. 디지털 기기는 많은 장점을 가지고 있지

아이를 보세요. 아이가 보입니다.

만 사랑하는 사람들이 주고받는 눈맞춤까지 대체하지는 못한다. 인간의 감정은 서로 바라보는 시선을 통해서 가장 잘 전달될 수 있다.

**"어른의 눈빛만 봐도
아이는 자신이 처한 상황이
안전한지 혹은 위험한지 알 수 있다."**

보이는 것과 보는 것 외부 세계를 여는 가장 중요한 열쇠는?

현재 많은 가정에서 벌어지는 큰 문제는 한집에 있으면서도 가족 구성원들이 서로 다른 것에 몰두하고 있는 것이다. 관심이 각각 다르고, 그래서 보고 있는 것도 다르다. 부모는 노트북과 휴대 전화에 눈이 팔려 있고, 아이는 혼자서 뭔가를 하며 노는 가족의 모습은 낯설지 않다. 이런 가족생활은 보통 어떤 문제가 발생하기 전까지 계속된다. 자기의 일을 누군가가 방해하거나 귀찮게 할 때 즉, 하지 말아야 할 행동이 벌어졌을 때만, 사람들은 하던 것을 멈추고 주의를 돌리기 시작한다. 그런 이유로 가족의 시선 교환은 긍정적인 이유보다 부정적인 이유로 더 빈번하게 이루어진다.

시각은 뇌 활동 측면에서 볼 때, 가장 중요한 감각인 것으로 연구에서 밝혀졌다. 시각 자극을 처리하는 기능은 다른 감각의 처리 기능에 비해 뇌의 활동을 몇 배나 더 활성시킨다고 한다. 외부 세계와 소통하는데 오감이 필요한데, 시각은 그 중에서도 외부 세계를 여는 가장 중요한 열쇠이다.

신생아의 시선은 자신을 안고 있는 어른의 얼굴을 가장 잘 볼 수 있는 거리에 맞춰진다. 그래서 신생아는 자신을 안고 있는 사람의 얼굴을 정확하게 인식한다. 아기는 하루 중 거의 대부분의 시간을 잠으로 보내지만, 깨어 있는 거의 모든 시간에는 심지어 식사 시간까지도 성인의 팔에 안겨 있다. 이런 과정에서 아이는 자연스럽게 자신을 안고 돌봐 주는 가까운 사람의 시선을 통해 세상을 보기 시작한다. 놀랍게도 어린 아가는 어른의 시선이 의미하는 바를 잘 읽어내며, 이런 능력은 어른보다도 뛰어나다고 한다.

육아의 기쁨

많은 부모들이, 부모가 되면 자신과 관련된 무언가 소중한 것을 포기해야 된다고 생각하는 부정적 사고 모델을 가지고 있다. 그러나 부모가 되면 더 좋고 놀라운 일이 생길 거라는 긍정적 사고가 필요하다. 시선을 아이에게 돌려 아이를 제대로 볼 수 있다면 그 아이가 많은 행복과 웰빙을 주는 존재임을 깨닫게 될 것이다.

부모는 뭔가 희생해야 하는 사람이고, 아이들은 부모로

부터 끊임없이 많은 것을 요구하는 존재인 것처럼 생각하게 된 배경에는 일상의 행복을 박탈당하는 데 익숙해진 현대인의 부정적인 사고방식이 자리잡고 있다.

요즘은 일상에서 사람들이 직접 만나 나누는 상호작용이 점점 사라지고 있다. 현대인의 삶과 일상은 이제 디지털 기기로 희석화된 간접적 교류가 주류가 되었다. 이런 시대를 살아가는 부모 또한 아이들이 가져다주는 기쁨과 만족, 그리고 행복한 감정을 잃어버리게 되었다. 요즘 사람들은 기후변화를 가장 큰 문제인 것처럼 걱정하지만, 인간으로서 우리가 가진 가능성이 지금까지 얼마나 근본적으로 변했으며 앞으로 더 변할지를 더 걱정해야 할 것이다. 우리가 사는 세계는 계속적으로 기계가 주인이 되는 세상으로 변해가고 있으니까.

아이는 생명력의 원천이다. 그리고 소소한 일상을 통해 그런 자기의 생명력을 부모와 나누고 싶어 한다. 그러나 내면의 감수성을 잃어버린 부모는 이런 아이들의 활력과 기쁨을 받을 준비가 되어 있지 않다. 이런 부모일수록 부모로서의 역할을 힘들어 한다. 부모가 먼저 잃어버린 감성을 찾는 것이 중요하다. 그후에야 아이의 활력과 기쁨을 느낄 수 있다. 자신의 내면을 들여다보고 감성의 우물에서 물을 길어 올린 후에, 아이를 바라보면 아이가 다르게 보일 것이다.

아이도 한층 따뜻해진 부모의 시선 속에서 사랑과 보호를 한 몸에 받고 있다고 느끼게 될 것이다.

아이를 보세요. 아이가 보입니다.

⁂ 이 장을 쓰는 데 도움을 준 전문가

툴라 탐미넨 Tuula Tamminen 박사는 은퇴 전, 아동 정신과 의사와 교수로 재직했습니다. 심리 치료사, 가족 치료사 등 다방면에서 많은 역할을 하기도 했습니다. 은퇴 후에도 핀란드 학술원, 핀란드 문화진흥기금, 만네르하임 아동 연맹 명예 회장, 소아 정신 건강 세계(WAIMH)의 명예 회장 등 국내외에서 열심히 그의 전문 지식을 나누고 있습니다. 그는 또한 유럽 아동청소년정신의학회(ESCAP)의 초대 명예회원이기도 합니다. 현재 성인이 된 두 명의 자녀와 네 명의 손주를 두고 있으며 남편과는 50주년 금혼식을 앞두고 있습니다.

Rutiinit　　　　　　　　　　　　　　　　　**루틴의 힘**

"루틴은 부모에게 더 많은 자유 시간과 에너지를 준다."

루틴(규칙적 일상) 만들기

 루틴은 아이의 균형 잡힌 성장을 위한 주춧돌 같은 역할을 한다. 아이가 주변 환경을 탐구하고 경이롭게 바라볼 수 있는 힘의 원천은 루틴에서 나온다. 아이가 자기의 하루 생활이 어떤 시간표를 따라 진행될 것인지 미리 알고 있는 것은 매우 중요하다.

루틴 없는 삶은 아이에게 큰 짐을 짊어지우는 격

 많은 부모는 아이에게 루틴을 만들어주는 것에 그다지 관심을 두고 있지 않는 것처럼 보인다. 아이도 불규칙한 일상을 성인인 자신들처럼 유연히 잘 대처하며 살아갈 능력이 있다고 생각하는 것 같다(사실 아이들은 그렇지 못한데도).

 그러나 현실은 혼란한 불규칙한 일상 속에서 살아가는 아이들은 '지금 나에게 무슨 일이 벌어지고 있는 거지?'라며 많이 당황하며 살아가고 있다. 그 결과, 외부에 대한 경계심을 늦추지 않고 많은 에너지를 앞으로 벌어질 상황을 파악하는 데 소비하게 된다. 반대로, 루틴 속에서 정돈된 생활을 하는 아이는 편안하고 안정된 삶을 살아 갈 수 있다. 그런데 루틴이 필요한 것은 아이만이 아니다. 부모도 루틴을 통해 많은 도움을 받는다. 루틴을 지키며 살아갈 때 어른의 삶의 질도 많이 향상된다.

가족의 생활이 규칙적으로 진행되면 아이들은 안정감을 갖는다. 규칙적 일상을 통해 앞으로 벌어질 일을 쉽게 예상할 수 있으며, 다른 사람들이 자신에게 바라는 행동도 예측 가능하기 때문이다. 식사-외출-야외 활동-양치질-취침 시간 등 반복되는 일상에서 가끔씩 예외적인 상황이 벌어질 때도 있다. 이런 예외적 상황을 아이들은 일상의 큰 기쁨으로 느끼는 경우가 많다. 예를 들어, "오늘은 조금 늦게 자도 되는 날!"이라는 말을 부모로부터 듣게 되면, 아이는 그 자체가 놀라운 즐거움으로 다가올 것이다. "놀라운 즐거움은 내가 미리 알고 있는 것!"이라고 정의한 어떤 아이의 말을 듣고 깊은 인상을 받은 적이 있다.

과거에는 부모들이 꽉 짜인 직장 업무 시간에 많이 매여 있었다. 융통성 없는 직장 업무 시간은 가정생활까지 많은 압력을 준다. 특히, 어린 자녀를 둔 가정은 더 많은 압력을 느꼈을 것이다. 외부로부터 루틴이 강요될 때는 루틴에서 자발적으로 벗어나기도 어렵고 그 때 느끼는 즐거움도 경험하기 어렵다. 그런 이들에게 루틴은 지켜내야 하는 '좋은 것'이 아니라, 벗어나고 싶은 굴레일 수도 있다. 다행히 현재는 직업의 세계의 변화로 예전보다 직장의 업무 시간이 많이 유연해졌다. 이제는 가족들이 주도적으로 루틴을 만들어 갈 수 있는 더 좋은 환경이 조성되었다.

"불규칙적인 일상 속에서 자라나게 되는 아이는 정상적인 발달을 위협받게 된다"

　불규칙한 생활로 고통받는 아이들이 너무 많다. 불규칙적이고 혼란스러운 일상을 살아가야 하는 아이는 많은 에너지를 앞으로 벌어질 일을 파악하는 데 소진하게 된다. 촉각을 세워 외부 세계를 경계하며 불안한 대기 상태로 계속 지내게 된다. 이런 상태에 장기간 노출될 때, 아이는 안절부절하며 스트레스를 쉽게 받는 성격으로 변한다. 이렇게 불규칙한 일상 속에서 자라나게 되는 아이는 정상적인 발달을 위협받게 된다. 엎친 데 덮친 격으로 부모는 자녀에게 불규칙적 상황에 적응하도록 유연성을 과도하게 요구하게 된다.

　아이를 위한 루틴을 만들 때 우리가 기억해야 할 것은 시간표를 빽빽하게 채우지 않는 것이다. 루틴이 아이에게 도움을 주려면 시간 배치가 여유로워야 한다. 아이가 루틴 속에서 기계처럼 반복적인 행동 외에 자유로운 행동도 할 수 있으려면 '여유' 라는 시간적 공간이 절대적으로 필요하다.

　아이의 한 주 시간표를 만들 때도 너무 많은 취미나 여러 액티비티를 배치하는 것은 좋지 않다. 아이들에게는 절대적

으로 자유 시간이 필요하다. 취미 활동은 아이 일상의 중요한 부분이며 학교에서 발휘하기 어려웠던 재능과 개성을 실현할 좋은 기회이다. 그러나 취미 활동을 시작하기 전, 먼저 아이에게 관심이 무엇이고 원하는 것이 무엇인지를 물어봐야 한다. 취미 활동의 출발점은 부모의 취향이나 야망이 아니라 아이의 관심과 흥미이니까.

삶을 편하게 만들어주는 루틴

루틴은 아이의 기본적 웰빙과 여러가지 면에서 직접적 관련을 가지고 있다. 먼저, 아이의 신체적 건강을 위해서는 취침 시간, 식사 시간, 야외 활동 시간이 규칙적으로 이루어져야 한다. 이런 루틴이 주는 반복적 리듬감은 아이 성장에 꼭 필요하다.

루틴의 주는 이점은 아이만이 받는 것이 아니다. 일상이 규칙적으로 바뀌면 부모도 시간과 에너지를 절약할 수 있다. 자녀의 취침 시간과 기상 시간을 정확히 아는 부모는 일상생활을 더 규모 있고 계획적으로 꾸려 나갈 수 있다. 루틴이 생활화된 가족은 구성원 모두 일상에 치이지도, 쉽게 지치지도 않는다.

부모는 남는 시간을 자신과 배우자를 위해 할애할 수도 있다. 식사 시간, 취침 시간이 일정치 않고 일상이 불규칙한 가족은 가족 모두 불규칙한 일상이 초래하는 큰 짐을 진다. 루틴 속에서 살아갈 때, 부모는 그 비축된 힘으로 아이들을 더 많이 사랑하는 것이 쉬워진다.

　어떤 가족은 매주 수요일에는 피자를 먹고 금요일에는 가족끼리 영화를 본다. 이런 반복적이고 즐거운 루틴은 가족 간 응집력을 높이는데 아주 좋은 방법이다. 이런 즐거운 반복적 일상도 외부의 압력이 아닌, 가족 구성원이 자발적으로 만드는 것이 중요하다.

　자녀에게 어떤 추억을 선사하고 싶은가? 아이들이 소중히 여기는 어린 시절의 추억은 보살핌과 사랑을 듬뿍 받았던 경험과 맞닿아 있다. 반복되며 즐거웠던 과거의 일상이 아이들에게 가장 좋은 추억거리가 되어준다.

　루틴은 가족생활을 안전하게 만들어 주기도 한다. 부모가 굳이 애쓰지 않아도 루틴 속에서 생성되는 균형감으로 삶이 잘 굴러가게 된다.

성취의 지렛대, 루틴

　현대인의 일상은 끊임없이 바뀐다. 이런 이유로 반복적이고 규칙적인 일상을 만든다는 것이 현대인에게는 어렵게 느껴질 수 있다. 그러나 가족의 일상에서 규칙을 정하고 그 규칙을 지켜 나가며 안정감을 주는 틀을 만드는 것은 매우 중요하다. 루틴에 익숙해지면 아이들도 루틴을 깨고 싶을 때 '안돼!'라는 부정적 답을 들어도 더 잘 수긍하게 된다. 가족 모두 동의한 루틴을 쉽게 깨트릴 수 없다는 것을 잘 알고 있기 때문이다.

많은 연구를 통해서도 밝혀졌지만, 부모가 가정과 직장을 동시에 성공적으로 병행한다는 것은 쉽지 않다. 가정과 직장에서 요구하는 행동 양식이 많이 다르기 때문에 부모는 큰 부담감을 느끼게 된다. 직장에서는 집, 집에서는 직장 생각에 짓눌릴 때도 많다. 직장과 가정을 모두 조화롭게 지켜나가는 것은 만만치 않은 과제이다. 아이들은 언제 어디서든 계속 누군가의 돌봄이 필요한 존재이다. 이런 어려운 문제를 해결하려면 때로는 부모의 큰 용기와 결단이 필요하다.

가족의 웰빙은 충분한 내적 그리고 외적 자원이 받쳐줄 때 성취될 수 있다. 예를 들어, 자녀가 많은 부모와 한 자녀만 둔 부모가 느끼는 여유로움은 차이가 많다. 자녀가 많은 부모는 상대적으로 여유를 잘 느끼지 못할 가능성이 높다. 부모가 여유로움을 잃어버리면 자녀에게도 안정감을 주기 힘들다. 피로는 여유로움의 적이다.

피곤한 부모는 에너지를 소진해 버려 아이에게 안정감을 주는데 써야 하는 에너지가 남아있지 않다. 루틴은 이럴 때 큰 도움을 준다. 루틴에 기대면 부모는 에너지를 소진하지 않아도 된다. 일상이 잘 굴러가면 쓸데없는 에너지 소비가 줄어들 수 있다. 더 늦기 전에, 부모는 자신이 어떤 내외적인 자원을 이미 갖고 있는지, 변화하는 일상에 대처하려면 어떤 자원이 더 필요한지를 알아볼 필요가 있다.

주위를 보면, 일에만 몰두하거나, 자신의 일과 취미 생활에 많은 시간을 할애하여 가족과 함께할 시간을 남겨두지 않은 부모들도 있다. 부모에게도 삶의 여유는 꼭 필요하며, 이는 에너지를 소진하지 않을 때 나온다. 루틴에 따라 살아가는 부모는 아이가 무엇을 생각하고 고민하는지, 아이의 내적 세계에 더 많은 관심을 기울일 수 있는 에너지가 남아 있다. 그러나 스트레스에 계속 노출되어 있는 부모는 아이의 내적인 정신세계를 정신화 과정 mentalization* 을 통해 탐구하고 이해하기가 힘들다.

---

* 정신화 과정: 자신과 타인의 감정 상태에 대한 정신적 표상을 형성하고 사용할 수 있는 능력으로(Fonagy, Gergely, Jurist & Target, 2002) 개인의 욕망, 감정, 신념과 같은 주관적인 심리상태를 기초로 자신과 타인의 행동의 내재적, 외현적 의미를 해석하는 과정을 칭함

**"삶의 여유는 꼭 필요하며,
이는 에너지를 소진하지 않을 때 나온다."**

루틴과 융통성

루틴은 일상의 삶을 잘 돌아가게 하는 윤활제 같은 역할을 한다. 아이가 어릴수록 정확한 루틴을 더 필요로 한다. 루틴은 함부로 깨지 않는 것이 좋다. 자주 변경하면 루틴이 아니다. 부득이하게 루틴을 변경해야 할 경우, 루틴을 언제 어떤 이유로 변경해야 할지에 대한 현명한 판단을 내리는 것은 부모의 몫이다. 아이는 가끔씩 루틴을 벗어나는 것을 허락받을 때, 그것을 예상치 못한 즐거움으로 받아들인다.

많은 부모들이 루틴이 모험과 자유로움을 추구하는 삶과 대치된다는 잘못된 선입견을 가지고 있다. 그런 선입견은 '자유로움'이 생성되는 과정을 잘 모르기 때문에 생긴 오해이다. 자유롭기 위해 먼저 필요한 것은 틀이다. 그런 틀에서 벗어날 때 사람들은 자유롭다는 느낌을 가지게 된다. 현대인들은 짜릿한 전율감을 지나치게 쫓는 경향이 있다. 그러나 그런 스릴 있는 삶은 쫓으면 쫓을수록 역설적으로 스릴감을 느끼기 어렵게 변화한다. 강한 자극은 받을수록 무뎌지기 때문이다. 우리가 진정으로 추구해야 할 것은 그래서 스릴보다 루틴이 줄 수 있는 즐거움이다. 루틴은 질서와 여유를 선사해 준다. 질서와 여유가 선행될 때 창의력도 발휘될 수 있다. 역으로 이런 창의력을 통해 루틴을 벗어나는 즐거운 이벤트도 계획할 수 있다. 루틴을 벗어난 특별한 경험은 일상과 대비될 때 더 큰 의미를 지니게 된다. 일상을 깨뜨리는 경험이 더 놀랍게 느껴지는 것은 루틴 때문이다. 아침 식사를 항상 집에서 하다가 어느 날 카페에서 아침 식사를 하게 되면 굉장히 즐거운 경험으로 느껴지는 것도 이런 이유에서다.

아이와 부모 모두 <만약 ~ 라면>이라는 꿈이 필요하다. 꿈을 잃어버리는 것은 슬픈 일이다. 원하는 것을 항상 즉시 얻는 아이는 감사함을 모르며 자라나기 쉽다. 아이가 무엇인가를 바랄 수 있는 여지를 남겨두도록 해야 한다. 규칙적인 일상에 꿈은 꼭 필요하다. 규칙적인 일상과 꿈의 세계는 상반된 세계 같지만, 사실은 인과관계이다. 루틴 속에서 살아가는 아이는 꿈 꿀 수 있고, 또 그 꿈을 향해 달려갈 수 있다. 참을성을 가지고 끊임없는 노력을 통해 얻어낸 것이 아이들에게는 더 가치 있게 느껴진다. 부모의 역할은 아이가 원하는 것을 손에 다 쥐여주는 것이 아니라, 아이가 스스로 얻을 수 있도록 곁에서 지원하고 격려해 주는 것이다. 아이는 이런 과정을 통해 스스로 뭔가 해냈다는 성취감을 느끼며, 이런 성취감은 아이의 자신감으로 이어진다.

실제 생활에서 루틴이 주는 이점들

어린아이를 둔 가정은 루틴을 통해 여러 면에서 큰 이득을 얻을 수 있다. 우선, 일상생활이 리듬감 있게 운용되며 생활 스트레스가 누적되지 않는다. 일상이 빡빡하지 않고 여유롭게 느껴지게 때문이다. 행복은 여유 속에서 찾아온다. 루틴에 익숙해진 아이들은 수면시간, 야외 활동 등 반복되는 리듬 속에서 편안함을 느끼고 일상 생활도 잘 적응한다. 부모와 아이의 웰빙은 서로 밀접히 연결되어 있다. 아이가 조화로운 일상을 보낼 때 부모도 에너지 소모를 줄일 수 있고 편안한 수면도 보장받는다. 그러나 일상이 방향성을 잃고 무너지면 부모부터 정신적으로 큰 스트레스를 받게 된다. 규칙적이며 평화로운 일상생활은 가족 구성원 간의 관계를 돈독히 해주며 부모가 아이들을 더 많이 사랑하는 것을 더 쉽게 만들어 준다.

어린시절 가족이 식탁에 모여 식사할 때 많은 대화를 나누는 루틴을 경험한 아이는 10대가 됐을 때 자신이 먼저 자

연스럽게 식탁에서 대화를 주도하게 될 가능성이 높다. 어린 자녀를 둔 가정은 루틴이 얼마나 필요한지 먼저 깨달아야 한다. 루틴의 세부적 내용은 아이들의 성장과 더불어 변화한다. 그래서 가끔씩 루틴이 여전히 잘 돌아가는지, 가족 구성원에게 유익한지를 점검해 볼 필요가 있다. 이런 정기적 점검을 통해서 루틴에 변화가 필요한 시기를 파악하고 변화를 줄 수 있다. 외부의 압력에 의해 가족의 루틴이 변화를 강요받는 상황에 처하게 될 수도 있다. 그러나 가족의 일상은 외부의 압력이 아니라 가족이 주도적으로 만들어 간다는 원칙에 가능한 한 타협하지 않는 것이 좋다. 루틴에 익숙해진 아이는 일상을 내실 있게 차곡차곡 잘 쌓아가게 될 것이다.

루틴은 또한 성장통을 앓는 아이들의 문제도 부모가 아이와 함께 해결해 나가는데 좋은 도구가 된다. 루틴이 주는 반복감은 아이와 부모 모두에게 안정감과 더불어 소망까지 준다.

주변 세계가 아무리 혼란해도 집에서 동일한 일상이 반복된다면 아이들은 안정감을 가지고 삶을 지속해 나갈 수 있다. 그래서 가족에게 예기치 않은 상황이 닥쳤을 때 루틴을 지켜내는 것이 더 중요하다. 루틴이 삶의 안정을 찾는 것을 도와주기 때문이다. 복잡하게 얽힌 실타래처럼 풀기 어려워 보이는 상황도 루틴에 의지하면 쉽게 풀어낼 수 있다.

어려울수록 가족을 지켜주는 루틴에 의지해야 한다. 규칙적 일상은 어려울 때일수록 진가를 발휘한다. 가족의 웰빙을 지켜주고 어려움도 극복할 힘을 준다.

이 장을 쓰는 데 도움을 준 전문가

미르얌 칼란드 Mirjam Kalland 헬싱키 대학 유아교육과 교수는 소아 심리 상담가로도 활동하고 있습니다. 아동 발달을 도와주거나 방해하는 요인을 분석하는 것이 전문 연구 분야입니다.

Keskustele ja kuuntele

대화하고 경청하자

대화하고 경청하자
**"모든 아이에게는 지속적 관심을 보여주는
어른 한 명은 꼭 있어야 한다."**

평범한 모습을 한 행복

핀란드가 세계에서 가장 행복한 국가라지만, 핀란드 사람들 중에는 길고 어두운 겨울 속에서 우울감에 시달리는 사람도 많다. 행복의 정의는 여러 가지가 될 수 있다. 핀란드에서는 질병, 전쟁 등 큰 사건과 사고가 없고 자연에 인접한 여름 별장에서 사우나 하는 것을 행복이라고 생각한다. 지구 다른 한 편에서는 많은 재산, 좋은 집과 차, 멋진 배우자와 함께 사는 것을 행복으로 여기는 사람들도 있는 것으로 알고 있다. 하지만 핀란드에서 행복이란 생각보다 평범한 모습을 하고 있다.

곁을 내어주는 한 명의 어른

아이의 삶의 질은 가까운 사람들(가족을 포함)과 보내는 시간이 많아질수록 더 증진된다. 거의 모든 아이에게 다 적용되는 룰이다. 단, 부모가 폭력적이거나 향정신성 약물을 남용하는 경우는 예외가 될 수 있다. 그러나 이런 문제 가정에서 자라는 아이라도 아이 말에 귀기울여주고 곁을 내어주는 어른 한 명이 아이 곁을 지키고 있다면 아이의 미래는 어둡지 않을 수 있다. 아이와 가까이 생활하는 유치원 선생님도 바로 그런 어른이 될 수 있다. 이런 어른 한 명과의 지속적 관계는 아이의 행복과 안전함을 보장해 주는 기본적 틀이 된다. 어느 아이든지 누군가의 지속적인 관심을 받지 못하면 잘 자라날 수 없다. 옆에서 말에 귀 기울여주고 눈 맞춰주는 어른의 관심을 못 받은 아이는 외부의 위험에 그대로 노출된 것과 마찬가지다. 보호받지 못하고 사랑과 관심에 굶주려 있기에 건전치 못한 곳(청소년 폭력 조직 등)에서 안전과 소속감을 찾으려 하게 될 가능성이 높다. 요즘은 오프라인에서는 물론 온라인에서도 다른 사람들에게 이용당할 위험이 많다. 자기에서 관심을 조금이라도 보여주는 조직이나 사람이 있으면 불나방처럼 뛰어들게 될지도 모른다.

최근 연구결과에 따르면 핀란드 어린이와 청소년이 누리는 삶의 질은 과거 그 어느 때보다 높아졌으며 부모와 자녀와의 관계도 대체로 좋아진 것으로 나타났다. 요즘은 자녀에게 헌신적인 부모도 더 많아진 듯하다. 그러나 헌신적 양육은 부모의 일방적 희생만 강요하는 양육의 형태가 돼서는 안 된다고 필자는 생각한다. 부모 자신도 어느 정도는 즐길 수 있는 헌신이어야 한다. 이렇게 부모로부터 헌신적 사랑을 받는 아이들도 많이 늘어난 반면, 부모로부터 학대 받는 아이들도 소수지만 여전히 존재하고 있다. 경찰 조사에 따르면 범죄의 희생자로 전락한 아이 중에는 어른들로부터 제대로 된 관심을 받지 못했던 아이들이 많다고 한다. 사회에서는 이런 아이들에게 가능한 조기에 많은 관심과 지원을 제공해야 한다. 사회 시스템이 아이들에게 항상 '좋은 부모'를 보장해주지는 못한다. 다행히 핀란드에서는 모든 아동은 유아교육을 받을 권리가 있다. 집에서 관심을 받지 못하는 아이들은 적어도 유치원 선생님으로부터는 관심을 받을 수 있는 가능성이 열린 셈이다. 단, 조건이 있다. 첫째, 유치원 반 학생수가 많지 않아 교사가 모든 아이에게 관심을 줄 수 있어야 한다. 둘째, 유치원 교사는 아이의 필요를 파악하고 적절히 대응하는 자질을 교육받은 자격 있는 사람들이어야 한다.

아이의 삶의 질을 높이는 가장 빠른 방법은 가족이 함께 모여 식사하는 시간을 놓치지 않는 것이다. 가족이 함께하는 시간은 외부에서 벌어지는 나쁜 일로부터 아이들을 보호해 준다. 이런 가정에서 성장하는 아이는 그렇지 못한 아이보다 성장 과정에서 문제를 덜 일으키게 된다. 가족이 함께 하는 시간은 큰 의미가 있다. 핀란드 학교에서는 오랫동안 학생 건강 설문 조사를 실시하고 있다. 이 조사를 통해 아이들의 웰빙에 대해 자세한 자료를 얻게 된다. 최근 조사에 따르면, 핀란드 청소년들은 대부분 큰 문제없이 잘 지내고 있으며 부모와도 대화를 많이 나누는 것으로 나타났다. 남학생이 여학생보다 이에 더 긍정적으로 답했다. 청소년들 사이의 음주와 따돌림도 함께 감소하고 있다. 다행히 핀란드 청소년의 웰빙 지수는 모두 긍정적으로 변하고 있다.

대화의 선행 조건, 함께 하는 것

아이가 어리든 크든, 부모는 아이가 자신에게 벌어진 안 좋은 일에 대해 얘기하기를 원하면 하던 일을 멈추고 아이에게 집중해야 한다. 아이들의 '중요한' 이야기는 부모가 시간이 있을 때만 맞춰 들을 수 있지 않다. 자녀와 가장 좋은 대화법은 일상생활 속에서 함께 시간을 보내며 자연스레 하는 것이다. 함께 텔레비전을 보거나 책을 읽으며 내용에 대해 얘기하다 보면 개인적인 대화로도 쉽게 전이된다.

그래서 아이와 가능한 한 많은 일상을 공유하는 것이 중요하다. 모든 부모가 아이와 일상생활을 잘 보내는 능력을 갖춘 것은 아니다. 아이와 평범한 인사를 나누는 것조차 어색해 하는 부모도 있다. 아이와의 대화가 부모는 항상 질문만 하고 아이는 대답만 하는 일방적 대화가 되어서는 안 된다. 때로는 부모 자신도 아이들에게 어떻게 지내고 있는지 부모가 지금 어떤 심적으로 어떤 상태인지를 아이에게 얘기해줄 수 있다. 더 나아가서 어린 시절이 어땠는지, 자신과의 대화는 언제가 가장 좋은지 등도 아이들에게 말해주면 대화에 윤활제가 된다. 뭐든 시작이 반이다. 일단 입을 열고 대화를 시작하자. 처음에는 대화가 이어지지 않아 애를 먹을 수 있다. 이럴 때 가장 좋은 팁은 함께 하는 시간의 양을 늘려보는 것이다. 함께하는 시간이 늘다 보면 공통 주제도 더 쉽게 찾을 수 있을 것이다. 아이들은 아직 부모와 대화하는 시간이 자신에게 얼마나 소중한지 깨닫지 못할 수 있다. 그러나 적어도 부모는 이런 시간이 아이들 미래에 얼마나 중요한지 알고 있어야 한다. 아이들이 어른이 된 후 가장 기억나는 추억의 대부분은 바로 부모와 함께했던 평범한 일상 속에서 벌어진 일들과 연관되어 있다.

　아이를 가족의 대소사에 함께 참여시키는 것은 아이에게 '너와 함께하니 좋아'라는 긍정적 메시지를 전해주는 것이다. 요즘 부모들은 자녀와의 대화가 중요하다는 것에 대부분 동의하고 있다. 그러나 70, 80년대에는 사정이 조금

달랐다. 그 당시에는 부모는 앞에서 끌고 아이는 쫓아오는 방식을 선호하는 부모들도 많았었다.

요즘 부모는 자녀의 성장에 부모의 역할이 얼마나 중요한지를 알고 있기 때문에 아이들에게 물심양면으로 더 많은 투자를 하고 있다. 그런데 이런 투자가 너무 지나쳐 스스로 스트레스를 받는 부모들도 함께 늘어났다. 육아에 대해 너무 많은 정보를 읽는 것도 때로는 해가 된다. 아이들은 성장 단계를 지날 때마다 반항심 등 많은 감정의 변화를 겪는다. 부모는 아이들의 이런 감정적 변화에 일일이 다 신경 쓰며 지나친 스트레스를 받지 않도록 할 필요가 있다. 부모가 받는 스트레스는 부모 뿐 아니라 아이에게도 이롭지 못하다. 아이들이 겪는 성장통에 그때그때 지나친 반응을 보이지 않는 것이 좋다. 이보다는 자신의 귀한 아이가 변화해가는 과정을 관심 있게 지켜보는 것이 더 현명하다.

"아이와 함께 가족의 일상, 대소사를 함께 공유하자"

가족 공동의 독서 시간

요즘 가족의 공통적인 문제는 스마트 기기의 지나친 사용이다. 어른들은 보통 아이들의 스마트폰 사용 시간에 대해 비난을 많이 하지만, 실제로 자신이 스마트폰과 함께 많은 시간을 함께 보내는 것에 대해서는 크게 개의치 않는다. 가정 생활은 소소한 일상이 모여 만들어진다. 이런 소소한 일상에서 빠져서는 안 되는 것이 가족이 함께하는 시간이다. 이런 시간을 통해 서로 자연스럽게 대화할 수 있는 장이 마련되게 되는 것이다. 아이와 함께 책 읽는 시간이 얼마나 중요한지에 대해서는 많은 사람이 이미 공감하고 있으며 거기에는 충분한 이유가 있다. 어린 자녀를 둔 모든 가족이 아이와 함께 책 읽는 것을 일상생활에 한 루틴으로 만들 수 있다면 얼마나 이상적일까... 아이와 함께하는 책 읽는 시간은 마치 함께 여행하는 것처럼 아이에게 느껴질 수 있다. 같이 책을 읽다 보면 신체 접촉도 자연스러워지게 된다. 아이에게 부모와의 따뜻한 신체적 접촉이 얼마나 필요한지 잊지 말아야 한다. 타인과의 신체 접촉은 다 큰 어른에게도 때로는 필요한 인간의 본능이다. 그런데 부모가 하나 기억해야 할 것은 아이들이 원하는 친밀감의 형태는 성장 단계를 거치며 바뀌어 간다는 점이다. 10대 청소년은 더 이상 쓰다듬거나 안기는 것을 원치 않을 수 있다. 그렇다고 그들이 '친밀감' 자체를 싫어하는 것은 결코 아니다. 아이가 글을 혼자 읽게 됐다고 독서 시간을 중단하는 것은 좋지 않다. 함께 책 읽다보면 서로 간의 대화도 더 술술 풀려나가게 될 것이다.

영화를 같이 볼 때도 신체적으로는 가까울 수 있지만, 여간해서는 서로 대화하기 위해 영화 보는 것을 갑자기 멈추지는 않는다. 그러나 함께 책 읽는 시간은 다르다. 아이가 지금까지 읽은 내용을 잘 이해했는지 언제든지 물어볼 수 있다. 독서는 우리에게 멈출 수 있는 시간을 준다.

일상생활 속에서의 대화

요즘 부모 중 아이의 말을 경청하는 것이 중요하다는 것을 모르는 사람은 없을 것이다. 아이들의 목소리가 들려지는 것은 아이들의 자명한 권리이기도 하다. 그렇다면 아이들의 말을 경청하는 가장 좋은 방법이 있을까?

일단, 정해진 답을 유도하는 질문을 던지지 않는 것이다. 그리고 "예" 혹은 "아니오"로만 대답할 수 있는 질문도 가능한 한 피하도록 하자. 긴 대화로 이어지기 어렵기 때문이다. 그러나 주위를 살펴보면 아직도 많은 어른이 아이에게 "예" 혹은 "아니오"로 대답할 수 있는 질문을 많이 하고 있다. 답이 정해진 유도 질문도 많이 한다. 부모가 일단 제대로 질문하는 법을 터득한다면, 아이의 입에서 놀랍고 유익한 답을 듣게 되는 것은 시간문제일 수 있다.

질문하는 '타임'도 중요하다. 학교나 유치원에서 돌아온 직후에 질문을 하면 보통 아이들은 짧게 대답한다. 깊은 대화가 필요한 질문이라면 이런 시간은 가능한 피하는 것이 좋다.

일상생활에서 가족의 의사소통이 간단한 대화 수준을 벗어나려면 많은 노력이 필요하다. 아이가 안 좋은 얘기도 쉽게 공유하게 하려면 먼저 그에 맞는 가족 분위기가 형성되어야 한다. 어려운 주제도 허심탄회하게 털어놓을 수 있는 가정 분위기가 형성되어 있지 않은 상황에서 아이가 진솔한 대화를 꺼리는 것은 크게 놀랄 일이 아니다. 가족 간 대화는 대화를 위한 대화, 그래서 피상적으로만 흐르는 대화로 그쳐서는 안 된다. 일상생활에서 먼저 스스럼없이 대화하는 가족 분위기가 자연스럽게 아이도 큰 거부감 없이

자신의 문제에 대해 말할 수 있게 되는 것이다.

유도 질문이 항상 나쁜 것은 아니다. 부모의 좋은 유도 질문은 아이가 다른 관점에서 자신이 처한 상황을 볼 수 있도록 도와줄 수도 있다. 처한 상황이 좋지 않더라도 질문을 통해 그 속에서 긍정적인 면을 발견하게 될 수도 있기 때문이다. 어려운 상황에서 힘들어하는 아이에게 부모는 아이가 예전에 뭔가를 하며 보여주었던 열정과 기쁨, 잘했던 것들에 대해 상기시켜주며 아이에게 힘을 불어넣어 줄 수도 있다.

아이의 모든 감정은 표현이 허용되어야 한다

자녀에게 안 좋은 일이 벌어지면 부모라면 다 마음이 아프게 된다. 그러나 부모는 마음이 아픈 데서 조금 더 나아가야 한다. 그래야 아이에게 벌어진 안 좋은 일에 더 잘 대처할 수 있도록 도울 수 있다. 때로는 벌어진 상황을 바꿀 수 없다면 자신과 아이 모두 그대로 겸허히 받아들이도록 하는 것도 또 하나의 현명한 대처법이 될 수 있다.

부모는 아이가 부모에게 털어놓는 모든 이야기에 귀 기울이고 포용할 수 있어야 한다. 부모가 안 좋은 일을 얘기할 때 심기가 많이 상한 듯한 느낌을 아이에게 주게 되면 아이의 입은 곧 닫히게 된다. 부모는 좋았든 싫었든 아이가 모든 감정을 다 표현할 수 있도록 허용해야 한다. 그리고 어떤 나쁜 상황에서도 세상은 결코 무너지지 않는다는 것도 알려주어야 한다. 이렇게 아이를 안심시켜주는 것이 바로 진정한 부모의 역할이다.

힘든 상황에 처할수록 상황을 직시하며 침착하게 아이와 이야기할 수 있어야 한다. 그리고 자신의 의견을 이야기하기 전, 아이에게 얘기할 기회를 충분히 주도록 한다. 아이의 감정이 어느 정도 진정되었다면 아이와 함께 아이가 상황을 대했던 초기 해석과 감정이 얼마나 객관적이었는지도 다시 돌아보는 것도 좋다. 그러나 많은 부모는 일단 아이가 아파하면 아픔이 자신에게도 그대로 전해져 침착하게 대응하는 것을 잊곤 한다. 아이가 자신의 문제를 얘기할 때, 부모가 지나치게 과잉된 감정을 보여주는 것은 아이에게 오히려 해가 된다. 부모가 자신보다 더 불안해하는 것을 보는 아이들은 자신이 처한 상황을 실제보다 더 어렵고 두렵게 느끼게 될 수 있기 때문이다. 아이들에게 부모란 존재는 모든 이야기를 다 받아들이고 견딜 수 있는 존재라는 믿음을 줄 수 있어야 한다.

10대들은 감정이 한쪽에서 다른 한쪽으로 급격히 요동치며 벌어진 상황을 과장하기 쉽다. 이때 부모가 같이 현실감을 잃어 버려서는 안 된다. 부모 앞에서 모든 감정을 다 쉽게 표현할 수 있었던 가정에서 자란 아이들은 보통 이런 때 부모의 관심을 끌기 위해 이야기를 더 과장하고 불리지 않는다. 자기 부모는 어떤 상황에서도 자신을 사랑하며 항상 많은 관심을 보여준다는 것을 이미 알고있기 때문이다.

우리 부모들은 아이들은 의외로 많은 것을 견뎌낼 수 있으며 회복 능력도 뛰어나다는 것을 알 필요가 있다. 단, 그때 아이 옆에는 그 아이를 지지해 주고 함께 해주는 어른이 함께 있어 주어야 한다. 이때 아이에게 안 좋은 일이 전혀 벌어지지 않거나 실망하지 않도록 과잉보호를 하는 것이 어른의 역할이 아니다. 어느 누구의 삶에나 슬픔과 실망은 있게 마련이기 때문이다. 슬픔과 실망을 느낀 아이들에게 부모의 역할은 그 극복의 방법을 알려주는 것이다. 슬퍼하고 울고 화내는 감정은 인간이 자연스러운 감정이다. 피하거나 과장하는 것은 좋은 방법이 될 수 없다.

SNS와 양육

요즘 아이들과 깊은 대화를 하는 것이 필요한 이유는 각종 미디어의 공개적 토론에 등장하는 아동과 청소년을 위협하는 사진 혹은 각종 이미지를 보면 쉽게 알 수 있다. SNS와 육아의 양립은 풀기 어려운 방정식같다. SNS에서 아이들이 어떤 정보에 얼마만큼 노출되어 있는지, 아이들이 즐기는 게임에서는 도대체 어떤 일이 벌어지고 있는지, 각종 앱으로 아이들은 어떤 사람들과 도대체 어떤 메시지를 주고받는지, 이에 제대로 답할 수 있는 부모는 많지 않다.

SNS에 비치는 각종 위험에 노출된 10대 청소년들의 모습은 기존 세대를 많이 불안하게 만든다. 그러나 SNS를 통해 우리가 걱정할 정도로 무서운 경험을 하는 아이들이 그리 많지는 않다. 미디어에 나오는 SNS의 위협적이고 부정적 모습도 대부분 내 자녀의 랜선 생활과 직접적인 연관이 있는 것은 아니다. 아이가 SNS에서 보내는 시간을 꼭 부정적으로만 볼 필요는 없다.

그렇다고 부모가 완전히 손 놓고 있으라는 얘기는 아니다. SNS에서 아이가 누구와 무엇을 하는지 관심을 가지고 지켜볼 필요가 있다. 요즘 아이들은 자신이 온라인에서 한 경험을 미주알고주알 다 부모에게 말하지 않는다는 것도 받아들일 줄 알아야 한다. 아이들이 적어도 이 부분에 대해 친구와는 나눌 수 있다면 괜찮다. 부모들은 아이들에게 오프라인 세계를 살아갈 때 필요한 안전 규칙을 알려주었던 것처럼 온라인에서도 아이들에게 주의해야 할 점을 알려줄 의무가 있다.

SNS에 자녀의 사진을 게시하기 전, 부모는 자녀에게 먼저 허락받도록 하자. 10대가 되면 자신의 초상권에 대해 반응할 수 있지만 어린아이들은 자신의 사진이 공개된다는 개념조차 이해하지 못할 수 있다. 그래서 어린아이의 사진을 SNS에 공개할 때는 더 엄격하게 자기 검열을 해야 한다. 지금 부모 세대가 어릴 때는 SNS 없이 자랐다. 부모도 그래서 SNS 초보이고 항상 현명하게 SNS를 사용하지 못할 수 있다. 요즘 어떤 부모는 SNS에 자녀의 성공을 마음껏 자랑하며 심지어 성적표와 자격증까지 올린다. 자녀를 자랑스러워하는 이런 부모의 마음은 이해하지만, 이런 개인 사생활의 노출은 생각지 못한 후폭풍을 맞게 될 위험소지도 많다.

**"함께 하는 일상이 쌓여 가족의 결속력은 강화되고
아이들은 그 속에서 빛나는 추억을 많이 남길 수 있게 된다."**

부모가 SNS에서 자녀를 자랑할 때, 아이가 이를 어떻게 생각할지도 염두에 두어야 한다. 아이들은 부모가 자신이 뭔가를 잘할 때만 자랑스럽게 여기고 사랑한다고 생각할지도 모르기 때문이다. 아이가 있는 그대로 부모에게 받아들여지고 사랑받고 있다는 것을 느낄 수 있으려면 부모의 포스팅도 균형감을 가질 필요가 있다. SNS에 한 번 올린 것들은 쉽게 사라지지 않는다. 아이에 대한 정보를 공유할 때는 더 신중히 생각해 봐야 한다.

내 아이는 지금 어디서 누구와 무엇을?

가족이 함께하는 시간은 가족 대화의 장이 된다. 단순히 함께 운동장으로 함께 걸어가는 동안에도 대화가 자연스럽게 오갈 수 있다. 어린 자녀를 둔 가족은 거의 다 일상이 바쁘게 돌아간다. 이런 바쁜 일상 속에서도 아이와 함께하는 시간을 잊지 말자.

함께 책 읽고, 박물관을 방문하고, 쇼핑하고, 저녁 산책을 하고, 이런 것들을 쌓여 그 가족의 결속력은 강화되고 아이들은 일상에서 빛나는 추억을 많이 남길 수 있게 된다. 가장 중요한 것은 이 속에서 오간 가족 간의 대화다. 대화는 특별 이벤트가 아니다. 일상에서 이루어져야 한다. 이런 대화하는 시간을 찾으려면 일상에서 여유를 찾아내는 것이 필요하다. 여유로움은 상대방의 말에 경청할 수 있게 하고 우리를 진정한 대화의 세계로 안내해 준다.

가끔은 아이가 친구와 놀 때 함께 시간을 보내는 것도 좋다. 아이가 친구와 무엇을 하고 어떤 이야기를 나누고, 어떤 주제에 관심이 많은지를 파악할 수 있는 시간이기 때문이다. 어린아이를 둔 부모들은 만날 기회가 많은 데 비해, 아이가 크면 부모 간 만남이 점차 줄어든다. 그러나 아이가 크더라도 부모의 만남은 유익하다. 같은 부모 입장에서 정보도 교환하고 서로 많은 도움을 줄 수 있다. 학교에서 이런 학부모 모임을 열고는 있지만, 때로는 친구 부모에게 직접 연락을 하는 것도 좋은 방법이 될 수 있다.

자기 자녀가 어디에서 누구와 시간을 보내는지 아는 것은 중요하다. 아이가 일정한 나이에 이르면 독립적으로 외출하게 된다. 부모라면 적어도 자녀의 목적지는 파악하고 있어야 한다. 아이에게도 부모가 자신이 어디서 누구와 시간을 보내는지에 관심을 보인다는 것이 부정적이기 보다는 긍정적으로 다가올 것이다.

또한, 아이는 부모가 자신의 어린 시절에 대해 기억하고 얘기해 줄 때 부모에게 사랑받고 중요한 존재라는 것을 새삼 느끼게 된다. 아이가 어린 시절부터 자라나는 모습을 사진이나 글로 기록하고 남겨주는 것은 아이에게 중요하다. 사진 옆에 어머니의 애정 어린 설명을 붙여 만든 사진첩을 아이와 공유하는 것은 아이에게 큰 선물이다.

아이의 옆에서 발맞추어 걸어주고 그가 하는 말에 귀 기울여주고 눈 맞춰 대화해주는 부모의 존재는 아이의 행복의 핵심이다.

©Jani Laukkanen

∴ 이 장을 쓰는 데 도움을 준 전문가:

율리아 코르크만 Julia Korkman 법의학 심리학 박사는

핀란드 오보 아카데미(Åbo Akademi) 대학에서 활발한 연구 활동을 하며, 헬싱키의대 병원의 아동과 청소년 전문 법의학 심리과에서 심리학자도 병행하고 있다. 경찰이나 사법부의 요청에 따라 어린이와 청소년을 대상으로 한 범죄 수사에 도움을 많이 주고 있으며, 특히 전문 영역은 아동을 대상으로 한 범죄와 그 범죄를 해결하는 것이다. 청문회에 임하는 증인의 심리를 캐는 전문가로 알려져 있다. 그의 주요 연구 주제는 목격자 식별, 성범죄 피해자의 법적 절차에 임하는 경험과 망명 신청을 하는 과정에서의 난민에 대한 신뢰성 등이다. 경찰, 사법부, 대학과 대학 병원에서 이런 주제와 관련된 강의도 많이 한다. 핀란드 세이브더칠드런 협회 회원이며 핀란드 법의학 심리학 협회 아동협회 실무 그룹 의장도 맡고 있다. 국제적으로도 다양한 연구네트워크의 구성원으로 활동하고 있다.

Vastuun
kantaminen

자연스러운 책임감 교육

사회적 책임감
"부모는 자녀에게
사회적 책임감의 예를 보여주어야 한다"

행복도의 측정

행복의 반대되는 개념은 '불행' 혹은 '걱정'이다. 일반적으로 큰 걱정이 없는 상태를 우리는 행복하다고 말한다. 그런데 행복과 불행을 나누는 객관적인 기준이 있을까? 외형상 행복의 모든 조건을 다 갖춘 사람이라도 내면은 불행할 수 있다. 이런 사람은 행복에 대한 기준을 지나치게 높게 설정했을 가능성이 크다. 이런 높은 기준점에 다다르지 못했을 때 스스로 불행에 빠지게 된다.

행복은 웰빙 지수와도 밀접한 관련이 있다. 웰빙 지수가 올라가면 삶의 불확실성은 줄어들게 된다. 안 좋은 일이 벌어지더라도 사회의 안전망에 의해 보호받을 수 있으며, 그 예방도 어느 정도 가능하다.

기회의 평등

우리는 자신의 웰빙 외에 다른 사람의 웰빙에 대해서도 어느 부분 책임져야 한다. 사회 구성원 각자의 웰빙은 서로 연결되어 있다. 부모는 자녀에게 사회적 책임감의 예를 보여주어야 한다. 아이들은 자신이 삶에 스스로 긍정적 영향을 끼칠 수 있는 경험을 할 수 있게 되며, 이는 의미가 크다. 부모가 자녀에게 사회적 책임감 교육을 할 때, 학교로부터 지원을 받을 수도 있다. 핀란드에서는 사회나 학교에서 사회적 책임감 교육을 대신해 주는 시스템이 잘 갖춰져 있다. 핀란드에서는 사회 공동체-공공 기관-개인이 모두 많은 가치를 공유하고 있다. '기회의 평등'도 그중 하나다. '기회의 평등'은 가족 배경과 상관없이 아이들이 삶의 질을 보장받고 이를 통해 행복에까지 이르는 동등한 기회를 부여받는 것을 말한다. 핀란드에서 '기회의 평등'은 교육을 통해 구체화된다. 모든 아이는 동등하게 교육받을 수 있는 기회를 가질 수 있다.

헬리콥터 부모

잘 구축된 반복된 일상을 제공하는 것은 아이들의 삶에

서 불확실성을 없애 준다. 아이도 앞으로 벌어질 일에 대해 어느 정도는 예측할 수 있어야 한다. 불확실성이 사라질 때 아이의 삶의 질도 그만큼 좋아진다.

아이가 학습에 필요한 인지능력이 부족하다면 당연히 부모는 외부의 도움을 받아 아이를 지원해주어야 한다. 그러나 연구 결과에 따르면, 부모가 자녀에 대한 투자라고 생각하고 받았던 외부로부터의 많은 도움이 실제로 아이에게는 크게 도움이 되지 못한 것으로 나타났다. 아이가 원하는 것을 뭐든지 척척 다 해주는 부모를 우리는 '헬리콥터 부모'라고 부른다. 이런 부모는 돈으로 '좋은 부모'라는 타이틀과 스스로에게 '좋은 기분'을 사는 것일 수 있다. 자녀에게 스포츠나 예술 등 고가의 취미와 소위 '최고' 교육을 제공하려 애쓰는 이런 부모의 노력은 아이의 웰빙과 행복에 큰 보탬이 되지 않는다. 건강하고 정상적으로 형성된 부모와 아이와의 관계가 아이 성장에 훨씬 더 중요하다.

많은 부모가 저지르는 실수 중 하나는 육아에 올인하며 지켜야 할 선을 넘는 것이다. 아이만 생각하다 자신을 돌보는 것을 소홀히 하는 부모도 그래서 생긴다. 아이가 자라는 데 필요한 것은 생각보다 단순하다. 아이에게 기본적인 환경이 충족된 후, 그 이상의 것을 임의적으로 퍼부을 필요는 없다. 이때는 아이들에게 뭐가 더 필요한지 먼저 물어보는 것이 좋다. '무엇을 하고 싶고, 어떤 때 즐거우며, 어떤 취미 생활을 하고 싶은지' 자녀에게 물어보자. 윤리적으로도 옳은 일이다.

아이의 어린 시절은 어른 머릿속 아이디어로 채워진 어른의 프로젝트가 돼서는 안 된다. 아이들의 어린 시절은 또 상장과 성적표로만 채워져서는 안된다. 부모는 아이의 어린 시절이 성공적 어른으로 성장하는데 잠시 거치는 시간이라는 생각을 버려야 한다. 이런 사고를 버릴 때 부모는 비로소 아이의 어린 시절을 함께 즐길 수 있는 여유를 갖게 될 것이다.

양육의 성과를 측정 가능한 자신의 프로젝트라고 믿는 헬리콥터 부모의 전형적 사고의 틀에서 벗어나야 한다.

"내 아이를 위해 나는 '이만큼'이나 많은 일을 했습니다!"

헬리콥터 부모로서는 아이가 얼마나 비싼 취미 생활을 누리며 매일 얼마나 많은 새로운 지식을 배웠는지가 중요하다. 자녀의 성취 수준이 높다면 자신에게도 부모로서 높은 점수를 주게 된다. '좋은 부모'라는 타이틀을 스스로 주는 셈이다.

**"사회적 책임감을 함께 질 때,
사회는 번영하며 복지사회는 유지될 수 있다."**

핵심 역량으로서의 사회적 책임감

자녀에게 사회적 책임감을 가르치는 것이 다소 추상적이고 어렵게 다가올 수도 있다. 그럼에도 이 교육의 중요성은 경시돼서는 안 된다. 사회적 책임감은 사회 구성원이 지녀야 할 핵심 역량이다. 사회적 책임감을 함께 질 때 사회는 번영하며 복지사회는 유지될 수 있다. 복지국가는 사회 구성원들이 자기의 것을 나누고 책임을 공유했을 때 탄생할 수 있었으며 지금도 같은 원칙으로 유지되고 있다. 그러나 사회 일각에서는 여전히 개인의 성공이나 개인주의를 이보다 더 가치가 높은 것인 것처럼 찬양하는 사람들도 있다. 그들은 행복도 개개인에 달린 거라고 말한다.

아이들에게 따로 사회적 책임감에 대해 가르치지 않아도 된다고 생각하는 부모들도 많다. 나중에 저절로 알게 된다고 생각하는 것 같다. 이것은 학교나 사회에서 책임감 있는 시민으로 자라는 데 필요한 교육을 미루는 꼴이다. 복지 사회에서는 어려운 상황에 처한 사람에게 사회적 안전망을 제공하는 것을 원칙으로 한다. 그런데 모든 가정이 잘 돌아간다면 이런 안전망의 존재는 유명무실해져 모습을 드러낼 필요가 없다. 사회적 책임감 교육도 모든 가정에서 잘 이루어진다면 학교나 사회에서 굳이 가르치지 않아도 될 것이다.

사회 안전망이 잘 가동되고 유지되려면 사회 구성원들이 자신 외에 왜 다른 사람까지도 책임지어야 하는지에 대한 이유를 잘 알고 있어야 한다. 아이들이 어릴 때부터 사회적 책임감 저변에 깔린 기본 개념을 잘 이해할 수 있는 조기 가정 교육이 이루어져야 한다.

"걱정하지 마. 넌 인생을 잘 헤쳐 나갈 거야!"

아동과 청소년기를 거치며 아이에게 일어나는 무수히 많은 사건/사고를 부모가 다 일일이 해결해 줄 수는 없다. 부모도 이를 받아들일 수 있어야 한다. 이때, 부모 눈에는 비로소 다른 사람의 존재가 아이에게 얼마나 중요한지 들어오게 될 것이다. 아이뿐만 아니라 남녀노소에 상관없이 모든 사람은 가족과 친지 외에 기댈 수 있고 같이 책임을 나눠 질 수 있는 다른 사람이 필요하다. 과거 사회와 달리, 핵가족 중심의 현대 사회는 가족의 개념이 축소되며 직계/방계 가족 수가 많이 줄어들고 있다. 현대 사회에서는 그런 이유로 가족 외에 자신에게 도움을 줄 수 있는 다른 사람의 존재가 개인의 생존을 위해 더 중요해지고 있다.

사람들은 사회가 실제 변하는 것보다 더 빨리 변하고 있다고 착각하곤 한다. 이래서 부모들도 급한 마음에 아이들에게 미래를 대비하기 위해 서둘러 많은 것을 가르치려 한다. 그러나 사회는 우리가 생각하는 것만큼 급하게 변화하지는 않는다는 것을 부모는 알아야 한다. 미래를 위해 가르치는 여러 지식과 기술 교육은 오히려 아이의 현재의 삶의 질을 떨어지게 만들 수 있다.

아이에게는 그들의 눈높이에 맞는 것들이 요구되어야 한다. 부모가 부모 눈높이에서 정한 것을 아이에게 강요해서는 안 된다. 아이의 수준에 맞는 교육, 그리고 아이가 즐길 수 있는 교육, 이 두 가지 원칙을 기억해야 한다. 아이가 자신이 능력이 닿는 범위에서 즐거운 마음으로 뭔가 해냈을 때 "참 잘했어요" 라고 격려해주는 것이 부모의 할 일이다. 부모는 어른스럽고 성숙한 부모가 될 책임이 있다.

"걱정하지 마. 너는 인생을 잘 헤쳐 나갈 거야!"

어떠한 어려운 상황에서도 아이를 안심시키며, 희망을

불어넣어 줄 수 있는 부모가 바로 그런 성숙한 부모다.

사회적 책임감과 아이의 역할

자녀에게 사회적 책임감에 대해 가르치는 것은 사실 크게 어렵지는 않다. 따로 시간을 많이 할애해서 할 필요도 없다. 그러나 잘 가르친 사회적 책임감은 다른 어떤 교육보다 노력 대비 결과가 풍성하다. 사회적 책임감을 제대로 배운 아이는 타인에 대한 이해도가 높은 건전한 시민으로 자라날 가능성이 높다. 개인과 사회 모두 이를 통해 많은 혜택을 누릴 수 있게 된다.

**"사회적 책임감은
성과 중심적 관점으로 접근해서는 안 된다."**

 아이들은 부모의 예상이나 기대에 맞춰 자라나는 것은 아니다. 부모가 그런 걱정을 미리 하며 스트레스를 받을 필요는 없다. 미래에 부모가 될 것을 꿈꾸는 사람은 자신이 과연 어떤 부모가 될지 상상의 나래를 펴볼 수 있다. 아이가 행복한 어린 시절을 보내려면 어떻게 해줘야 하는지, 어떤 취미를 가르칠지 등, 구체적인 것까지도 그려볼 수 있다. 그런데 이런 예비 부모 중에는 벌써 자신에게 지나치게 높은 기준을 갖다 대는 사람들도 있다. 어린이는 의외로 작고 단순한 것에서 행복을 느낀다.

 아이에게 사회적 책임감을 지나치게 강조해서 아이를 부담스럽게 만드는 부모도 있을 수 있다. 그러나 사회적 책임감은 성과 중심적 관점으로 접근해서는 안 된다. 이미 현대를 살아가는 어린이와 청소년에게 기후변화와 같은 큰 사회적 책임감이 맡겨진 상태다. 이런 책임감의 무게를 스스로 느끼고 있는 아이들이 의외로 많다. 오히려 부모가 아이들이 느끼는 책임감의 무게를 잘 이해하지 못하는 경우가 많다. 기후변화는 인류의 생사가 달린 중요한 문제로 아이들은 이 짐을 홀로 진 채 힘들어할 수 있다. 성숙한 부모라면 우리 아이가 가정과 사회에서 어떤 책임을 질 수 있고, 지어야 하는지 그 선을 숙고한 후에 그어줄 수 있어야 한다. 자기 아이 웰빙의 마지막 책임자는 물론 부모다.

아이에게 사회적 책임에 대해 가르쳐주고 스스로 아이가 그 책임을 지는 것을 보게 될 때 다른 어떤 때보다 부모는 자신이 아이 교육에 성공했다는 희열을 느끼게 될 것이다.

∴ 이 장을 쓰는 데 도움을 준 전문가

야니 에롤라 Jani Erola 교수는 핀란드 투르쿠 대학의 사회학 교수이자 그 대학의 연구센터 INVEST(invest.utu.fi)의 기관장이기도 하다. 에롤라 교수의 연구 주제는 사회경제적 요인의 유전, 여러 세대에 걸친 사회적 이동성, 사회 불평등, 가족 형성, 사회학 연구 방법, 복지국가 등 다양하다. 그의 연구는 세계 유수 학술 저널(Social Science Research-, Social Forces-, European Sociological Review-, Sociology-, Acta Sociologica-, Journal of European Social Policy-, Demography)에 발표됐다. 이전에는 ERC(유럽 연구 위원회) 통합 프로젝트인 "Intergenerational Cumulative Disadvantage and Resource Compensation(INDIRECT) 세대 간 누적된 불이익과 자원 보상(INDIRECT)"을 이끌기도 했다. Acta Sociologica 이란 학술 전문지의 주 에디터 및 Westermarck-seura(핀란드 사회학 협회)의 회장직도 현재 맡고 있다.

Kosketus　　　　　　　　　　**스킨십의 중요성**

따뜻한 스킨십
"어린아이는 곁에서 돌봐주고
자기 말에 귀 기울여주는 부모가 필요하다"

"세상에 태어난 것을 진심으로 환영합니다!"

부모에게 낳아 달라고 요청해서 세상에 나온 아이는 없다. 그래서 더더욱 아이는 이 세상에 초청받아서 온 듯한 느낌을 받을 수 있어야 한다. 어린아이도 사회적 존재다. 가족 구성원의 일원으로 환영받고 인정받고 싶다는 사회적 욕구가 충족되어야 한다.

아이의 사회적 요구

어린 시절은 어른에게 전적으로 의지하는 기간이다. 어린아이는 곁에서 돌봐 주고 자기 말에 귀 기울여 주는 부모가 필요하다. 이때 부모는 아이에게 마치 생명줄과 같다. 그런데 아이에게는 부모 외에 공동체로부터 받는 지원도 중요하다. 부모가 속해 있는 공동체 어른의 공동지원을 받은 아이는 더 좋은 성장 환경에서 자라날 수 있다.

아이는 공동체로부터 받는 지원을 넘어 스스로도 공동체에 좋은 영향을 끼치고 싶어 하며 이런 경험은 아이에게도 중요하다. 주변 사람들이 자신으로 인해 기뻐하는 모습은 아이에게 큰 희열을 가져다준다. 자신을 보며 가족이나 친지(부모, 형제 혹은 자매, 조부모 등)의 목소리와 눈빛이 기쁨으로 엔도르핀과 옥시토신 수치가 상승하고 바뀌는 것을 아이는 알아챌 수 있다. 이런 모습을 보며 아이는 행복을 느끼게 되며 긍정적인 자아상도 자라나게 된다. 아이에게는 이보다 더 큰 상은 없을 것이다.

"신생아가 태어나자마자 처음으로 사용하는 감각도 촉각이다"

신뢰 - 스킨십의 선행 조건

뇌연구학자에 따르면 어린 아기도 타인이 자신을 주목하고 있다는 것을 알고 이에 반응할 줄 안다고 한다. 사람과 기계, 생물과 무생물의 구별도 가능하다. 예를 들어, 아가가 무생물인 딸랑이를 가지고 놀 때 내는 소리 패턴은 거의 일정하다. 아이들이 놀이하며 인형 대신 말해 주고 곰 인형 대신 웃어주며, 장난감 기차 소리를 "칙칙폭폭" 내는 이유도 이 장난감이 다 무생물인 것을 알기 때문이다. 그러나 생명체인 사람을 향해 옹알이를 할 때 아이의 소리는 항상 같지 않다. 상황과 상대방에 따라 소리를 바꿀 줄 안다.

아가에게 이런 생명체와 함께하는 경험은 중요하다. 자신의 통제 하에 있는 무생물과 친밀감을 형성할 때 아이는 보통 큰 위협을 느끼지 않는다. 그러나 접촉할 정도로 가까운 거리에 있는 생명체로부터는 위협을 느끼게 될 수도 있다. 자신의 통제권 밖에 있기 때문이다. 아이는 '이 생명체가 나를 만질 수 있을 정도로 가깝게 다가오는 것을 허용해야 하나…'하는 고민을 할 수 있다. 이런 이유로 아이와의 신체 접촉에는 신뢰가 바탕이 되어있어야 한다. 신뢰는 긍정적인 신체적 접촉 경험이 쌓이면서 형성된다.

    신체 표면에서 느껴지는 촉각은 생물의 가장 오래된 감각으로 알려져 있다. 감각은 촉각에서 시작, 다른 감각으로 진화, 발전해 왔다. 신생아가 태어나자마자 처음으로 사용하는 감각도 촉각이다. 그리고 죽기 직전까지 가장 오랫동안 남아있는 감각이기도 하다. 우리 몸에는 촉각과 관련된 여러 세포군(다양한 촉각 감지 세포, 그 세포와 뇌를 연결하는 세포, 뇌 내부에서 이를 연결하는 세포)이 긴밀히 연결되어 있다. 이런 종합적 신체 촉각 감지 시스템은 피 접촉자가 신체적 혹은 감정적 접촉을 했던 신체 특정 부위를 잊지 않고 기억하는 것을 가능하게 만들어 준다. '닿는 기분이 좋으니 그대로 있을까?' '촉감이 나쁜데 더 거리를 두어야 하나?' 타인과의 접촉은 아이들에게 다양한 감정적 반응을 불러일으킬 수 있다. 어린아이가 신체 접촉을 감정적으로 인식하는 메커니즘은 아직 밝혀지지 않았다. 그러나 아이가 자신을 주변 환경과 연결시키는 중요한 고리가 스킨십임은 확실하다.

'안전한' 스킨십의 힘

자궁 속 태아는 촉각으로 주변 환경을 탐험한다. 촉각은 신생아에게도 매우 중요한 감각이다. 촉각이 만족된 후에야 다른 감각도 발달할 수 있기 때문이다. 모든 감각이 균형을 이루며 골고루 발달한 아이는 외부 정보를 잘 감지하며 주변 세계에 대한 이해력도 높아지는 바탕이 잘 마련된 셈이다.

갓 태어난 아가에게 자궁 밖 세상은 새로운 자극의 연속이다. 아가는 낯선 세상을 알아가는 데 익숙한 감각인 촉각을 먼저 사용한다. 촉각으로 느껴진 외부 세계의 경험이 긍정적일 때 다른 감각을 사용해 세상에 대해 더 알아가고 싶어진다. 세계 많은 문화권에서 신생아를 태어나자마자 겹겹이 천으로 감아 두는 이유도 자궁 속에서 촉각으로 느꼈던 안전함을 느끼게 해주기 위함이다. 어린 아기에게 이런 긍정적 스킨십의 첫 경험은 무척 중요하다. 기본적인 안전함이 이를 통해 보장받을 수 있기 때문이다. 아이가 태어나서 생애 처음으로 주 양육자와 애착 관계를 형성할 때도 스킨십의 역할은 중요하다. 곁에서 상주하며 자신을 안전하게 돌봐 주는 어른에 대해 알아가는 방법이 바로 스킨십이기 때문이다. 주 양육자가 자주 곁을 비우는 아이라면 안전함보다는 불안함을 더 많이 느끼게 될 것이다.

부모는 아이와의 옳은 스킨십 방법을 알아야 한다. 올바른 스킨십에서 가장 중요한 요소는 아이가 느끼는 감정이다. 아이에게 좋은 감정을 불러일으킬 수 있어야 올바른 스킨십이다. 그래서 아이마다 옳은 스킨십의 방법은 다를 수 있다. 자신이 좋아하는 방식으로 스킨십을 나누게 되면 아이에게는 안정감과 함께 자신감도 생기게 된다. 또한, 이런 스킨십의 경험은 이후 다른 사람과의 스킨십에도 긍정적 영향을 끼치게 된다.

"치료놀이는 아이들에게
자신에게 안전함과 좋은 감정을 가져다주는
스킨십 방법 찾는 것을 도와주는 데 효과적이다"

치료놀이^{theraplay}는 참가자들이 의식적으로 스킨십을 사용하도록 만든다. 이 놀이의 목적은 부모와 아이 모두 의식적 스킨십을 통해 상대방을 인정하고 호감도를 높이는 것이다. 과거에 잘못된 신체 접촉으로 심신에 상처를 입은 아이라면 이 놀이에 참여를 거부할 수도 있다. 아이의 정상적 성장이라는 측면에서 볼 때 이는 비극이다. 이런 상처를 입은 아이는 스트레스에 훨씬 더 취약하며 바르게 성장하지 못할 확률도 더 높다. 치료놀이는 아이들에게 자신에게 안전함과 좋은 감정을 가져다주는 스킨십 방법을 찾는 것을 도와주는 데 효과적이다.

부모는 가능한 자녀가 어릴 때부터 아이와의 주요 소통 방식으로 스킨십을 시도하는 것이 좋다. 아이가 크고 난 후에는 스킨십을 시도하기가 더 어렵고 어색해지기 때문이다.

* 치료놀이(Theraplay): 일상에서 쉽게 배우고 활용할 수 있는 다양한 놀이를 통해 부모와 자녀 간 건강한 관계를 형성할 수 있도록 돕는 심리치료법

어릴 때부터 부모와 따뜻한 스킨십을 자주 나눈 아이는 스스로 행동과 감정을 통제하고 조절하는 능력이 발달하게 된다. 어릴 적 부모와 나눈 따뜻한 스킨십은 아이의 인생에 생각보다 큰 영향을 끼치게 된다.

아이가 호기심을 가지고 주변 환경을 탐구할 수 있는 학습 환경을 만들어 주는 것은 부모의 의무다. 부모와의 따뜻한 스킨십은 여기서도 역할이 크다. 좀 더 넓은 세상을 알아가고 싶다는 아이의 호기심을 발동시키는 원천이 바로 부모와의 스킨십에서 아이가 느낄 수 있는 안전함이기 때문이다. 안전함을 보장받은 아이는 자신의 에너지를 두려운 감정에 묻어두지 않고 외부 세계를 탐구하는 데 사용할 수 있다.

올바른 스킨십

한 아이가 울고 있다. 이 아이 옆에서 누군가 조용하고 다정스러운 말투로 말을 건네준다면 아이는 진정하고 울음을 그칠지도 모른다. 부드러운 목소리는 아이에게 따뜻한 스킨십과 같은 효과를 가져올 수 있다.

머리를 빗겨주고 등을 쓰다듬어 주는 등 부모와의 따뜻한 스킨십을 많이 경험하지 못했던 아이들 혹은 부정적 스킨십(부모의 폭력 혹은 학교에서 집단 따돌림으로 당한 폭력

등)에 많이 노출됐던 아이는 성인이 돼서도 그 트라우마가 잘 사라지지 않는다. 부모가 된 후, 자신의 아이를 안는 것조차 어색해 하는 사람도 있다. 핀란드는 1984년 세계에서 두 번째로 아이에게 가해지는 모든 신체적 체벌을 법으로 금지했다. 지금도 이 지구상에서는 여전히 아동에게 가해지는 신체적 체벌을 허용하는 나라가 존재하고 있다. 이제는 수 세기 동안 아이들을 괴롭혔던 신체적 체벌이 사라져야 할 때가 왔다. 그리고 어른들은 아이를 따뜻하게 감싸는 스킨십이 아이의 정상적 성장을 돕는 중요한 요인임을 절실히 깨달아야 한다.

스킨십도 연습이 필요하다. 부모는 아이가 원하는 스킨십이 무엇인지 아이의 의견에 귀를 기울여야 한다. 자신의 생각만 담긴 일방적 스킨십은 아이에게 진정성 있게 다가오지 않는다. 물론 큰 효과도 기대할 수 없다. 아이가 원하는 올바른 스킨십을 해줄 때 부모는 아이에게 그가 얼마나 많은 관심을 받는 소중한 존재인지 신체 언어를 통해 전달하는 것이다. 자신이 원하는 방식으로 부모와 스킨십을 제대로 경험해 보지 못한 아이들은 신체적, 사회적, 지적 발달이 정상적으로 이루어지지 못할 가능성도 크다. 아이와의 스킨십에서 빈도보다 더 중요한 것은 유무有無 여부다. 자주하지 않는 스킨십도 아이 성장에는 긍정적 영향을 끼칠 수 있다. 아이가 어느 정도 자란 후에 스킨십의 중요성을 깨닫고, 뒤늦게 스킨십을 시도하려는 부모도 있을 수 있다. 결론적으로 늦는 것이 안하는 것보다 낫다. 늦게 시작한 스킨십도 아이에게 긍정적 변화를 가져올 수 있다.

부모와의 행복한 스킨십을 경험한 아이가 사회성도 높다는 것이 연구로 증명되었다. 반면, 이런 경험이 부족한 아이는 사회성도 부족할 뿐만 아니라 공격적이고 거친 행동을 할 가능성이 높다. 부정적 스킨십(신체적 처벌이나 폭력)을 많이 경험한 아이는 다른 아이에게 자신이 당한 것과 똑같은 방식으로 해를 가하려 한다는 것도 많은 연구를 통해 밝혀졌다. 이런 연구 결과에서 우리가 주목할 것은 가학적이고 부정적 스킨십만 아이를 망치는 것이 아니라 따뜻한 스킨십의 결핍도 아이에게 비슷한 결과를 초래한다는 것이다.

스킨십은 삶의 긍정성의 발현

아이는 어린 시절에 반드시 신뢰할 수 있는 어른과 애착 관계를 형성해야 한다. 이런 관계를 통해 아이는 자신을 돌봐 주고, 자기 말을 들어주며, 함께 기뻐해 주고 위로해 주는 사람이 있다는 것을 알게 된다. 애착 관계를 맺은 어른과 하는 행복한 스킨십은 아이가 삶을 살아가며 경험하게 될 다른 사람과의 스킨십도 긍정적으로 받아들일 수 있게 만들어 준다. 더불어, 이런 아이는 다른 사람과 공감대 형성도 잘하게 된다.

요즘에는 아이들이 부모의 관심을 받으려면 휴대전화와 경쟁해야 한다. 휴대전화에 빠져 아이가 말을 걸고 스킨십을 시도해도 잘 모르는 부모도 많다. 심지어 아이가 옆에 있는지 모르는 부모도 있다. 현대 사회가 낳은 비극이다. 이런 부정적 경험이 쌓이면 아이는 더 이상 부모에게 다가가지 않게 된다. 아이와 함께 있어 주는 부모와 스마트 기기에 빠진 부모는 공통 분모를 찾기 어렵다. 육아에 진심인 부모라면 의식적으로 스마트기기를 손에서 놓을 줄 알아야 한다.

아이에게는 '지금'과 '여기'가 가장 중요하다. 얼마나 따뜻한 스킨십을 해주고 관심을 보여주느냐에 따라 아이는 시시각각 변하는 존재다. 부모로부터 관심을 받지 못한 아이의 뇌에는 그 상처가 흔적을 남길 수 있다고 한다. 이런 일들이 반복될 때 아이의 정상적 성장은 기대하기 어렵다. 늦게라도 자신에게 다가온 아이를 두 팔 벌려 안아주지 못한 것을 부모가 깨닫게 된다면 아이에게 사과할 것을 권한다. 부모의 진심 어린 사과는 아이에게 큰 울림으로 다가올 수 있다. 부모의 관심이 자신에게 돌아오기 시작했다는 의미라는 것을 아이가 알 수 있기 때문이다. 이런 경험은 아이에게 무척 소중하다. 자신의 실수를 인정하고 행동을 수정하는 부모의 모습을 보며 아이는 자존감을 느낄 수 있게 된다. 부모가 아이에게 하는 행동과 말은 결국 아이가 자신을 얼마나 귀한 존재, 아니면 하찮은 존재로 느끼는지에 대한 결정적 영향력을 가진다.

스킨십의 다면적 가치

부모는 스킨십이 왜 중요한지도 알아야 하지만, 자신이 얼마나 아이와의 스킨십에 능한 지도 알아야 한다. 부모의 애정이 듬뿍 담긴 손길은 아이가 일상생활에서 만나는 여러 문제와 성장통을 이겨 나갈 힘을 북돋아 주게 된다. 또한, 아이는 자신도 기쁨과 즐거움을 줄 수 있는 주체가 될 수 있음을 깨닫게 된다. 타인에게 친절함을 베푸는 아이의 근원도 부모와 나눈 사랑의 스킨십일 가능성이 높다. 부모와의 스킨십으로 안전함을 보장받은 아이는 타인에 대한 내부 경보 시스템을 낮추고 남에게 더 쉽게 다가갈 수 있다. 그래서 주도적이며 적극적인 성격의 소유자가 되기도 한다. 스킨십으로 맺은 부모와의 돈독한 관계는 아이가 맺는 대인관계의 지지 기반의 역할을 해준다.

∴ 이 장을 쓰는 데 도움을 준 전문가

유까 마켈라 Jukka Mäkelä 박사는 아동 정신과 의사이자 중증 아동 심리 치료 테라피스트로도 활동하고 있다. 마켈라 박사는 부모와 자녀 간의 애착 관계를 강화 시켜주는 치료놀이(Theraplay)를 핀란드에 처음으로 도입했으며 그 개발에도 많은 노력을 기울였다. 그는 치료놀이를 연구하며 스킨십에 대한 치료적 효과에 더 많은 관심을 두게 되었다. 그는 헬싱키 대학교 유아 교육 연구진과 함께 유아의 일상생활에 적용할 수 있는 집단 중재 상호 작용 치료요법(PedaSens)을 개발하기도 했다. 마켈라 박사는 치료 효과를 주는 상호작용을 내용으로 한 많은 논문도 발표했다. 특히, 의료 및 교육에 직접 적용할 수 있는 관계의 안전함과 신뢰감을 회복시킬 수 있는 상호작용 연구에 집중하고 있다.

Kasvata
lapselle juuret,
anna siivet

뿌리가 내려야
날개가 자라난다

뿌리가 없으면 날개도 없다
"좋은 부모만 돼도 충분하다"

아이의 상품화

현대 사회의 특징 중 하나는 아이를 상품화하는 것이다. 아이를 키우는 과정이 좋은 상품 제작에 필요한 특징을 모아 틀에 찍어내는 과정과 흡사하다. 아이를 상품화하는 부모는 양육 방식에서도 그런 생각이 드러나게 된다. 이런 가정은 '성공적 상품'을 만든다는 목표 하에 일사불란하게 움직이며 감정은 점차 메마르게 된다. 아이의 '상품화'는 아이의 '판매'까지 염두해두고 이루어진다. 그래서 부모가 아이의 미래 직업까지 미리 정해두는 경우가 많다.

잘하는 것을 선택할 자유

아이를 상품처럼 생각하는 부모로 인해 학교에서도 골치를 앓고 있다. 이런 부모일수록 아이가 미래에 성공하려면 어떤 과목을 선택해야 하는지 스스로 정하려 한다. 요즘은 유치원 때부터 교사와 부모가 교육 상담을 시작한다. 일견, 이런 상담은 아이의 교육을 위해 노력하는 훈훈한 모습으로 비춰진다. 그러나 이런 상담은 넘지 말아야 할 선을 넘을 때가 많다. 아이가 어린데도 미래에 좋은 직업을 갖는 데 필요한 내용만 공부할 것을 주장하는 부모가 있기 때문이다. 좋은 부모는 아이가 관심 있어 하는 것과 잘하는 것을 스스로 선택하고 결정할 자유를 주는 부모다. 부모가 모든 것을 다 결정하려 들면 안 된다. 아이의 여러 자질 중 특정 자질만을 선택, 거기에 집중적으로 물을 주는 행위는 전인적인 교육을 받을 기회를 박탈하는 것이다. 아이에게는 스스로 정신적, 인지적, 물리적인 세계를 모두 탐구할 기회가 주어져야 한다.

**"아이에게는
가족 구성원 외에도
더 많은 사람이 필요하다"**

안정적 환경의 중요성

가정의 안정된 경제 상황은 행복한 어린 시절을 보내는 데 중요한 기반이 된다. 안정된 경제 상황이란 꼭 부자여야 한다는 뜻은 아니다. 경제적으로 자급자족이 가능한 상태를 말한다. 경제적 자급자족이 어려울 때 가정에는 여러 다른 문제가 발생할 수 있기 때문이다. 경제적 안정성 외에 아이에게 주어야 하는 안정성은 사회적 안정성이다. 적어도 1명의 성인과 상시적 관계를 맺고 있어야 이런 사회적 안정성을 얻을 수 있다.

이렇게 경제적, 사회적 안정성이 뒷받침될 때 아이는 행복감과 자존감을 느끼며 자라나게 된다. 재혼 가정이라도 1명의 어른이 계속 아이 곁을 지키며 안정감을 준다면 아이에게는 큰 문제가 발생하지 않는다. 그러나 때로는 곁에 있는 1명이 어른으로는 부족한 상황도 발생할 수 있다. 아이에게 큰 문제가 생겼을 때는 더 많은 사람의 지원이 필요하다. 예전의 대가족 공동체에서는 다수가 한 아이의 양육을 돕는 것이 일반적이었다. 그러나 오늘날 핵가족 중심 사회에서 친척은 더 이상 가족 공동체를 이루는 친밀한 구성원이 아니다.

아이에게는 가족 구성원 외에도 더 많은 사람이 필요하다. 양육에서 공동체가 지니는 의미는 크다. 한 아이를 키우려면 마을 전체가 필요하다는 말도 있다. 아이가 잘 자라나려면 믿을 만한 몇 명의 어른이 아이 주위에 포진하고 있어야 한다. 이들의 도움을 받아야 아이는 닥친 어려움을 잘 이겨낼 수 있고 안전함을 다시 보장받을 수 있게 된다.

아이에게 어른의 세상을 너무 빨리 보여주는 것은 좋지 않다. 어른의 세계에 너무 빨리 노출된 아이는 안정감을 잃어버리기 쉽다. 아이를 상품처럼 키우는 부모는 청소년기에 아이들이 호르몬의 변화로 자연스럽게 느끼게 되는 반항심을 표현하는 것을 허용하지 않는다. '반항'은 상품 개발을 방해하고 파괴하는 행동으로 간주되기 때문이다.

"자녀에게 다양한 기회를 제공하는 것은 부모의 의무다"

모방학습

자녀에게 다양한 기회를 제공하는 것은 부모의 의무다. 아이의 장점과 자질은 공동체 네트워크의 지원을 받게 되면 더 쉽게 파악될 수 있다. 부모 혼자 힘으로는 자신의 아이지만 아이를 제대로 파악하기 쉽지 않다. 공동체 속에서 이루어지는 취미 생활은 아이가 사회성을 기를 수 있는 최적의 환경이다. 아이가 사회에서 생존하는 데 가장 필요한 자질은 타인과 잘 어울릴 수 있는 사회성이다. 공동체 활동을 통해 아이는 규율의 준수와 존중, 사회적 환경에서 살아나가는 법을 알게 된다. 또, 어떤 언행이 허용되고 안 되는지를 제한하는 권한을 가진 그룹 리더의 역할도 알게 된다.

부모의 모습과 행동을 보며 아이는 가정의 규범과 가치를 배워 나간다. 예전에는 이런 모방 학습을 1차원적 학습이라며 우습게 여기는 사람도 많았다. 그러나 최근, 모방학습이 학습자에게 미치는 영향이 큰 것으로 밝혀진 후에 그

중요성이 비로소 인정받고 있다. 가정마다 그 가정만의 규칙이 있다. 아이가 계속 그 규칙을 어길 때, 부모는 거울을 보며 자신의 모습을 들여다 봐야 한다. 그 속에 답이 있기 때문이다. 아이의 놀이를 지켜보다 보면 가정의 문제점이 드러날 때가 많다. 부모를 흉내 내는 행동이 놀이에서 나타나기 때문이다. 아이에게 가족 그림을 한 번 그려보게 하자. 개를 가족 구성원보다 유난히 크게 그리거나, 혹은 가족 중 한 사람만 빼고 그리는 아이가 있다. 가족 그림을 통해 우리는 많은 것을 알게 된다.

아이가 모방학습을 통해 부모로부터 배울 수 있는 가장 중요한 자질은 역경과 위기에 대처해 나가는 삶의 태도와 방법이다. 아이에게 줄 수 가장 좋은 선물도 돈이 아니라, 어려운 상황을 헤쳐 나가는 방법을 몸소 보여주는 것이다. 어떤 부모는 어려움이 닥쳤을 때, 대화하기 보다는 침묵으로 일관한다. 이런 부모 밑에서 자라나는 아이도 같은 상황에 놓였을 때 똑같이 입을 다물게 될 것이다. 어떤 부모는 폭력을 통해 문제를 해결하려 한다. 이런 옳지 않은 해법도 아이들은 부지불식간에 배우게 된다. 모방학습은 아이에게 매우 강력한 학습법이다.

가정에 닥친 위기를 극복할 때, 부모 각자가 서로 다른 가정에서 자라며 익혔던 위기 대처법은 서로 합쳐져 시너지 효과를 낼 수 있다. 부모는 어려운 상황에 처할수록 아이에게 침착하게 문제를 해결하고 다시 나아가는 모습을 보여 주어야 한다. 부모로부터 배운 위기 대처법은 나중에 아이들이 살아가며 겪게 될 삶의 위기 때마다 큰 도움을 주게 될 것이다.

자성(自省)과 통찰력

요즘에는 자녀의 하인처럼 행동하는 부모가 많다. 아이를 돕는 것은 좋지만 아이 성장에 부정적인 영향을 끼칠 정도로 도와서는 안 된다. 그럼, 그 선은 어떻게 정할 수 있을까? 요즘 아이들은 취미 생활과 과외 활동으로 하루 시간표가 꽉 차 있다. 이런 생활은 아이도 지치게 만들지만, 따라다니는 부모도 같이 지치게 한다. 어느새 어른의 삶은 사라지고 아이를 따라다니는 것이 그들의 생활이 되어 버렸다. 부모의 이런 삶은 바람직하지 못하다. 아이를 얼마큼 도와주어야 하는지 미리 정해 놓지 않아 초래된 결과다.

부모는 아이에게 가능한 한 많은 것을 배울 기회를 주고 싶어한다. 아이 적성에 맞춘 다양한 취미 생활도 결코 놓칠 수 없다. 이 모든 것을 부모가 감당하기는 힘겹다. 이때 필요한 것이 공동체다. 요즘에는 내 아이를 남이 돌봐 주고, 남의 아이를 내가 돌봐 주는 양육 품앗이의 문화가 많지 않다. 서로 돕기보다는 유아 시설로 아이를 보내 버린다. 공동체 안에서 양육을 서로 나눠 할 수 있다면 모두에게 큰 이득이 될 것이다.

사람들이 도시에 모여 살기 시작한 지는 역사적으로 그리 오래되지 않았다. 그래서 도시에서 살아가는 데 필요한 사회적 규범이 아직 제대로 정립되지 못했다. 여러 가족이 나란히 살아가고 있지만 각 가족은 서로 의지하지 않고 독립적으로 살아간다. 비슷한 상황에 놓인 가족이 서로 많은 것을 공유하고 공존할 수 있다면 큰 도움이 될 텐데 말이다.

공동체 양육 문화의 또 다른 장점은 다른 가족을 보며 자신의 가정을 돌아 볼 기회를 가질 수 있는 것이다. '우물 안 개구리'식 관점에서 벗어나 자신의 육아법이 유일한 육아법도, 가장 옳은 방식도 아님을 깨닫게 될 수 있다. 이런 깨달음은 부모로서의 자신을 보다 객관적으로 바라볼 수 있게 하며, 육아에 대한 통찰력도 갖게 해준다.

일상의 가치

이 세상에 환영 받고 태어난 아이를 한낱 상품으로 전락시켜서는 안 된다는 것을 항상 기억하자. 아이는 부모에게 많은 기쁨을 가져다 주지만, 동시에 손도 많이 가는 존재다. 막 아기가 태어났을 때, 많은 부모는 자기 삶이 아기로 인해 얼마나 변하게 될 지를 제대로 인식하지 못한다. 이때 부모는 앞으로 오랫동안 사생활의 많은 부분을 아이 때문에 포기해야 한다는 사실을 받아들일 수 있어야 한다.

다행히 아이가 부모에게 요구하는 것은 어려운 것들이 아니다. 서커스 같은 짜릿한 묘기를 보여주고 아슬아슬하고 스릴 있는 시간을 보내게 해 달라는 것이 아니다. 중학생들에게 부모에게 원하는 것을 편지로 쓰도록 했다. 많은 학생이 원한 것은 부모와 집에서 더 많은 시간을 보내는 것, 낚시 등 소소한 취미를 함께 즐기는 것이었다. 아이들은 이런 시간을 '…랜드'로 끝나는 놀이동산이나 특별한 장소에 가는 시간보다 더 선호했다. 장소와는 상관없이 가족과 시간을 보내고 같이 음식을 준비하고 식사하는 것이 아이들이 원하는 바였다.

현대 사회는 일상을 귀히 여기지 않는다. 드라마 같은 극적인 삶, 멋진 이벤트로 가득 찬 삶이 우리의 마음을 더 많이 지배하고 있다. 그런 삶이 마치 더 가치가 있는 것처럼 우리도 세뇌되었다. 반면, 안정된 삶은 가족이 매일 같은 일상을 반복할 때 만들어진다. 아이에게 가장 필요한 것은 시간표, 한계, 그리고 평범한 일상이다. 어린아이를 둔 부모는 항상 바쁘며 많은 스트레스에 노출돼 있다. 이렇게 바쁘게 돌아가는 일상 속에서 아이와 함께하는 즐거움을 느낄 여유를 찾기란 쉽지 않다. 천천히 보면, 일상에도 꽤 많은 재미가 숨어있다. 부모가 먼저 이런 일상의 기쁨을 찾아낼 수 있는 눈을 키우는 것이 중요하다.

실수할 수 있는 권리

좋은 부모만 돼도 충분하다. 최고의 부모가 된다는 목표는 부질없다. 그 목표에 도달하기는 거의 불가능하기 때문이다. 자신의 실수를 인정할 수 있는 부모가 좋은 부모다. 이런 태도를 가진 부모는 아이의 실수에도 너그러운 태도를 보여준다. 부모가 자신에게 실패하고 실수할 수 있는 권리를 줄 때, 아이에게도 자신과 같은 권리를 줄 수 있다. 좋은 부모가 되려면 이런 과정을 거쳐야 한다.

부모가 갖춰야 할 또 하나의 덕목은 진정성이다. 감정을 표현하고 칭찬하고 감사하는 모든 언행은 진실함을 기반해야 한다. 가족 구성원들이 솔직하게 모든 감정을 표현하는 것이 허용되지 않는 가정도 많다. 나쁜 얘기는 피하고 좋은 얘기만 해야 하는 가정 분위기 속에서 아이는 부정적 감정을 표현하는 데 두려움을 느끼게 될 것이다. 요즘 SNS를 보면 자신의 아이를 좋은 상품 마냥 자랑하는 부모들이 보인다. 이런 포스팅 중에는 실제보다 더 과장되고 윤색된 내용도 많다고 알고 있다. 물론, 어린아이를 둔 가족의 적나라한 일상을 보여 줄 때 '좋아요Like'를 누를 사람은 거의 없을 것이다.

아이를 향해 진정성을 가지라는 말은 아이에게 모든 것을 보여주고 말해주라는 뜻은 아니다. 어른만이 알아야 하는 세계가 있다. 부모는 이 선을 지킬 수 있어야 한다. 이런 세계는 아이들이 커가며 스스로 경험하도록 남겨 주어야 한다. 아이들은 스스로 찾아 낸 안전한 방법으로 그 세계를 탐구해 나갈 것이다.

지금 같은 글로벌 시대에 누구나 아이가 날개를 달고 더 큰 세계로 진출하기를 원한다. 아이에게 날개가 달리려면 먼저 뿌리가 필요하다. 요즘 사람들은 뭐든 '국제적'인 것은 다 좋게 생각한다. 그러나 아이들의 발달 측면에서 거주지나 국가를 바꾸며 자주 이사하는 것이 얼마나 도움이 될까, 생각해 보아야 한다. 주변 환경이 계속 변할 때 아이는 정신적 뿌리라고 느낄 수 있는 장소를 잃어버릴 수 있다. 뿌리가 꼭 자기 집일 필요는 없다. 시골에 있는 여름 별장이나 할머니 집도 아이의 뿌리가 될 수 있다. 아이가 느끼는 안정감과 뿌리는 서로 밀접한 관련이 있다. 아이는 자신이 소속감을 느끼는 뿌리가 되는 곳, 자신을 돌봐 주고 의견을 경청해 주는 어른이 옆에 있을 때 안정감을 얻게 된다. 이런 안정감은 아이에게 날개를 만들어 주는 선행조건이 된다. 날개는 스스로 돋지 않는다. 옆에서 도와주는 어른이 필요하다. 뿌리가 없으면 날개도 없다!

∴ **이 장을 쓰는 데 도움을 준 전문가**

피르꼬 라흐티 Pirkko Lahti 씨는 심리학자이자 심리치료사로 활동 중이다. 핀란드 정신 건강 협회의 이사로도 오랫동안 활동했으며 세계정신건강연맹 회장도 역임했다. 이 밖에도 WHO(세계 건강 기구)와 유럽의 관련 기관과 더불어 많은 협력 활동을 이어오고 있다. 그는 핀란드에서 대중 연설가로서도 유명하며 여러 통로를 통해 정신 건강과 관련된 많은 것들을 대중에게 알리고 있다. 이런 공로를 인정받아 받은 표창장과 상도 많다.

핀란드 교육과 관련된 흥미로운 통계 정보

통계 수치로 본 세계 속 핀란드

    2020년, 핀란드는 '세계에서 가장 행복한 나라' 1위로 다시 선정되어, 3년 연속 정상을 차지하는 기염을 토했다. 핀란드의 행복 지수는 7809로 7646점을 얻은 덴마크, 7560점을 얻는 스위스를 누르고 153개 국 중 1위였다. 153개국 중 행복 지수가 가장 낮은 최하위 국은 아프카니스탄(행복 지수: 2567)이였다. 2020년 발표된 UN의 『세계행복보고서』World Happiness Report는 2017년부터 2019년 사이에 이루어진 설문 조사의 평균 점으로 순위가 매겨졌다.

자료: Yle(핀란드 공영 방송)
https://yle.fi/uutiset/3-11266978